莱 布 尼 茨 著 作 书 信 集

莱布尼茨与阿尔诺通信集

附与恩斯特通信选

［德］莱布尼茨 著　高海青 译　王克迪 校

THE LEIBNIZ-ARNAULD CORRESPONDENCE
WITH SELECTIONS FROM THE CORRESPONDENCE WITH ERNST
LANDGRAVE OF HESSEN-RHEINFELS

人 民 出 版 社

G. W. Leibniz

The Leibniz-Arnauld Correspondence

本卷译自斯蒂芬·沃斯（Stephen Voss）

翻译编辑的《莱布尼茨与阿尔诺通信集　附与恩斯特通信选》英译本

The Leibniz-Arnauld Correspondence: With Selections from the Correspondence with Ernst, Landgrave of Hessen-Rheinfels by Yale University

Originally published by Yale University Press

出版外国图书合同登记号：图字01-2021-4012

耶鲁莱布尼茨

丹尼尔·嘉伯　罗伯特·斯莱　主编

"耶鲁莱布尼茨"是一套系列丛书，其中包括大量的莱布尼茨文稿及其译文。每一卷不仅有原文，在对页上还有英文翻译。原文文本达到了现代文本考证学的最高标准。其中有些文本来自科学院主编的《莱布尼茨书信著作全集》，其他文本则来自同样达到全集编辑标准的其他版本的著作书信集。有些文本将来自莱布尼茨的手稿和早期印刷资料，在科学院版编者的鼎力帮助下进行了编辑或重新编辑。我们的编译工作有一个新的目标，那就是使学生和学者更容易获取文本。

该系列丛书的目的不是出版莱布尼茨全集，也不是出版综合性的选集。尽管编辑与翻译都有统一的标准，但每一卷还是想成为独立的文集，自成一体。该系列丛书的重点是莱布尼茨的哲学思想，不过是广义上的，其内容不仅包括他的形而上学、认识论，还包括他的神学、物理学，乃至他的数学。

每一卷的编译者都是从国际学术界中选出的研究 17 世纪后期哲学的最优秀学者。

目　录

致　谢

　　本书在诸多方面得益于该通信集的前三个版本。我要感谢吉纳维芙·刘易斯（Geneviève Rodis-Lewis）和赖因哈德·芬斯特（Reinhard Finster）的作品。我还要感谢明斯特大学莱布尼茨研究所（Leibniz-Forschungsstelle der Universität Münster）成员的劳动成果，事实上，所有从事莱布尼茨研究的人都必须感谢他们的成果。

　　感谢那些对这本书的早期版本进行过细致研究的学者们，感谢明斯特大学的托马斯·莱因考夫（Thomas Leinkauf）和斯特凡·洛伦茨（Stefan Lorenz），感谢乔纳森·本尼特（Jonathan Bennett）、尼古拉斯·乔利（Nicholas Jolley）、唐纳德·卢瑟福（Donald Rutherford）、贾斯汀·史密斯（Justin Smith）。本书在很大程度上要归功于你们给予的关注，你们提供的建议以及你们提出的批评。

　　这套系列丛书的主编丹尼尔·嘉伯和罗伯特·斯莱就莱布

1

尼茨或阿尔诺在通信中所提出的每一个问题都写了富有启发性的文章（读者可以直接查阅参考书目）。我很感激这两位莱布尼茨学术研究的楷模对我所给予的同僚式的支持。

古利扎·艾尔（Gülizar Al）、阿卜杜拉·艾尔·卡鲁伊（Abdullah Al Qalawi）、菲利普·比利（Philip Beeley）、西比尔·西泽内尔（Sibylle Çizenel）、赖因哈德·芬斯特、法蒂玛·卡亚（Fatma Kaya）、塞林·奥克泰（Selin Oktay）、海因里希·谢波斯（Heinrich Schepers）和卡格里·塔斯金（Çağrı Taşkın）在很多方面都帮助过我。我感谢你们每一个人。

我也非常感激莱布尼茨图书馆暨下萨克森州州立图书馆、乌特勒支国家图书馆、卡塞尔大学图书馆暨黑森州州立图书馆与卡塞尔市默哈德图书馆、比利时皇家图书馆、巴黎法国国家图书馆、伦敦大英图书馆以及卡尔瓦多斯档案馆的档案保管员和图书管理员的慷慨协助。

我要感谢耶鲁大学出版社编辑埃里克·布朗特（Eric Brandt）、劳拉·达维利斯（Laura Davulis）、莎拉·米勒（Sarah Miller）、艾丽卡·汉森（Erica Hanson）、苏珊·莱蒂（Susan Laity）和伊娃·史丘斯（Eva Skewes），以及我的手稿编辑乔伊斯·伊波利托（Joyce Ippolito），感谢他们一直以来的帮助和对本书质量的关心。

这项工作得到了美国国家人文基金会（批准号：RL–21793–91）和土耳其海峡大学科学研究项目基金（批准号：

5231）的资助。

有些亲朋好友的贡献与扉页上提到的人的贡献一样真实。我首先要感谢法国韦兰－蒂埃兰的保罗（Paul）和弗朗索瓦丝·卡隆（Françoise Bour bon Caron），还有约翰（John）和玛丽－弗朗索瓦丝·曼宁（Marie-Françoise Bonnard Manning），弗雷德里克（Frédéric）和克拉丽丝·波乌（Clarisse Pou），盖伊（Guy）和玛丽－让娜·普鲁斯特（Marie-Jeanne Proust），以及阿尔伯特（Albert）和安妮·托莱达诺（Annie Tolédano）。我还要感谢卡洛琳·布莱克（Carolyn Black）、塞米赫·奥兹勒姆（Semih Özlem），也要感谢我的女儿朱丽叶（Juliet）、塔玛拉（Tamara）、塞雷妮蒂（Serenity）和阿玛拉莎（Amarantha），这本书是献给你们每一个人的。

缩略词表

A=*Gottfried Wilhelm Leibniz, Sämtliche Schriften und Briefe*, ed. Preussische（later Deutsche）Akademie der Wissenschaften zu Berlin（Darmstadt: Otto Reichl Verlag; later Berlin: Akademie Verlag, 1923– ）。科学院版系列二第二卷由马丁·施耐德（Martin Schneider）领导的七位学者组成的团队制作完成，它囊括了莱布尼茨与阿尔诺的通信，参见 Series II, Philosophischer Briefwechsel, Volume II, 1686–1694, ed. Leibniz-Forschungsstelle der Universität Münster（Berlin: Akademie Verlag, 2009）。按系列、卷号和页码或条目引用。

Arnauld, Lettres=*Lettres de Messire Antoine Arnauld, Docteur de la Maison et Société de Sorbonne*, 4 vols., 2nd ed.（Paris-Lausanne: Sigismond D'Arnay et Cie., 1775–1776）。参见 vols. 1–4 of the standard Arnauld edition: *Oeuvres de Messire Antoine Arnauld*, 43 vols., ed. Gabriel Du Pac de Bellegarde and Jean Hautefage,

1

1775–1783。

AT=*Oeuvres de Descartes*, 11 vols., nouvelle présentation, ed. Charles Adam and Paul Tannery（Paris: J. Vrin, 1964–1976）。按卷号和页码引用，比如，AT VII, 71。

Barber=W. H. Barber, *Leibniz in France from Arnauld to Voltaire*（Oxford: Oxford University Press, 1955）.

Bruggeman & Ven=Jacob Bruggeman and A. J. van de Ven, *Inventaire des pièces d'archives françaises se rapportant à l'abbaye de Port-Royal des Champs et à son cercle et à la résistance contre la bulle "Unigenitus" et à l'appel*（*ancien fonds d'Amersfoort*）（La Haye: Martinus Nijhoff, 1972）。参见 Archives internationales d'histoire des idées 54。

CSM=*The Philosophical Writings of Descartes,* 3 vols., ed. and trans. John Cottingham, Robert Stoothoff, Dugald Murdoch, and（vol. 3 only）Anthony Kenny（Cambridge: Cambridge University Press, 1985–1991）。按卷号和页码引用，比如，CSM I, 235。

Desmolets=Pierre Nicolas Desmolets, *Continuation des Mémoires de littérature et d'histoire de Sallengre*, vol. 8, no. 1（Paris: Simart, 1729）.

F=*Der Briefwechsel mit Antoine Arnauld*, ed. and trans. Reinhard Finster（Hamburg: Felix Meiner Verlag, 1997）。法文文本，对页有德文翻译。

Foucher de Careil=*Nouvelles lettres et opuscules inédits de* [xiv]
Leibniz, ed. Louis Alexandre Foucher de Careil（Paris: A. Durand,
1857）.

G=*Die philosophischen Schriften von Gottfried Wilhelm Leib-
niz*, 7 vols., ed. C. I. Gerhardt（Berlin: Weidmann, 1875–1890; re-
print ed. Hildesheim: Olms, 1960）。第二卷（1877 年）包含了格
罗提芬版《通信集》的修订版。按卷号和页码引用，比如，G
VI, 264。

GM=*Leibnizens mathematische Schriften*, 7 vols., ed. C. I.
Gerhardt（Berlin: A. Asher [vols. 1–2]；Halle: H. W. Schmidt
[vols. 3–7]，1849–1863; reprint ed. Hildesheim: Olms, 1962）。按
卷号和页码引用，比如，GM II, 231。

Grotefend=*Briefwechsel zwischen Leibniz, Arnauld und dem
Landgrafen Ernst von Hessen-Rheinfels*, ed. Carl L. Grotefend
（Hanover: Hahn'sche Buchhandlung, 1846）。参见 Volume II-1 of
Leibnizens gesammelte Werke, ed. Georg Heinrich Pertz。

LA=*The Leibniz-Arnauld Correspondence*, ed. and trans. H.
T. Mason（Manchester: Manchester University Press, 1967; reprint
ed. New York: Garland, 1985）.

LBr=Eduard Bodemann, *Der Briefwechsel des Gottfried
Wilhelm Leibniz in der Königlichen öffentlichen Bibliothek zu
Hannover*（Hanover: Hahn'sche Buchhandlung, 1889; reprint ed.
Hildesheim: Olms, 1966）。该文献被编入了"存放在汉诺威莱布

3

尼茨档案馆中的莱布尼茨书信手稿"。按文件名和张数号引用，比如，LBr 16, fol. 46–47。

Le Roy=*Discours de métaphysique et correspondance avec Arnauld*, 6th ed., ed. Georges Le Roy（Paris: J. Vrin, 1957; reprint ed., 1993）。

Lewis=*Lettres de Leibniz à Arnauld d'après un manuscrit inédit*, ed. Geneviève Lewis［later Geneviève Rodis-Lewis］（Paris: Presses Universitaires de France, 1952）。

LH=Eduard Bodemann, *Die Leibniz-Handschriften der Königlichen öffentlichen Bibliothek zu Hannover*（Hanover: Hahn'sche Buchhandlung, 1895; reprint ed. Hildesheim: Olms, 1966）。该文献被编入了"存放在汉诺威莱布尼茨档案馆中的莱布尼茨手稿"。

按文件名和张数号引用，比如，LH XXXV, 15, 5, fol. 1–2。

Montgomery=*Discourse on Metaphysics, Correspondence with Arnauld, Monadology*, ed. and trans. George R. Montgomery（Chicago: Open Court, 1902）。

Sleigh=Robert C. Sleigh, Jr., *Leibniz and Arnauld: A Commentary on Their Correspondence*（New Haven: Yale University Press, 1990）。

von Rommel=*Leibniz und Landgraf Ernst von Hessen-Rheinfels: Ein ungedruckter Briefwechsel über religiöse und politische Gegenstände*, 2 vols., ed. Christoph von Rommel（Frankfurt am Main: Literarische Anstalt, 1847）。

关于文本与译文的说明

1686 年的一个冬日，莱布尼茨开始与阿尔诺通信，他们在信中"谈到了恩典、上帝对受造物的协助、奇迹的本性、罪的原因、恶的起源、灵魂不朽、观念等问题"。就这一卷而言，我的目标是确定他们之间的通信的法文文本，并将其译成英文。

莱布尼茨与阿尔诺的通信包括 28 封实际寄出的信件和 9 封作为初步研究的信件，总共 37 封信件。构成确定这些信件文本基础的文献是保存在汉诺威、乌特勒支和欧洲其他地方的档案馆的 62 份手稿，以及独立于任何现存手稿的 10 份已出版的文本，总共 72 份文献。其中一些是莱布尼茨或阿尔诺或他们的中间人恩斯特的手稿；有些是草稿或副本。前者是通信的主要构成部分，后者可以作为不复存在的手稿的文本证据。

确定文本的第一阶段是确定那 62 份手稿。下一阶段就是在 72 份文献的基础上确定 37 封信件。我的理解是，确定一封

1

信的文本就是产生一个文本，而该文本要尽可能地接近那些见证三位作者中的一位所写的文字的文献。如果信件的手稿本身就出现在了这62份手稿之中，或无论如何，仅一份见证那些文字的文献保存了下来，那么任务就很简单了：确定文献的文本事实上就是确定信件的文本。如果信件的手稿不复存在了，并且有不只一份见证那些文字的文献，那么确定文本就需要根据每个文献所能告诉我们的内容进行重构。

当信件属于第二类时，为了使读者能够获得重构过程中使用的证据，我在附录一①中列举了这些文献之间的差异。

信件的作者们在一些信件中加了旁注之类的东西，其中恩斯特有一次，莱布尼茨有多次。我将这些内容誊录在了正文的脚注中。

莱布尼茨后来考虑出版通信集。这件事最终未能成行，但在他的几份草稿和他的一份初步研究中，他做了一些改动，显然，如果他要出版通信集的话，他也会做出这些改动。在附录三中，我誊录了他所提出的这些改动，在附录二和附录四中，我把这些差异和改动译成了英文。我在引言中讨论了我在编辑过程中的具体做法。

---

① 从中译本的实际情况出发，我们没有将英译本的四个"附录"收录进来，如果有人想进一步了解与"附录"相关的内容，参见 G. W. Leibniz, *The Leibniz-Arnauld Correspondence*, translated by Stephen Voss，Yale University Press, 2016, 301–366。——中译者注

引　言

1. 论自由与真理，表达与形式

弗朗西斯·培根和苏格拉底提出了两个经典的哲学理想："以天下全部学问为己任"；"我对自己的无知相当清楚。……我到处察访我认为有智慧的人，无论他是本城公民还是外地人；如果我不认为他有智慧，我就来帮神向他表明，他没有智慧。"在古代，亚里士多德是第一个理想的典范，我们只能在做梦时想一想，如果苏格拉底喝了毒芹之后被救了过来，并安享晚年，那么亚里士多德可能与他有什么样的对话。

这个梦想在近代变成了现实。1686 年 2 月 11 日，莱布尼茨通过他们共同的好友黑森 – 莱茵费尔斯领主恩斯特给安托万·阿尔诺寄了一份他刚刚撰写的《形而上学谈》的摘要。在他们通信的第 1 封信中，他想知道他的观点在哲学上是否可接

1

受，在神学上是否无罪。年迈的阿尔诺——躲过了巴黎和罗马为其准备的毒芹——在第2封信（1686年3月13日）中便帮神向莱布尼茨表明，他的《形而上学谈》所展示的不是智慧。通过这两封信，两位哲学家奠定了一座丰碑的基石，为这场哲学对话所能取得的成果打下了基础。

莱布尼茨为什么要寻求阿尔诺的回应？莱布尼茨甚至比大多数哲学家都更善于在对话或辩论的攻击下锤炼自己的观点。在1641年对笛卡尔和1683—1686年对马勒伯朗士的回应中，大阿尔诺（le grand Arnauld）便已经在诸如有形实体、实体形式、有限实体中的因果关系、观念以及真理等接近《形而上学谈》核心的话题上显示出自己是一个完美的批评大师。而阿尔诺同样会严格评判莱布尼茨的哲学观点是否适合于他调和天主教徒和新教徒的计划（阿尔诺本人七年前因教皇和耶稣会士攻击他的詹森派神学而逃离了路易十四治下的法国）。莱布尼茨为什么要让恩斯特充当中间人？首先是出于最实际的考虑，即阿尔诺隐居了起来；恩斯特知道他的住址，而莱布尼茨不知道。但恩斯特和阿尔诺都抨击信奉新教的莱布尼茨，认为莱布尼茨是在找机会检验天主教徒是否能相信他的观点无罪。

阿尔诺在第2封信中直接回应说，第1封信中的观点既不可接受，也并非无罪。尤其是，莱布尼茨在《形而上学谈》第13节的摘要中写道："每个人的个体概念一劳永逸地蕴含着将发生在他身上的一切"。阿尔诺在这里发现了对上帝自由的威胁，只要祂创造了亚当，就下令亚当要生儿育女。

莱布尼茨在第 4 封信（1686 年 4 月 12 日）中回应说，上帝的法令都是密切相关的。上帝决定创造亚当，祂决定创造的不是一个模糊的亚当，而是一个绝对精确的存在者。第 13 节中的个体概念是一个**完全概念**，即足以将一个人与所有其他可能的个人区分开来的完满表象。在决定创造亚当时，上帝就已经决定创造一个会生儿育女的人。祂创造亚当的决定本身就包含在一个关于整个宇宙秩序的更全面的决定中。

阿尔诺在第 8 封信（1686 年 5 月 13 日）中对准了亚当与他的孩子之间的联系，他想知道的是，它是否是一种内在的、必然的联系，或者换个说法，它是否依赖于上帝关于将要发生在亚当和他后代身上的一切的自由法令。因为，除非这种联系是内在的和必然的，独立于上帝的自由法令之外，否则亚当的个体概念似乎不会蕴含着将发生在他身上的一切。

在第 4 封信（1686 年 7 月 14 日）中，莱布尼茨指出了一条中间道路。亚当与他的后代之间的联系确实是亚当内在的，因为他的个体概念蕴含着他生儿育女。但这种联系并不是独立于上帝的自由法令而必然的。上帝的自由法令作为亚当的原因，进入了他的个体概念。莱布尼茨的立场维护了上帝的自由，因为祂那全面的法令仍然是自由的。它维护了人的自由，因为尽管莱布尼茨的个体概念可能蕴含着他去巴黎旅行，但它也蕴含着他自由地选择去巴黎旅行。

莱布尼茨现在将第 13 节的某人与将发生在他身上的一切之间的联系建立在了这样一种**真理**观之上，即在任何真正的肯定命题中，谓词的概念都蕴含在主词的概念之中——他指出，要么确实如此，要么我不知道真理为何物。事物方面的联系，比如，亚当与他的后代之间的联系，存在于事物的概念之中，也就是说，存在于上帝创造这个概念所对应的事物的决定之中。正如莱布尼茨所言，我们可以从这个伟大但却显而易见的原则中推导出令人惊讶的形而上学结论。

由于那将亚当嵌入整个宇宙的全面法令，每一个个体实体都完全地表达了整个宇宙，实体的每一个状态都从之前的状态展开，就好像它在世界上单独与上帝同在。尤其是，灵魂和形体的经历都从其自身深处展开，两者都不需要让自身顺应对方，又都与其他实体和谐地展开。莱布尼茨将其命名为**共存假说**，并以此来解决笛卡尔和马勒伯朗士遗留下来的灵魂与形体结合的问题。

[xxi] 灵魂与形体的关系如此，形体与形体的关系同样如此。共存否认一个有形实体对另一个有形实体产生作用。这种否认会令人惊讶，但那是因为我们依赖于想象力，而不是依赖于关于有形实体的分明的概念。我们很容易想象一个有广延的形体推动另一个有广延的形体，但如果一个形体真是一个实体，那么它的本质便不可能在于广延。它必须具有**实体形式**，而这就排除了一个有形实体对另一个有形实体的作用。

阿尔诺在第 17 封信（1686 年 9 月 28 日）中对共存和实体形式提出了质疑，从那时起，他们之间的通信便沿着两条平行的、但又和谐地联系在一起的线索向前推进。共存让阿尔诺想起了奥古斯丁的观点，即形体的疼痛是由灵魂而不是形体形成的，只是灵魂因形体状况不佳而产生的悲痛。但那样的话，灵魂感到悲痛之前，就必须先知道它的形体状态不佳，而我们看到的似乎却是疼痛使灵魂知道形体状态不佳的。

阿尔诺不承认我们对亚里士多德的实体形式有任何清楚分明的观念，笛卡尔派认为他们已经将其从自然中驱逐了出去。甚至莱布尼茨也同意，所有特殊的自然现象都可以用微粒哲学来解释，而不需要形式的帮助。基于笛卡尔派对清楚和分明的承诺，阿尔诺对一种关于实体和形式的形而上学提出了一连串的反对意见。

莱布尼茨在第 20 封信（1686 年 12 月 8 日）中指出，奥古斯丁走在了正确的道路上。疼痛的发生并不是因为形体对灵魂的任何作用，而是因为每一个实体都承载着对整个宇宙的表达。灵魂尤其对那一刻发生在它的形体里的一切有着更分明的表达。形体的运动并不是来自伴随而来的意志行为，而是来自形体里的一切那时都倾向于运动这一事实。由于实体之间的和谐在它们被造时便被规定了，所以这种运动与灵魂中伴随而来的活动相吻合。

面对阿尔诺对实体形式提出的反对意见，莱布尼茨准备详尽阐述一种关于实体和形式的完备的形而上学，探究个体要成为统一体、实体所需要的条件。它们不能在形状和运动之类的广延的样式中被找到，而只能在以某个人自身的"自我"为模型的实体形式中被找到。我们并不能像我们喜欢相信的那样清楚分明地设想自然界中的形状和运动，因为它们包含着想象的东西。诚然，形体的现象可以用机械学来解释，但机械原理本身却无法用运动和形状来解释，而是必须建立在涉及实体形式的原理之上。

[xxii]　　在第 21 封信（1687 年 3 月 4 日）中，阿尔诺将注意力转向了莱布尼茨关于灵魂与形体的结合的解释中的"表达"这一核心概念。如果这种"更分明的表达"告诉灵魂的只是一个小针孔，而不是发生在它自身形体内的无数的其他事件，那这种表达又能意味着什么呢？

如果要用实体形式来解释实体的统一性，我们应该从奥古斯丁那里得到另一个启示，他否认我们在大自然中找到的形体拥有真正的统一性，坚持认为这种统一性仅存在于精神实体。即使是动物的形体也不过是机器或由若干实体构成的聚合体。人的理性灵魂确实拥有真正的统一性，它把一种统一性传达给了形体，但形体就本身来说只是若干实体构成的聚合体。当一台机器——不仅是手表，还包括植物或动物——的各个部分为了一个单一的目的而协同作用时，这台机器获得了一种低级的统一性，但它不需要实体形式来实现这种统一性。

莱布尼茨在第 23 封信（1687 年 4 月 30 日）中开始阐释一种**表达**理论，按照该理论，灵魂比其他东西能更分明地表达宇宙的某些方面。表达并不意味着完全直觉到形体中所发生的一切。我们发现，当形体的神经产生更分明的物理作用时，灵魂中相应的表达也更分明。这样的经验反思开始支持他对疼痛的解释，但一种一般的表达理论仍有待证实。

在同一封信中，莱布尼茨用塞满无限丰富的生物的自然图景反驳了阿尔诺那塞满机器的自然图景。他用以下论点来支持他的图景，即真正的复多性必须由作为实体的诸部分构成，而不仅仅是由作为聚合而成的存在者的诸部分构成。他将在第 30 封信中进一步阐发这一观点。没有真正的统一体，就没有真正的复多性，不是由真正的统一体构成的东西是完全虚构的。仅具有模糊形状和运动的纯粹物质团块或单纯广延永远都无法构成一个实体。正如我们通过反思荷兰东印度公司（非实体性的）的职员所看到的那样，各部分也不可能有一个共同的目的。

在第 25 封信（1687 年 8 月 28 日）中，阿尔诺提出了另一个笛卡尔式的反驳意见，他觉得表达和实体形式都不够清晰和分明。如果表达不是有意识的思想，它是什么呢？如果实体形式不是一种能思的灵魂，它又是什么呢？我的灵魂对我体内淋巴液的运动没有任何思想和知识。实体形式显然是实体，阿尔诺只知道两种实体，即形体和灵魂。如果实体形式是形体，它们就会缺乏真正的统一性，无法将这种统一性传达给它们赋予其生命的形体。如果实体形式是心灵，它们的本质将是思维，而我们很难像莱布尼茨认为牡蛎和蠕虫甚至植物具有实体统一性那样认为它们都具有思想。 [xxiii]

这两条线索最终在第 30 封信（1687 年 10 月 19 日）中汇聚于一点。莱布尼茨在这里勾勒了一个关于灵魂表达宇宙的完备理论。当关于一个事物所能说的东西与关于另一个事物所能说的东西之间有一种恒定的、有规律的关系时，一个事物就表达了另一个事物。表达是一个属，智性认识、天然知觉和动物感觉是它的种。每当某种可分的、物质的东西在一个拥有真正统一性的东西中被表象时，它就会出现。当灵魂意识到它时，笛卡尔的"思想"这一标签便可应用于它，但它存在于从最显著的到最不显著的所有实体领域。它支撑着人的灵魂与形体的结合，但又无处不在，因为每个实体与所有其他实体都有一种交感关系。为了对实体间的共存有充分的认识，我们必须首先对表达有充分的认识。

这种将思想的概念扩展到表达的概念的做法帮助莱布尼茨避开了阿尔诺就实体形式所提出的最后的疑难，即如果它们是心灵，它们的本质必定是思维。我们可以证明二次方程的图形就是圆锥曲线，但我们无法证明不可分的实体就是有思想的心灵。那么，我们不妨在理论上为那些表象复多的不可分的存在者留出空间，而不是毫无意义且无法辩护地把笛卡尔对思想的要求添加上去。为了对实体有充分的认识，我们必须首先以这种方式来设想实体形式。

莱布尼茨从未像他曾希望的那样把他们的通信发表出来。本卷附录三（即"莱布尼茨回到他的通信"）显示，当他考虑这个计划时，他把大部分精力投入到了第1、13、14、18、20、23、29和30封信上。在这个概述中，我从第1、4、14、20、23和30封信以及阿尔诺的第2、8、17、21和25封信中提取了一些要点。莱布尼茨写给恩斯特的第 18 封信（1686 年 12 月 8 日）与其他信件不同，因为它提出了他之所以重视他在这番通信中所做的工作的理由。他宣称，思想是我们灵魂的主要功能。我们会永远思想，但我们却不会永远生活于此；这就是为什么使我们更有能力以更完满的方式思想最完满对象的东西自然使我们臻于完满。因此，最重要的研究对象是非物质实体，尤其是上帝和灵魂，而要在这项研究中取得进展，就需要了解**真正的实体概念**。如果莱布尼茨把他在通信中所看重的 [xxiv] 东西写成一本书，那么第 18 封信可能会成为这本书的序言。

2. 本卷的宗旨

我已经指出了莱布尼茨第 4、14、20、23 和 30 封信在通信中所起的核心作用。当我们研究这五封信现存的文本基础时，我们发现了另一个共同的特点。我们没有这些书信中的任何一封的手稿，也就是，莱布尼茨书写并寄出的那份文献，或者说，阿尔诺拆开并读过的那份文献。不过，我们都有每一封书信手稿的一到两份的草稿和三到四份独立的副本。但这些书信中最令人感兴趣的肯定是出现在那些遗失文献中的文字。

这种情况在现代哲学中不常见，但在古代和中世纪哲学中却很常见。普罗提诺《九章集》（Enneads）的手稿真迹已不复存在。在这种情况下，编者保罗·亨利（Paul Henry）和汉斯－鲁道夫·舒维兹（Hans-Rudolph Schwyzer）不得不去处理十四

9

份主要手稿和大量的次要手稿。他们认为，这些主要手稿源自一份遗失的"原型"稿，而后者又源自坡菲利（Porphyry）遗失的《九章集》抄本。他们的目标是重构原始文本，并为其重构提供文本基础。他们的劳动成果便是权威评述版的《普罗提诺作品集》（*Plotini Opera*, edition maior in 3 vols., Brussels and Paris: Museum Lessianum, 1951–1973）。

我的目标和他们一样。如果一封信的手稿尚存，我就会把它誊写下来。如果今天只存在见证该手稿内容的文献，也许就只存在草稿或副本，我就会重构该手稿，以尽可能接近那些文本证据所证明的手稿的文字。然后我会展示该重构的文本基础。

最后，我将以此种方式确定的文本译成英文。显然，我们需要一个新的译本。在我们所拥有的最接近标准英文版本的《莱布尼茨与阿尔诺的通信》（*The Leibniz-Arnauld Correspondence*）中，梅森（H. T. Mason）翻译了他的信件的草稿，并没有在莱布尼茨的真实手稿遗失的情况下对其信件进行重构；他的译本不是基于原始文献，而是基于两个较早的版本，因此包含了这两个版本的诸多错讹；并且他的译本只为我们提供了80% 的现有文本。

我的翻译的目标是让英语读者尽可能了解莱布尼茨、阿尔诺和恩斯特写信时的意图。一个译本可以有两个截然不同的方向：它可以把读者带回到作者身边，也可以把作者带到读者面前。比如说，一个译本可以教会我们聆听莱布尼茨和阿尔诺在

17 世纪的交谈，也可以教会他们在 21 世纪与我们交谈。我选择了第一种方案。

在践行第一种方案时，我们可能会尝试保留原始文本的许多方面，比如，作者为表强调而对大写字母、下划线和双下划线的使用，他在名词和代词之间以及主动和被动语态之间的选择，他在使用他的哲学词汇方面的一致性，他的句子的文学性，以及其他很多很多方面。这个译本的特色在于，它试图在符合翻译常识的情况下尽可能多地保留这些内容，以便读者能更好地从文本富有想象地跳入作者本人的思想。

《九章集》的读者现在可以看到基于对普罗提诺实际所写东西的现存文本证据的研究而对其作品的宏伟重构。我一直坚信莱布尼茨和阿尔诺的读者，无论是法文原文的读者，还是英文译本的读者，应该得到同样的回报。

莱布尼茨与阿尔诺的通信包括二十八封信件和九封信件的初步研究，总共三十七封**信件**。正如我刚才所作的那样，我用黑体的"**信件**"这个词来表示这三十七封**信件**，用"信件"来表示实际寄出的二十八封信件。

就这些**信件**而言，我们所拥有的文本基础由七十二份文献组成：存放在欧洲各地档案馆和图书馆中的六十二份手稿，和十份已出版的**信件**副本（作为其基础的手稿独立于任何我们现在所拥有的手稿）。因此，第一个任务就是准确地确定六十二份手稿中的每一份的文本。

在这一点上，我站在了巨人的肩膀上。1952 年，吉纳维

[xxv]

11

芙·刘易斯（后来的罗迪斯－刘易斯）出版了保存在乌特勒支阿尔诺档案馆的手稿文本。2009 年，德国科学院出版了保存在汉诺威莱布尼茨档案馆的手稿文本。这两卷是研究阿尔诺与莱布尼茨通信的学者的基本资料，同他们的版本对照帮助我纠正了我最初的抄本与手稿之间诸多不符的地方。（为了帮助这两卷的读者，我在网上罗列了我在他们的文本与手稿之间所发现的不符之处［yalebooks.com/voss-leibniz-arnauld-correspon-dence-extra］。这项枚举工作只是当前课题的副产品，而不是它的组成部分。）

接下来的任务是准确地确定这三十七封**信件**的文本。如果我们的目标是在现存文献允许的范围内接近实际的通信，那么在那些手稿已不复存在而我们仅拥有多个文本证据的情况下，我们该如何追求这一目标呢？以下是我所遵循的方法。

[xxvi]　　第一，确定似乎最忠于遗失手稿的文本证据。我将其标记为**基础文本**。有时它就是一份草稿，有时就是一个副本。除非有理由认为，其他文本证据的内容在某些地方更加准确，否则我将把基础文本整个呈现出来。

因此，第二，要注意其他那些文本证据的贡献。如果 x、y 和 z 是遗失手稿的文本证据，而 y 是基础文本，你断定，比如说，在某个地方 z 比 y 更忠实于遗失的手稿，那么你就应该在那个地方用 z 的说法代替 y 的说法。

第三，在没有 x 或 z 的支持下，永远不要偏离 y。在重构时，不要纳入任何遗失手稿的文本证据所没有的内容。

也许 x 是一份草稿，y 和 z 是遗失手稿的 18 世纪和 19 世纪的副本。在某个地方，这些文献可能是这样写的，比如，草稿 x：j'ay couvert vostre lettre；副本 y：j'ay decouvert votre lettre；副本 z：j'ai decouvert votre lettre。我们在其他地方注意到，作者写的是"vostre"，而不是"votre"，写的是"ay"，而不是"ai"。经过权衡，我们断定他在寄出的信中写的是"j'ay decouvert vostre lettre"。副本记录了从草稿到寄出信件的进展情况；草稿记录了拼写方式：后来的副本的编者们通常会选择后来的拼写方式。因此，原则是，即使信件的基础文本是后来的副本，也要按照它在当时文献中的拼写方式来拼写。这是关于听从 x 和 z 的规则的一个特例。

第四步就是为所有此类编辑方面的决定提供凭证。将 x、y 和 z 之间的差异展示出来，以便可以确定与偏好文献 y 之间的不同，以及 x 与 z 所提供的资料。我在"书信文献之间的差异"中完成了这项工作。我的抄本加上"书信文献之间的差异"使得重构 x、y 和 z 的整个文本甚至其拼写方式成为可能，使得重构当时的文献 x 的整个文本甚至其拼写方式成为可能。

3. 文献

文献在什么情况下对我们有价值？如果它是一封信的手稿或初步研究，那么它的价值直接源于它所揭示的思想。遗失信件的草稿作为信件内容的文本证据具有间接价值。遗失信件的副本（或副本的副本）只要作为它所誊录的信件的文本证据，是可靠的，它便以一种不同的方式具有间接价值。就像副本可以为我们提供文本证据一样，通信者所拥有的副本也可以为他提供文本证据，它准确与否将决定他随后的回应。无论它所誊录的文献现在是否遗失，它都以一种更加松散的方式为我们提供了文本证据，它即使没有让我们了解到写信的人的思想，也让我们了解到了读信的人的思想。如果一份文献不能提供更直接的文本证据所能提供的任何信息，那么它对我们来说就失去了价值。我们感兴趣的是那些可以在这些方面作为独立的文本证据的文献。

[xxvii]

在这三十七封**信件**中，有二十七封是莱布尼茨写的，八封是阿尔诺写的，两封是恩斯特写的。莱布尼茨显然是推动力。在通信开始和结束时，他提出了形而上学说的两条线索，并提出了我们上面提到的问题：像阿尔诺这样敏锐的哲学评论家是否能接受它们，或者至少像阿尔诺这样警惕的神学斗士是否能证明它们不应受责难。阿尔诺在开始和结束时都不热心，并且有时认为莱布尼茨应该放弃思辨，关心自己的灵魂（正如莱布尼茨在第 18 封信中向恩斯特解释的那样，这两个方面结合在一起就好了）。但其间，阿尔诺烧着了，火花四溅；他帮采矿专家莱布尼茨发现了连恩斯特都看得到的金矿脉。

我数了一下，在这些文献中，有十八份**信件**的手稿，有五十四份独立的文本证据。这些文献的大部分都保存在那些存

14

放着我们三位主角的遗著的档案馆中，四十一份手稿存放在汉诺威的莱布尼茨图书馆暨下萨克森州州立图书馆莱布尼茨档案馆中，九份手稿存放在乌特勒支国家图书馆王港档案馆中，七份手稿存放在卡塞尔大学图书馆暨黑森州州立图书馆与卡塞尔市默哈德图书馆的恩斯特档案馆中。在汉诺威的文献中，四十份被编入了"存放在汉诺威皇家图书馆中的莱布尼茨书信"（*Der Briefwechsel des Gottfried Wilhelm Leibniz in der Königlichen öffentlichen Bibliothek zu Hannover*，缩写为"LBr"），其中三十六份被放入了"file LBr 16"，四份被放入了"file LBr F20"；一份被编入了"汉诺威皇家图书馆的莱布尼茨手稿"（*Die Leibniz-Handschriften der Königlichen öffentlichen Bibliothek zu Hannover*，缩写为"LH"），并被放入了"file XXXV"。乌特勒支的文献被编入了"与王港修道院及其圈子有关的法国档案文件目录"（*Inventaire des pièces d'archives françaises se rapportant à l'abbaye de Port-Royal des Champs et à son cercle et à la résistance contre la bulle "Unigenitus" et à l'appel* [*ancien fonds d'Amersfoort*] [Bruggeman & Ven]），并且全部被放入了"Collection Port-Royal, fonds Amersfoort, file 2668"。卡塞尔的文献被放入了"Mss. Hass. 4°, file 248"。

其余的十五份文献中，有五份文献是保存在其他欧洲图书馆的手稿：其中三份保存在布鲁塞尔的比利时皇家图书馆，被放入了"Fonds de Bourgogne, file 11.039"；其中一份保存在巴黎法国国家图书馆，被放入了"fonds français, file 19723"；

另外一份保存在伦敦大英图书馆，被放入了"Ms. Add., file 5104"。

其余十份文献不是手稿，而是已发表的手稿副本，它们独立于我们现在所拥有的任何手稿。关于这些副本，其中三份可参见 Arnauld, *Lettres*；其中五份可参见 *Nouvelles lettres et opuscules inédits de Leibniz*（Foucher de Careil）；另外两份可参见 *Leibniz und Landgraf Ernst von Hessen-Rheinfels*（von Rommel）。

就阿尔诺的《书信集》（Arnauld, *Lettres*）而言，我们在第二卷看到了他们之间的通信中的两封**信件**，在第三卷中看到了其中的一封**信件**，在第四卷中看到了另外十二封**信件**。这些卷《书信集》的编者之一加布里埃尔·杜·帕克（Gabriel Du Pac）还带来了九封**信件**的手稿，这些手稿现在保存在王港修道院的档案馆中，被放入了"fonds Amersfoort, file 2668"（这份文件的标签是"Lettres de et à Arnauld, e. a. de Leibniz, qui ont servi pour l'édition de Dupac, 1637–1694. Il y a quelques lettres non imprimées. Diverses mains de Quesnel, De Joncoux et Dupac"），而杜·帕克正是根据这些手稿编写了《书信集》中的这些书信。所以，《书信集》仅对那些不在这份文件中的**信件**来说算是独立的文本证据。杜·帕克在"file 2668"中找到了第 37 封信的副本，《书信集》印刷本中的这封信则来自这封信本身的手稿，而这份手稿现在保存在大英图书馆中。《书信集》中还剩下五份文献供我们考虑。其中两份文献是第 2 和

16

26 封信的副本，但我们拥有这些信件的实际手稿。我们有两个理由可以忽略《书信集》的文本：我们只在第三卷中找到了阿尔诺的第 34 封信的副本，在第四卷中只找到了莱布尼茨第 35 和 36 封信的摘录。这些**信件**都是后期的，哲学意义不大。莱布尼茨没有答复第 34 封信，阿尔诺也没有答复第 35、36 封信。不幸的是，尽管杜·帕克为王港档案馆誊写了全部**信件**，但他与合编者通常在《书信集》中只给出了极少的摘录，以及一些没有提及莱布尼茨的形而上学讨论的摘要；一些编者抱怨说，这些摘要"太过隐晦和简要了，无法取悦我们的读者，甚至可能太危险了，因为我们无法将阿尔诺的答复与它们联系在一起"（Arnauld, *Lettres* IV, 185）。正如第 18 封信的附录与第 34 封信所表明的那样，即使在通信中，材料的抽象性和思辨性的问题也会以决定事情结果的方式出现。

就富歇·卡雷尔的版本而言，情况要好得多。在这里，我们看到了十一封**信件**的副本，它们大部分都是完整的。富歇·卡雷尔选得好，这些都是最主要的**信件**。德国科学院的编者们认为，就每一封信而言，他当时誊录的都是那封信本身现已遗失的副本。我基本上同意这种说法（科学院的编者们推测，卡雷尔所誊录的莱布尼茨信件的副本可能一直存放在法国卡昂的卡尔瓦多斯档案馆 [A II, 2, XXXII]，但卡尔瓦多斯档案馆的档案管理员却说它们并没有存放在那里）。我们有第 8、17、 [xxix] 19、21 和 25 封信的手稿。但我们没有第 4、5、14、20、23 和 30 封信的手稿。就第 30 封信而言，很明显，卡雷尔的资料来源是莱布尼茨的草稿，我们有这份草稿。这使得他给出的第4、5、14、20和23封信成了独立的资料来源。

1847年，克里斯托夫·冯·隆美尔（Christoph von Rommel）出版了两卷本的恩斯特通信集，其中包括第4、5、18、35和36封信。他所承认的唯一的资料来源是汉诺威和卡塞尔的档案。很明显，他的第18、35和36封信的资料来源是我们已经知道的卡塞尔手稿。但同样清楚的是，他的第4和5封信的资料来源不是我们已经知道的汉诺威手稿。我们有必要问一下隆美尔这些信件的资料来源。

他知道阿尔诺的《书信集》版本，但不知道杜·帕克的王港档案，富歇·卡雷尔将在十年后才出版他那一卷。汉诺威和卡塞尔还有其他手稿作为他的资料来源吗？那里的档案管理员给出了否定的回答。谜团仍然存在，就像关于卡雷尔的资料来源的谜团仍然存在一样。但隆美尔给出了一条重要线索。"我们知道，几乎所有与莱布尼茨通信的人都非常重视这些信件，他们自己也把副本寄给了其他有学识的人"（von Rommel I, 5）。在我们循着线索找到隆美尔所誊录的第4和5封信的手稿之前，我们可以把他的版本作为这两封信追加的独立的文本证据。

因此，通信的文本有四大资料来源，我们要感谢四个人。第一个资料来源是汉诺威档案馆，里面有四十一份文献，我们要感谢莱布尼茨本人的保存，而他之所以保存，部分原因是他想把它们发表出来。其中第8、17、21和25封信（阿尔诺最重要的信件），每封信都有两份文献。第二个资料来源是卡塞尔，里面有七份文献，我们要感谢恩斯特。第三个资料来源是"fonds Amersfoort, file 2668"，里面有九份独立的文献，由杜·帕克**直接**从莱布尼茨寄出的、现已遗失的九封信的手稿誊录而来（参见第33封信尾注1）。这九份文献包括我在上面第2节开头提到的五封核心信件。第四个资料来源是1857年出版的《最新发现的莱布尼茨未发表的书信和小册子》（*Nouvelles lettres et opuscules inédits de Leibniz*），以及五份独立的文献，我们要感谢富歇·卡雷尔。每个资料来源都存放着他们之间的通信的手稿或独立的文本证据，每个资料来源也都包含着一些对他们之间的通信来说最有价值的稿件。

文献的出处：

汉诺威：LBr 16。除了第15、16、24、31、34、35、36封 [xxx] 信之外，每封信都有手稿，其中第1、8、14、17、21、25封信，每封信都有两份手稿

汉诺威：LBr F20；第15、16、18、36封信

汉诺威：LH XXXV；第31封信

乌特勒支：fonds Amersfoort 2668；第4、5、13、14、20、23、24、30、33封信

卡塞尔：Kassel 248；第18、26、27、30、34、35、36封信

布鲁塞尔：Fonds de Bourgogne 11.039；第7、17、25封信

巴黎：fonds français 19723；第2封信

伦敦：Ms. Add. 5104；第 37 封信

富歇·卡雷尔：第 4、5、14、20、23 封信

阿尔诺，《书信集》：第 34、35、36 封信

冯·隆美尔：第 4、5 封信

文献的性质：

初步研究：九份（第 3、10、12、15、19、22、28、29、31 封信）

信件：八份（第 2、8、9、17、21、25、26、37 封信）

部分信件内容：一份（第 27 封信）

草稿：十三份（第 4、5、6、11、13、14、20、23、30、32、33、36、37 封信）

部分信件内容的草稿：三份（第 1、18［两份］封信）

草稿的校正本：一份（第 16 封信）

部分草稿的校正本：一份（第 14 封信）

信件的手抄本：二十三份（第 4、5、7、8、13、14、17［两份］、18、20、21、23、24、25［两份］、26、27、30［两份］、33、34、35、36 封信）

部分信件内容的手抄本：三份（第 1、2、7 封信）

信件的印刷稿：七份（第 4［两份］、5［两份］、14、23、34 封信）

部分信件内容的印刷稿：三份（第 20、35、36 封信）

对于三十七封**信件**中的每一封，我为每一种文献指定了一个符号，以便根据我所制定的方案来参考它。

L 文本是莱布尼茨本人写的

l 文本是莱布尼茨的誊写员写的

a 文本是阿尔诺的誊写员写的

E 文本是恩斯特写的

C 信件的手抄本或部分信件内容的手抄本

P 信件的印刷稿或部分信件内容的印刷稿

4. 呈现书信抄本和译本的惯例

在法文抄本的每封信的标题中，我都写上了写信人和收信人。然后我给出了**信件**在 G 和 A 中的页码。在页边空白处，[xxxi] 我写上了已出版的标准版法文文本（通常但并不总是 A II, 2）的页码和行号。在这里和全书中，**粗体**数字指的是在该文本中的页码。① 在每篇英文译文的标题中，我都写上了我所引用的这封信的编号、写信人和收信人。然后，我给出了德国科学院、芬斯特和梅森分别为这封信指定的编号。在此下方，我给出了它的日期和地点，而如果没有任何文献提到这封信本身的日期和地点，我就会在方括号中给出它们。在页边空白处，我

---

① 我们在中译本中将法文文本的页码——即粗体数字——放入了鱼尾号"【　】"内，将英译本的页码放入了方括号"[　]"内。——中译者注

21

写上了标准版的页码，但没有写上行号。

在每封信的第一个尾注中，我列出了我就它所拥有的文献。如果文献是手稿，我会给出它的排架号，包括文件名和张数号；如果它是印刷资料，我会给出它的短标题和页码。如果我们有不止一份文献，我会指出作为誊录基础的那一份：如果它是**信件**本身的手稿，我就会把它称作"我们的文本"，而如果它是我认为最接近遗失**信件**手稿的文献，我就会把它称作"我们的基础文本"。

作者偶尔会使用方括号［……］，这些都将被如实地誊录下来，并在尾注中注明它们是作者加上的。在其他情况下，为了便于理解，我会在方括号中添加作者可能会使用的标点符号、单词片段或单词。这种加括号的材料自始至终都是对文本的补充，而不是替换。在译文中，我有时会把不太符合原文的表达括起来。一个阴性代词的前面有可能既有一个阳性名词，又有一个阴性名词：我会在括号中插入这个阴性名词的翻译。我由于这个原因而用括号括起来的表述是译文的一部分，但括号本身不是。我将作者的括号带入了译文中。译文中的括号无论是我的还是作者的，都可以通过查看抄本来确定。我还用括号把抄本和译本中偶尔出现的编者按语括了起来。

我用尖括号〈……〉来表示无法明确辨认的推测性的文本。

为了表强调，作者们用到了各种各样的标记：下划线、双下划线、大写字母；我在抄本中保留了这些标记。在英译文中，下划线变成了斜体，[1] 但有两种例外情况：原文中的下划线有时表示引用，因此我将其替换为引号；它有时表示拉丁文或希腊文，如果我将其翻译成英文，我会删除这种表强调的标记。

我在抄本中保留了各种各样的错误——语法错误、拼写错误、事实错误、哲学错误。在译文中，我更正了人名的拼写错误，取消了人名的缩写形式，并使用斜体和引号这种现今的惯例来给出出版物的名称。偶尔，当一个作者写的是 x，但明确表示的是 y 时，我会誊录 x，然后翻译 y，并在尾注中解释我是在纠正作者的文本。但我这样介入的次数很少。 [xxxii]

当时，德国使用旧儒略历，法国则改用我们现在使用的比儒略历早 10 天的格里高利历。在给出一封**信**的日期时，我用的是我们现在的格里高利历。阿尔诺每次都会在信的开头给出一个格里高利历日期，所以我们很容易确定他的信件的日期。莱布尼茨通常根本不写日期，或者既给出儒略历日期，又给出格里高利历日期。有两次，即在第 4 和 18 封信中，他写了一个日期。在第 4 封信中，我们仅根据这封信便可知道那是一个格里高利历日期。我们可以合乎情理地推断，第 18 封信上写的也是一个格里高利历日期。同样，关于第 35 封信的日期，我们唯一的内部证据是恩斯特的誊写员所写的一个日期，而在其他的文献上，誊写员所写的都是格里高利历日期，所以我遵

---

[1]　英译本中的斜体在中译本中变成了黑体。——中译者注

循科学院的说法，认为第 35 封信的日期也是一个格里高利历日期。

5. 辅助材料①

附录"书信文献之间的差异"列出了二十一封信件各自拥有的多个文献之间的差异。我记录了可能对一封信的解释或翻译产生影响的差异——粗略地讲，除拼写上的差异之外的所有差异。（难道我们应该比莱布尼茨或阿尔诺更关注拼写?）这种资料主要用于在我们缺乏寄出信件的情况下确定该文献，并记录莱布尼茨的思想从草稿到最后反思的发展过程。我发现莱布尼茨的草稿和他最终寄出的信件之间有四十四处显著的差异，在第 4、13、14、18、23、30、33 和 37 封信介绍性的尾注中，我把它们一一列举了出来。在附录二中，我翻译了一些有差异的文本，有的文本只是一个单词，有的文本则是一段相当长的文字。

附录三"莱布尼茨回到他的通信"记录了莱布尼茨多年后对他的一些手稿所作的两种注解。在为预期的出版物做准备时，他在十六份草稿上做了注释，注明了收件人或日期，或他

---

① 我们虽然将英译本的引言译成了中文，但正如前面脚注所指出的，我们并没有将英译本的作为辅助材料的四个"附录"收录进来，参见 G. W. Leibniz, *The Leibniz-Arnauld Correspondence*, translated by Stephen Voss，Yale University Press, 2016, 301–366。——中译者注

是否以那种形式寄出了这封信。在一份初步研究和七份手稿中，他还做了大约一百一十三处修改。在附录四中，我翻译了注释和后来的改动，但这些改动的意义可能不太大。

法文和英文文本所附的脚注与注释部分的译文尾注有着不同的目的。脚注记录和翻译了我们的作者对手稿所作的旁注等。尾注则包含各种各样的信息。特别是，每封**信**都附有一个介绍性的尾注。当作者回想起某些更早的资料（通常是古典的或圣经中的资料）时，我会在尾注中指明到底是哪个资料。当作者提到一个已发表的作品时，如有必要，我也会指明到底是哪个作品。 [xxxiii]

"参考文献"这一部分罗列了与这些**信件**中所出现的各式各样的问题相关的学术性的哲学著作，为研究这些**信件**提供了一套有益的指南。在尾注中，我用到了短标题来指代"参考文献"中所列的书目；"参考文献"本身包含了完整的出版信息。

6. 共同的背景知识

莱布尼茨和阿尔诺认为对非常广泛的思想有所了解是理所当然的，但本书的读者却不一定拥有这些思想。本节的材料对他们在写作时视作先决条件的若干思想进行了总结。我认为有选择地阅读这一节可以为研究这些**信件**打下良好的基础。这些条目大致按时间顺序排列。

亚里士多德

莱布尼茨曾三次引用亚里士多德（公元前 384—322 年）。每一次引用都有可能受到质疑。

谓词在主词之中

在未寄出的第 12 封信中，莱布尼茨写道："我也明白，每一个**真命题**要么是直接的，要么是间接的。**直接的**就是那本身为真的命题，也就是，当谓词明确包含在主词中时，我称这种真理为同一性真理。所有其他的命题都是**间接的**，也就是，当谓词实际上以这样一种方式——即通过对主词的分析或对谓词和主词的分析，命题最终可以化为同一性真理——包含在主词中时。这就是亚里士多德及其学派在说'谓词在主词之中'时所想到的。"

或许莱布尼茨心里想到的是亚里士多德在《前分析篇》第一卷第 1 章中的说法："一个词项整个地包含在另一个词项中，与后一个词项可表述所有的前一个词项，这二者意义相同。我们说一个词项表述所有的另一个词项，只要在主词中找不到另外那个词项不能断言的实例。"（*Prior Analytics* I.1, 24b27–29）

按照第一句话，S 整个地包含在 P 中，与 P 可表述所有的 S，这二者意义相同。但在第二句话中，主词的意思是什么？也许这句话的意思是，只要 S 的每一个实例都是 P 的一个实例，P 表述所有的 S。因此这两句话的意思是，只要每匹马都是动物，马将整个地包含在动物中。但莱布尼茨想要的是，动物包

[xxxiv]

26

含在马中。

相反，假设亚里士多德第二句话的意思是，只要 S 的每一个实例都是 P 的一个实例，S 表述所有的 P。那么动物将整个地包含在马中。在《前分析篇》第一卷第 4 章中，亚里士多德写道："如果 A 不能作一切 B 的谓项，B 可作一切 C 的谓项，那就可以推出，A 不能作一切 C 的谓项。"（*Prior Analytics* I.4）现在，如果"B 可作一切 C 的谓项"意味着"B 的每一个实例都是 C 的一个实例"，那么亚里士多德的结论就不成立。动物不能作一切海棠的谓项，海棠的每一个实例都是生物的一个实例，但任何生物却并非必然就不是一个动物。

换句话说，亚里士多德的结论遵循我们对"B 可作一切 C 的谓项"的第一种解释。如果动物不能作一切海棠的谓项，而每个 C 都是海棠，那么无论 C 是什么，C 都不是动物。亚里士多德在《前分析篇》第一卷第 1 章（*Prior Analytics* I.1）中的说法似乎并没有预示着真理的概念包含论。

我们在亚里士多德的著作中很难找到莱布尼茨的概念包含论的先例，有些学者，比如，斯蒂法诺·迪·贝拉在自己的著作中果断认为，莱布尼茨提出了一种替代所谓的亚里士多德的符合论的新理论（Stefano di Bella, *Science of the Individual*, p. 131）。

没有生成和消灭

莱布尼茨在第 30 封信中写道："巴门尼德……和麦里梭都坚持认为，除非在现象中，否则没有生成和消灭；亚里士多德在

《论天》第三卷第2章中证明了这一点。"证明了什么——没有生成和消灭，还是说，这是巴门尼德和麦里梭的观点？从语法上讲，这句话是模棱两可的，但莱布尼茨的意思是不容置疑的。

亚里士多德指出，麦里梭和巴门尼德认为没有什么是生成的，而赫拉克利特认为一切都是生成的——但他是在第三卷第1章（298b11–299a1），而不是在第2章指出这一点的。尽管在第2章的最后一段话中，亚里士多德写道："从前面所说的也可明白，所有事物都不生成，也没有什么东西是在绝对意义上生成的。每个物体都不能生成，除非物体之外能有某个虚空。因为将被已生成之物（当它已生成时）占据的那个处所，此前必然被内中无物的虚空占据着。一物能从另一物中生成，例如，火从气中生成，但是，在没有任何预先存在的物质团块的情况下，生成是不可能的。最有可能的是，现实的物体或许会从某个潜在的物体中生成；然而，如果潜在的物体不是另外一个已经先在的现实物体，那么就必须承认物体之外存在着虚空。"存在者的整体不可能生成，也不可能有任何一个事物从无中生成。但一个物体可以从另一个物体中生成：火从气中生成。

《论天》的其余部分告诉我们，不存在天体的生成，因此它们是不可毁灭的。它们的物质和作为一个整体的诸天也是如此。但地球上的物体的四种元素相互生成和破坏，即一种元素从另一种元素中生成，另一种元素则在这个过程中被破坏。当然，亚里士多德在他的著作中赞同由四种月下元素混合而成的实体会经历生成和毁灭。巴门尼德不这么认为，但在亚里士多

[xxxv]

28

德看来，他错了。

依据权威来定义可能性

最后，莱布尼茨在未寄出的第 31 封信中写道："我打算将来有一天写一本书，介绍关于证据和标示的理论，最重要的是说明应该如何估计可能性的程度，我不会像亚里士多德和某些仅根据权威来规定它的决疑者那样讨论它；相反，我会像那些用几何学的方法描述**概率**（Chance）的人那样讨论它。"

亚里士多德从不定量讨论可能性，他经常根据权威，无论是过去哲学家的权威，还是大众的意见的权威，给予一种学说以尊重。因此，他的《形而上学》第一卷的大部分内容都在研究早前的观点。然而，这种尊重几乎消失了。他在《形而上学》第一卷第 10 章用这些话结束了他的考察："因此，即使从我们之前所说过的，也可以明显看出，所有人似乎都在寻求在《物理学》中所指出的那些原因，而且在它们之外我们也提不出任何其他原因。然而他们仅仅模糊地寻找它们，而且尽管在一种意义上，它们全都在以前被描述过，但在另一种意义上，它们根本就没有被描述过。因为最早的哲学在所有问题上就像一个说话口齿不清的人一样，因为它还年轻，还处于它的开端之时。"（*Metaphysics*, I.10, 993a11–17）不过，这种尊重从未完全消失。亚里士多德的中世纪追随者使这一原则系统化了。因此，托马斯·阿奎那在《神学大全》中的标准程序是，在回答一个问题之前，首先将双方的权威人士摆出来。

但亚里士多德从不依据权威来定义可能性，并且为了证明

[xxxvi] 一个猜想、预测或解释性理论是可能的，他需要的不仅仅是权威的支持。他在客观"标示"的基础上给出了一种非定量的可能性，这些标示往往与频率有关——通常是这样，但并不总是如此（尤其参见 *Prior Analytics* II.27; *Rhetoric* I.2, II.22–25）。莱布尼茨在第 31 封信中的评论似乎是在使用不正当手段来占亚里士多德的便宜。

有关这个问题的更多内容，参见 Allen, *Inferences from Signs*；Madden, "Aristotle's Treatment of Probability and Signs"；Patey, *Probability and Literary Form*；Weidemann, "Aristotle on Inferences from Signs"。

阿基米德

任何球状实体的完全概念都是独一无二的，那为什么阿基米德放在他陵墓上的球体的完全概念会在莱布尼茨的脑海中留下深刻的印象呢？阿基米德根据各种原因或理由证明 π 略小于 $\frac{22}{7}$，这对我们的心灵有什么启发？叙拉古的一位老人何以能如此精确地再现诸天的规律、自然的秩序、诸神的法令，以致为莱布尼茨提供了一个经典的方法来提醒阿尔诺，创造能表象的实体，让它们按照自身的法则来表达一个形体[①]中将要发

[①] 考虑到莱布尼茨在"物体"和"身体"两种意思上使用"body"一词，而且莱布尼茨在本卷中尤其讨论了"mind"与"body"的结合的问题，因此除了个别地方，我们在大多数情况下将其译成了"形体"，参见《莱布尼茨著作书信集》前面几卷。——中译者注

生的一切，并没有超出上帝的能力？

莱布尼茨在第 10、18、30 封信中只是间接地提到了阿基米德（公元前 287—212 年），但当他这样做时，他对阿基米德表现出了极大的尊重。在这个关于阿基米德的词条中，并且仅在这个词条中，我的目的不是记录信息，而是使古人对阿基米德特有的崇敬和莱布尼茨对他特有的尊重变得容易理解。

通过确定一个圆的内接多边形的周长和该圆的相似的外切多边形的周长，阿基米德能确定 π 的取值范围。通过不断将多边形的边数从 6 增加到 96，他能缩小 π 的取值范围，最终确定 π 大于 $3\frac{10}{71}$，小于 $3\frac{1}{7}$。按照小数的近似值，那就是将 π 限定在了 3.1408 与 3.1429 之间，π 约等于 3.1416。莱布尼茨可能觉得这个结果尤其令人钦佩，因为它充分利用了无穷数列极限的思想，而他和牛顿在完成微积分的最后一步时正是利用了该思想。

球体的体积与它的半径的函数关系是什么？它的体积与最小外切圆柱体的体积的函数关系是什么？阿基米德十分喜欢他所发明的回答这些问题的方法，以至于他要求把一个内切于圆柱体的球体放在他的陵墓上。正如西塞罗后来发现的那样，他的陵墓上确实有一个这样的球体。

阿基米德首先用一个圆柱体外切球体，圆柱体的高度 AB [xxxvii] 与球体的直径相同，但其底边直径 DE 是球体直径的两倍。他让一个圆锥内接该圆柱体，这个圆锥与这个圆柱体的底相同，顶点 A 在圆柱体顶部的中心。图中，圆、矩形和三角形分别表示球体、圆柱和圆锥的横截面。

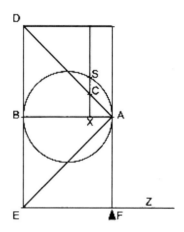

现在，阿基米德在 AB 上选了任意点 X，并考虑做一个通过 X 垂直于 AB 的平面，从而产生穿过球体、圆锥和圆柱的切面。他接下来要计算这三个切面的面积。

平面与圆相交于 S。BSA 是一个直角。所以 AX / XS = XS / BX。穿过球体的切面将是一个半径为 XS 且面积为 π·AX·BX 的圆。该平面在 C 处与三角形相交，并且 XC = AX。穿过圆锥的切面将是一个半径为 XC = AX 且面积为 π·AX^2 的圆。这两个切面的面积之和是 π·AX·(AX+BX) = π·AX·AB。最后，穿过圆柱体的切面是 π·AB^2。

阿基米德认为这些切面是穿过三个立体的同样薄的切片的面。现在，他将为每个切片赋予一个与切片的面的表面面积成正比的质量，并利用他先前所阐释的杠杆原理：当且仅当两个物体的质量与它们到支点的距离成反比时，它们才会保持平衡。

阿基米德现在沿着一个带有支点 F 的杠杆将穿过球体和圆锥的切片向右移动，使它们与穿过圆柱的切片保持平衡。如果我们将 F 与我们要放置球体和圆锥的切片的点之间的未知距离称作 Z，那么我们知道

（圆柱切片的面积）·AX=（圆球切片的面积＋圆锥切片的面积）·Z；　　　　　　　　　　　　　　　　　　　　[xxxviii]

也就是，

$\pi \cdot AB^2 \cdot AX = \pi \cdot AX \cdot AB \cdot Z$；

所以

$Z=AB$。

太奇妙了！无论 X 位于 A 和 B 之间的哪个位置，球体和圆锥的切片都必须被放在支点的右侧与支点的距离等于球的直径的位置上。

当整个圆柱体被放在杠杆上时，它的质量可以被认为集中在其重心上，在支点左侧距离支点 AB / 2 处。当球体和圆锥的**所有**切片都被放在支点右侧距离支点 AB 处，整个球体和整个圆锥的质量之和可以被认为集中在该点上。

阿基米德现在将切片的质量视为与其体积成正比，那么球体和圆锥的体积之和将是圆柱体体积的一半。

一个世纪之前，欧多克索斯就已经证明了圆柱体的内接圆

锥体是该圆柱体体积的 $\frac{1}{3}$。因此球体的体积就是该圆柱体体积的 $\frac{1}{6}$。

现在，阿基米德又回到了原来的问题上，它讨论的是一个其底与球体等直径的圆柱体。它的体积是大圆柱体体积的 $\frac{1}{4}$，因为它的底的面积是大圆柱体的底的面积的 $\frac{1}{4}$。

结论：由于该圆柱体的内切球体的体积是大圆柱体体积的 $\frac{1}{6}$，所以该圆柱体的内切球体的体积是该圆柱体体积的 $\frac{2}{3}$。

推论：由于该圆柱体的内接圆锥体是该圆柱体的体积的 $\frac{1}{3}$，所以内切球体和圆锥的体积之和 = 该圆柱体的体积。

推论：如果 r 是球体的半径，那么该圆柱体的体积就是 $2\pi r^3$，该球体的体积则是 $\frac{4}{3}\pi r^3$。

这是西塞罗在《图斯库路姆论辩集》中关于他发现传说中的陵墓的记录（*Tusculan Disputations* V, xxiii, trans. Grant）。"但是，在狄奥尼修自己的城市叙拉古，我将从沙土中召唤出一个后来在那里生活多年的不起眼的小人物，阿基米德——他的量尺曾在那儿的沙土里绘制过各种各样的线条。当我在西西里岛任财务官（公元前75年，也就是，阿基米德逝世137年后）时，我就四处寻访阿基米德的墓地。叙拉古人对此一无所知，甚至否认阿基米德墓地的存在。但它就在那里，完全被荆棘与蒺藜丛包围和掩盖了起来。我曾听说过刻在他墓碑上的一些简单的诗句，这些诗句提到了陵墓上用石头刻成的球体和圆柱体。于是我把阿格里根琴门附近的众多陵墓都仔细地察看了一遍。最后，我注意到灌木丛上方有一根纪念柱，上面有一个球体和一个圆柱体。

我立刻对我身边的叙拉古人（其中有一些重要人物）说，这就是我一直寻找的目标。我们派了一些人用镰刀去清理遗址，而当通向这座纪念碑的道路被打开后，我们径直走了过去。那些诗句依稀可辨，只不过每句的后半部分已经在岁月的侵蚀下变得模糊不清了。

这座城市是古希腊世界最著名的城市之一，同时也是过去伟大的学术中心，但却对它曾经诞生过的最光彩夺目的公民的葬身之地全然不知，幸亏这位来自阿尔皮努姆的人出现了并认出了它！"

西塞罗提到，在公元前 212 年攻占叙拉古之后，罗马执政官马塞卢斯（Marcellus）把阿基米德建造的天球仪（天象仪）带到了罗马。他的天象仪是一个非凡的物件，在每次旋转时，都会显示月亮在太阳落下后在静止的地球上方升起，以适当的时间间隔出现的月食和日食，以及水星、金星、火星、木星和土星等其他五颗已知行星的运动（*On the Republic* I, 14, 21–22；*Tusculan Disputations* I, lxiii）。关于这个天象仪，另参见 Ovid, *The Calendar*（VI, 263–283）；Lactantius, *Divine Institutions*（II, 5, 18）；以及 Claudian, Epigram 18（莱布尼茨在第 30 封信中引用了其中的一句话）。

西塞罗写道，阿基米德能建造出这样一个前所未有的装置，他一定是"超乎常人想象的天赋"。其他一些古代作家认为，阿基米德的天象仪证明了宇宙一定有一个神圣的创造者，因为就像天象仪需要一个创造者一样，宇宙本身也需要一个创造者。西塞罗反驳了这个论点，认为既然宇宙有一个神圣的创造者，那么阿基米德能模仿宇宙的运动，他就一定是神圣的。

"最后，那种探究秘密事物的被称为创造和发明的力量是什么？……我们已经学会了观察星体，不仅是那些恒定的星体，还有那些被不恰当地称作漫游者的星体；一个熟悉它们所有的运行和运动的人，就可以被认为拥有一个与创造了天上那些星体的那个神的灵魂相似的灵魂：因为当阿基米德用一个球体描述月亮、太阳和五大行星的运动时，他所做的与柏拉图《蒂迈欧篇》中的神所做的完全一样，后者创造了通过一次运行来调整在快慢上尽可能不同的各种运动的世界。现在，如果我们承认，倘没有神，我们在这个世界上所看到的一切便不可能产生，那么，倘若阿基米德没有神圣的灵魂，他也就无法用他的球体模仿同样的运动"（*Tusculan Disputations* I, xxv, trans. Yonge；同样参见 *On the Commonwealth* I, xiv）。

[xl]

在罗马人攻占叙拉古之后，阿基米德在研究他在沙土里绘制的几何图形时被一名士兵杀死。传说他死前说的最后一句话是"别动我的圆"。**生命短暂，艺术长存。**

有关阿基米德"艺术长存"的更多内容，参见 Clagett, *Archimedes in the Middle Ages*；Heath, *Works of Archimedes*；Mugler, *Archimède*；Netz, *Works of Archimedes*；Netz et al., *Archimedes Palimpsest*。另参见 Dijksterhuis, *Archimedes*；Knorr, *Ancient Tradition*；Netz and Noel, *Archimedes Codex*。

奥古斯丁

由于康内留斯·詹森的《奥古斯丁》，可以说，奥古斯丁（354—430 年）成了詹森派运动的守护神，而阿尔诺是这场运动的杰出人物。在第 21 和 25 封信中，阿尔诺希望用奥古斯丁的权威来支持这样一种立场，即形体没有真正的统一性，因为它们是可分的，因此远不如精神实体，莱布尼茨在第 29 和 30 封信中也赞成这一立场。下面这段话清楚地阐述了奥古斯丁的这种立场："凡是正确思考统一性的人肯定会发现，它无法被感官所知觉。任何与感官接触的东西都被证明不是一而是多，因为它是有形的，因此有无数部分。我不打算谈论那些如此微小以至于几乎无法确实感觉到的部分；但是，任何物质对象，无论多么小，它至少有一个左边的部分和一个右边的部分，一个上边的部分和一个下边的部分，一个更远的部分和一个更近的部分，一个末端的部分和一个中间的部分。我们必须承认这些部分，无论多小，都存在于任何形体中，因此也必须承认没有任何有形物质对象是真正的绝对统一体。"（*On Free Will* II.22, trans. Burleigh）

阿尔诺在第 17 封信中指出，奥古斯丁"认为形体的疼痛不过就是灵魂因形体状况不佳而产生的悲痛"，在第 19 和 20 封信中，莱布尼茨为了实现他无窗的形而上学，也思考了灵魂是如何在感受到疼痛之前得知状况不佳的。阿尔诺这里想到的应该是奥古斯丁的这段话："形体上的疼痛其实不过是产生

[xli]

37

于形体的一种灵魂上的痛苦 [offensio]，即对形体正在发生的事情不认同 [ab eius passion dissensio]。同理，精神上的疼痛，被称作悲痛，即对违背我们的意愿发生在我们身上的事情不认同 [dissensio]。"（*City of God* XIV.15, trans. Bettenson）

伯拉纠主义或半伯拉纠主义

伯拉纠（约 354—420 年）是一位在罗马教书的英国僧侣，可能是爱尔兰僧侣。伯拉纠主义不承认原罪，认为人类在道德上不受堕落的影响。在没有神的帮助下，通过斯多葛式的苦行修行，他们仍有能力选择抛弃罪，服从上帝，获得崇高的德性，并获得永恒的救赎。亚当的影响是他树立了坏的榜样，而基督的影响主要是他给予人们以教诲，并树立了好的榜样——与亚当的影响相抗衡。伯拉纠主义遭到了奥古斯丁的反对，并在 418 年的迦太基会议和 431 年的以弗所大公会议上被谴责为异端。

公元 5 世纪，半伯拉纠主义得到了约翰·卡西安（约360—435 年）的大力倡导，卡西安生于小斯基提亚，他为了向沙漠教父们学习沉思祈祷而前去朝圣，后来在马赛附近建立了圣维克多修道院，并写了两部对本笃会的精神生活产生深远影响的作品，即《谈道集》（*Conferences*）和《修道制度》（*Institutes*）。这种教义承认原罪对人的心灵和意志的影响，但认为这种影响只是削弱了人的自由意志，并没有对自由意志造成致命的打击。人可以不经上帝的帮助，凭自己的自由意志向上帝迈出第一步，尽管信心本身是在神恩的协同作用下获得的。一旦获得信心并获得称义，人就可以在没有额外的神恩下坚持过有德性的生活。这种教义在第二次奥兰治大公会议和特伦托大公会议上遭到了谴责，但卡西安的立场却被认为是东正教的典范。

托马斯·阿奎那

莱布尼茨声称得到了托马斯·阿奎那（1224/25—1274年）所主张的两个学说的支持：没有任何两个精神实体是完全相同的（第 10、11、12 和 14 封信），以及动物的灵魂（第 19、30 封信）——或形体的形式（第 20 封信）——是不可分割的。

托马斯所讨论的精神实体是天使。在《神学大全》中，他认为没有两个天使属于同一个种（*Summa Theologica* I, question 50, article 4）。其中一个原因是，"在种上一致、但号数上不同的事物，在形式上一致，在质料上有区别。因此，如果天使不是由质料和形式构成的，……那就必然可以得出这样一个结论：两个天使不可能属于一个种；就像我们不可能说存在着几种不同的白，或几种不同的人性"（trans. Pegis）。在《反异教大全》中，他从许多方面辩称，从每个种的一个形体中分离出来的智体不可能多于一个（*Summa Contra Gentiles* II, chapter 93）。比如说，他辩称，这样的实体是持存的实质，或本质，但一个事物的实质就是它的种，所以这些实体必定是持存的

[xlii]

39

种。再比如，他辩称，在同一个种的可毁灭的事物中，之所以存在若干个体，是为了使特定的性质得以保存；但这些实体是不可毁灭的，所以不需要若干属于同一个种的个体，等等。

在《神学大全》中，托马斯反驳了阿威罗伊的下述观点，即"元素的形式……介于偶性形式和实体形式之间，所以，既能够**有所增加**也能够**有所减少**；因此，在混合物中，它们被改变并达到了一种平衡状态，这样，一种形式就从它们之中产生了出来。"他回答说，"每个事物的实体存在都是某种不可分的东西，而且任何增减都会改变种。"（*Summa Theologica* I, question 76, article 4, ad 4）至于动物的灵魂，托马斯在《反异教大全》中基于下述理由认为，生物的灵魂不是形体："每个形体都是可分的。凡可分的东西都需要某种东西来把它的各个部分结合在一起，所以，如果灵魂是一个形体，那就会有某种别的东西来保持它的完整性，而这种东西还将是灵魂；因为我们注意到，当灵魂离开时，形体也就分解了。而如果这一整合原则又是可分的，我们最后就必定要么达到某种不可分又不可毁灭的东西，那就是灵魂，要么无限分割下去，但这是不可能的。"（*Summa Contra Gentiles* II, chapter 65, number 4, trans. Anderson）

形式理论

莱布尼茨在第 30 封信中列出了在他看来对形式或灵魂有类似看法的人（他在第 20 封信中比较简要地对他们做了介绍）。

"这些证人的价值参差不齐，因为所引用的作者并没有给他们的方案赋予莱布尼茨赋予它们的意义。但是列举本身是有意义的，因为它表明莱布尼茨始终想要立足传统并对古代思想进行综合"（Le Roy, 309）。我在上面已经分别讨论了亚里士多德和托马斯·阿奎那对这个问题的看法。

正如莱布尼茨所说，埃利亚的巴门尼德（活跃于公元前 5 世纪初）和萨摩斯的麦里梭（大约生于公元前 470 年）宣称，除非在现象中，否则没有生成和消灭。巴门尼德在其韵文《论自然》中，贯穿整个"真理之路"的主题是"存在者不是产生出来的，也不能消灭，因为它是不动的、无止境的"（残篇 8）。他的门徒麦里梭写道，存在的东西来自永恒，也将永恒存在（残篇 1）。（柯克、瑞文和斯科菲尔德在《前苏格拉底哲学家》中以希腊文和英文给出了他们所挑选的残篇，然后对它们进行了讨论。）这些哲学家没有形式的概念，但莱布尼茨显然在他们那里看到了关于事物常住不变的原则的观念。

[xliii]

《摄生法》可以追溯至希波克拉底时代（约公元前 460—375 年）。这是第一卷第 4 章的全文（可能不是希波克拉底本人写的）。译者琼斯（W. H. S. Jones）在这些章节中发现了来自恩培多克勒、阿那克萨戈拉和赫拉克利特等人的各种思想的混合。

这两种元素分别有如下属性。火性热而干，水性冷而湿。它们也相互为用。火也因水而生湿，因为火中有

41

湿性。水也因火而生干，因为水中也有干性。这些元素既然如此，它们就会从它们自身分离出诸多种类的诸多形式，包括种子和生物，这些形式在外观和力量上都彼此不同。因为它们从不停滞在同一状态，而是变来变去，从这些元素分离出去的事物也必然不同。于是万物中无一会消亡，也不会出现从前不存在的东西。事物的变化，仅仅是混合和分离的结果。可是人们流行的信仰是，一种事物增加并从冥界来到光明之中，同时另一种事物减少并从光明中消失，消散在冥界之中。因为他们相信眼睛而不是心灵，尽管眼睛甚至不足以判断所见的事物。而我是用心灵来解释的。因为另一个世界的事物也有生命，正如这个世界的事物一样。如果有生命，便不会死亡，除非万物都随之死亡。因为我们不知道死亡会发生在哪里？不存在的东西也不会出现。因为我们不知道它从哪儿来？然而，万物都会增大到可能的最大值和缩小到可能的最小值。每当我说到"生成"和"消亡"时，我只是在用通俗的说法；我的真正意思是"混合"和"分离"。其实，"生成"与"消亡"是一回事；混合与分离是一回事；增大与缩小是一回事；"灭亡"、"缩小"与"分离"是一回事，所以，个体和万物的关系，与万物和个体的关系也是一回事，不过，万物不是一成不变的。因为在这些事情上，习惯与自然是对立的。

[xliv]

莱布尼茨在约翰·菲洛波努斯（John Philoponus，490—570 年）的《论世界的永恒性——驳普罗克洛斯》（*De aeternitate mundi contra Proclum*, 529; first Latin edition 1535）中发现了这一学说，即每当动物诞生时，形式就会被专门地创造出来。

他说，大阿尔伯特（Albertus Magnus，约 1200—1280 年）认为实体形式一直都隐藏在物质中，因此每一种实体形式，甚至每一种实体，都是不可生成和不可毁灭的。大阿尔伯特在他的《形而上学》（对亚里士多德的评论）中坚持认为，在像人这样由形式和质料构成的实体的生成过程中，将与那要成为这种实体之物质的物质相结合的形式必定已经以萌芽的形态，作为**形式的发端**，存在于物质中了。

莱布尼茨说，培根索普的约翰（John Bacon，约 1290—1346 年）同意大阿尔伯特的观点，即形式一直存在于物质中；关于这一点，参见 John Bacon, *Super quattuor libros Sententiarum*。培根索普的约翰试图调和阿威罗伊与基督神学，结果他被错误地指控为阿威罗伊主义。

至于加布里埃尔·比尔（Gabriel Biel，1420—1495 年），如果我们可以把那个被划掉的旁注归于第 30 封信，那么莱布尼茨心里肯定是把比尔的某些说法（参见 *Collectorium circa quattuor libros Sententiarum* II.1.1）当成了他之所以认同菲洛波努斯上述学说的关键所在。

莱布尼茨指出，费尔内尔（Jean François Fernel，1497—

1558 年）让形式从诸天进入了动物体内。"费尔内尔在灵魂——被认为是内在于形体的简单形式——中看到了维系生命运动和统一的实体性原则；但他赋予了这种灵魂一个真正神圣的起源，仿佛人类和高等动物只有在天体的影响下才能有生命"（Le Roy, 310）。参见 *De abditis rerum causis*（*On the Hidden Causes of Things*）（1548），I.1, chapters 8–9；I.2, chapter 28。

哥白尼

在第 36 封信中，莱布尼茨恳请恩斯特了解一下罗马的枢机主教是否愿意解除罗马天主教会对哥白尼日心说的谴责。

尼古拉·哥白尼（1473—1543 年），波兰数学家、天文学家、莱布尼茨式的博学家、真正的文艺复兴时期的大人物。他的巨著《运行》第一版发表于 1543 年，也就是他去世的前几天，在未经他允许的情况下增加了两处内容。"天体"一词被加到了标题上，由此产生了我们今天所看到的《天体运行论》。书中还加上了路德宗牧师安德烈亚斯·奥西安德（Andreas Osiander）的一个序言，该序言为书中的日心说进行了辩护，认为它只是一个其优点在于拯救表面现象的数学假说，尽管哥白尼肯定认为它就是实际情况。

[xlv]

第五届拉特兰大公会议于 1512—1517 年在罗马召开，主持改革历法委员会的米德尔堡的保罗向全欧洲的学者征求意见。哥白尼碰巧也是其中的一员，他提交了一份书面意见。

在这本书出版几十年后，也就是在作者去世几十年后，伽利略公布了他 1615 年写给托斯卡纳大公夫人克里斯蒂娜的信，信中他引用了一位不愿透露姓名的知名神职人员的话，说圣经教导我们如何进入天堂，而不是天堂如何运行。伽利略被宗教裁判传唤到了罗马，而其中一个后果就是《运行》于 1616 年被列入了禁书目录。但由于其作者对历法改革的贡献，它没有被禁，其内容也没有被宣布在信仰上是异端的或错误的。相反，教众以一种非同寻常的姿态要求对禁书目录做出某些修订。

1620 年，教众总共对这本书提出了十项修改意见，允许包括伽利略在内的天主教徒再次阅读和讨论它。比如，在某处，"关于地球的三重运动的证明"被修改成了"关于地球的三重运动**假说**的证明"。所提出的其他九项修改意见其目的同样也是为了使人们认为这本书是一种基于假说的或"数学上的"解释，而不是一种实在论的或"物理学上的"解释。经过适当修改后，第二版于同年出版。地球运动的观点仍遭到了教皇的谴责。

有关对这种观点的谴责的更多内容，参见 Finnochiaro, *The Galileo Affair*；Maynaud, *La condamnation des livres Coperniciens*；Rosen, "Galileo's Misstatements About Copernicus"。

特伦托大公会议

特伦托大公会议于 1545—1563 年在意大利特伦托召开。它最初被认为是一次全基督教为考虑新教的挑战和有可能重新统一教会而召开的会议，但到头来，它却只是一次罗马天主教为改革和捍卫教会而召开的会议。路德宗在圣经与传统、原罪、称义与救恩以及圣事方面的错误遭到了谴责，天主教的教义得到了澄清。禁止买卖赎罪券、朝圣、崇拜圣徒和圣物等行为被滥用，但并没有禁止这些行为本身。正如莱布尼茨在第6封信中所言，信仰和道德存在争议，但哲学不存在争议。因此，变体论得到了肯定，但经院哲学家关于变体论的构想没有得到肯定。1564年1月26日，教皇庇护四世颁布了诏书（*Benedictus Deus*），要求严格遵守会议的法令，禁止未经许可的解释。同年，天主教廷公布了"禁书目录"；在接下来的几年里，许多经会议批准的书籍都在教皇的认可下得到了发行，比如，《特伦托信条》、《特伦托教义问答》、《祈祷书》、《弥撒书》、武加大本《圣经》。大多数天主教国家的统治者都承认会议的法令，但法国的统治者只承认其教义部分。

[xlvi]

有关这次会议的更多内容，参见 Jedin, *Geschichte des Konzils von Trient*；O'Malley, *Trent*。

莫利纳主义与中间知识

路易斯·莫利纳（1535—1600年）是一位西班牙耶稣会神父，他提出了一种调和上帝的预知与人类的自由意志的理论。上帝拥有**中间知识**（scientia media）：祂知道在祂可能创造的任何世界中的任何人在任何环境下会选择做什么。

人类的选择会产生某些结果。如果人类自由行动，结果似乎不可预测，上帝的预知就受到了威胁。如果上帝事先便知道结果，人类的自由似乎就受到了威胁。为了消除这两种威胁，莫利纳假定上帝的预知分为三个阶段：自然知识、中间知识和自由知识。

上帝的自然知识是祂关于祂可能创造的每个世界的所有方面的知识，这些知识不依赖于人类的自由行动。祂由此知道，在祂可能创造的两个世界中，夏娃都会瞥一眼禁果。根据祂的中间知识，祂也知道，如果祂创造了其中一个世界，祂所能得到的基于假设的结果是什么：在第一个世界中，她会自由地选择去吃这个禁果，而在第二个世界中，她则会自由地选择不去吃这个禁果。这样上帝便有了行使祂的主权的条件，因为祂知道这些结果在多大程度上符合神圣计划。事实证明，祂创造了一个夏娃采摘水果并食用的世界。创造了这个世界后，关于夏娃在未来某个时间将做出的自由选择，祂现在有了自由知识，而不再是假设性的知识。

在上帝选择创造这个世界时，神的主权与人类的自由意志和责任便都得到了维系。在上帝选择实现一个特定的世界时，人类的责任和自由意志便得到了维系。祂关于那些**基于假设将会（would）**发生的事情的中间知识那时就变成了祂关于那些**事实上将会（will）**发生的事情的自由知识。但这种预知并不能决定一个人必须做什么，而只能决定那个人在上帝创造并拥有完全主权的世界里会自由地选择去做什么。

[xlvii]

关于莫利纳的理论，参见 Molina, *Liberi arbitrii*；莫利纳

这本书的部分内容以《论神的预知》（*On Divine Foreknowledge*）为题被译成了英文。

索齐尼派

索齐尼派是福斯托·索齐尼或索齐尼乌斯（1539 年生于意大利锡耶纳，1604 年殁于波兰卢斯拉维采）的信徒。索齐尼在波兰组建了一个教会，该教会首先通过《拉寇问答书》（*Rakovian Catechism*, Rakow, Poland, 1605），半个世纪后又通过五卷本《波兰兄弟会书》（*Bibliotheca Fratrum Polonorum*, Amsterdam, 1656），对 17 世纪的思想和生活，尤其是 17 世纪荷兰的思想和生活产生了重大影响。索齐尼无疑对《拉寇问答书》做出了重要贡献，而《波兰兄弟会书》也包含了索齐尼以及那些志同道合之士最重要的作品。《拉寇问答书》确实强调，要得救，就必须知道上帝存在，祂是唯一的，是完全公正的，是全知全能的。但索齐尼派也认为，上帝只知道关于未来的必然真理。在莱布尼茨看来，这很容易就推出来，因为上帝的法令是绝对无误的，如果祂现在无法知道一个未来事件的所有必要条件都将得到满足，祂现在就不能下令该事件发生。

笛卡尔

对 17 世纪晚期哲学最简洁的概括是，它就是笛卡尔哲学。莱布尼茨和阿尔诺都非常熟悉勒内·笛卡尔（1596—1650 年）的科学和哲学。他们几乎可以找到笛卡尔所有的相关著作，但也有例外，比如，《指导心灵的规则》和《探寻真理》，笛卡尔与康斯坦丁·惠更斯（Constantijn Huygens）之间的一系列信件，以及弗朗茨·布尔曼（Franz Burman）关于 1648 年与笛卡尔的对话的笔记。我将在这里简单概述一下莱布尼茨与阿尔诺对笛卡尔关于五个问题的看法的了解情况。

永恒真理的创造

上帝不仅创造了存在，还创造了本质：祂使"永恒真理"或必然真理成为了现实。这些所谓的永恒真理包括数学真理（圆的半径相等，或 1 + 2 = 3），还包括概念真理（整体大于部分，或有山必有谷）。必然的、可能的或真实的事物之所以如此，都是因为上帝意愿或知道它是这样的。一切值得相信或行动的事物，一切真或善的事物之所以如此，都是出于神的决定。上帝自由地而不是必然地意愿了必然真理：它们是必然的，但"它们是必然的"这一点并不是必然的。这些真理是永恒不变的，只是因为上帝意愿它们如此。祂的全能使祂不受任何与祂自身法令无关的东西的约束。我们无法理解神的力量，这就是为什么我们无法理解祂如何能够使矛盾的东西成为现实。 [xlviii]

这个学说也许是笛卡尔最不成功的。莱布尼茨在第 10 和 14 封信中指出，他和阿尔诺都不相信永恒真理取决于神的法令。这两位哲学家可以接触到笛卡尔在其中提出该学说的这些信件：1630 年 4 月 15 日致梅森，1630 年 5 月 6 日致梅森，1630 年 5 月 27 日致梅森，1638 年 5 月 27 日致梅森，1644 年

5 月 2 日致梅斯朗，1648 年 7 月 29 日致阿尔诺（AT I, 145–146, 149–150, 151–153; II, 138; IV, 118–119; V, 224; CSM III, 23–26, 103, 235, 358–359）。他们也都可以接触到笛卡尔对第五组和第六组反驳的答辩中类似的段落（AT VII, 380, 431–432, 435–436; CSM II, 261, 291, 293–294）。

关于永恒真理的创造，参见 Bennett, "Descartes's Theory of Modality"；Beyssade, "Création des vérités éternelles"；Bréhier, "Creation of the Eternal Truths"；Curley, "Descartes on the Creation of the Eternal Truths"；Frankfurt, "Descartes on the Creation of the Eternal Truths"；Geach, "Omnipotence"；Gueroult, *Descartes selon l'ordre des raisons*；Menn, *Descartes and Augustine*；Nadler, "Scientific Certainty"。

心灵与形体的交互作用

1643 年 5 月 16 日，伊丽莎白公主向笛卡尔提出了一个问题：“人的灵魂（只是一种思维实体）究竟是如何决定形体的精气，以产生自愿的行为的？因为运动的每个定势似乎都是通过推动被移动的事物而产生的”（AT III, 661）。6 月 20 日，在读了他的回答之后，她为自己的“愚蠢，无法理解我们理当用来判断灵魂（没有广延的、非物质的）如何移动形体的观念”（AT III, 684）表示道歉。莱布尼茨和阿尔诺从未见过她的信，但笛卡尔的回答不仅表明他非常理解她的困惑，而且还表明他完全不知道该如何平息她的困惑。

在他的第 1 封回信中，笛卡尔区分了三个原初观念，它们分别是：广延、思想以及灵魂与形体的结合——即两者之间的独特关系，而不是像人们有时认为的那样，它们构成的整体。我们关于灵魂使形体移动的力量和形体作用于灵魂的力量的观念取决于我们关于灵魂与形体的结合的观念。他声称，由于"我们自己的内在经验"，我们有一个现成的观念，可用它来设想实体如何能在没有接触的情况下移动形体。这在我们把此观念**误用**在能把一个形体推向地心的重量上，将重量视作一种实在的性质，实际上也就是视作一种不需要任何接触就能运作的实体时可以得到体现。他早前在对第六组反驳的答辩中就使用过这种类比（AT VII, 441–442; CSM II, 297–298），他将在1648 年 7 月 29 日写给阿尔诺的信中再次使用这种类比（AT V, 222–223; CSM III, 358）。

[xlix]

在他的第 2 封回信中，笛卡尔断言："即使在想象力的帮助下，属于灵魂与形体的结合的东西也只能被理智含糊地知道，但却能被感官清楚地知道。"这就是为什么庸俗之人从不怀疑灵魂使形体移动，形体作用于灵魂。正是日常生活教会了我们如何设想这种结合。"在我看来，人类的心灵似乎无法对灵魂与形体之间的区别以及它们的结合形成**非常分明的观念**。"另一方面，每个人总能无需进行哲学思考便**经验到**自身灵魂与形体的结合。"每个人都**感觉**他是同一个人，他的形体与思想生来就密切相关，思想能使形体移动，并能感觉到发生在形体上的事情"（AT III, 691–694; CSM III, 227–228）。

但无论我们是经验还是设想，无论我们是运用感官、想象力，还是纯思想，有认识能力的始终是理智（Meditation II: AT VII, 31–32; CSM II, 21）。笛卡尔挪用了对重量概念的误用以及他所提出的求助于经验的惊人建议，这被普遍认为是承认理智无法解释交互作用是如何可能的。在第 12、14 和 30 封信中，莱布尼茨对此表示赞成。

在第 23 封信中，就像后来在《单子论》第 80 节中，莱布尼茨将以下观点归于笛卡尔：世界上的运动的量是守恒的，心灵只影响运动的趋向，不影响运动的量。许多学者都曾在笛卡尔的文本中寻找过后一种观点，但都徒劳无获，不过彼得·麦克劳林（Peter McLaughlin）已使我们相信莱布尼茨是正确的。我们来看看他是如何找到这种观点的。当笛卡尔谈到形体运动的"定势"时，将其解释为一种矢量或有向量，即形体的运动的量——质量或大小乘以速度——**与形体的运动趋向合起来**。

笛卡尔曾多次将"就其本身而言的"运动或速度与运动的定势区分开来，比如，在 1640 年 6 月 11 日笛卡尔写给梅森的信中："应当注意，运动不同于我在《屈光学》中所说的形体必须朝一个方向而不是另一个方向运动的定势［AT VI, 93–98; CSM I, 156–159］；实际上，力的作用只是移动形体，而不是确定形体移动的趋向"（AT III, 75）。另参见 *Principles of Philosophy* II, 41；以及 Descartes to Clerselier, 17 February 1645.

［1］

如果我们牢记这一点，我们就能在许多地方找到"心灵只影响运动的趋向"这一观点的不同表述，参见 AT VII, 229；CSM II, 161；AT XI, 225；CSM I, 315；AT XI, 180, 5–12, 以及

185, 7–9——现在回想一下我发起这个讨论时伊丽莎白说的话。

关于这些问题，参见 Garber, "Understanding Interaction"；McLaughlin, "Descartes on Mind-Body Interaction"。

几何学

古希腊人认为，某些曲线作图问题可以"用几何学"来解决，其他的只能"用机械学"来解决，因此曲线本身也相应地被称作几何曲线或机械曲线。帕普斯（Pappus）将作图问题分为平面的、立体的或线的，这取决于它们的解决方案是否只需要圆规和直尺、圆锥曲线，是否还需要附加的线。古希腊人相信，平面的问题可以用几何学来解决，但当涉及立体的和线的问题时，就不一定可以用几何学来解决了。线性曲线（即机械曲线）的经典例子是阿基米德通过围绕一点移动一条线段同时画出一个沿该线段移动的点的轨迹来产生的螺线，以及解决化圆为方和三等分角问题的割圆曲线（阿基米德用他的螺线展示了如何解决这两个问题）。

笛卡尔在他的《几何》（参见 AT VI）中为这种经典的区分提出了一个新的依据。"若我们一般地假定几何学是精密和准确的，那么机械学则不然；若我们视几何学为科学，它提供关于所有形体的一般的度量知识；那么，我们没有权力只保留简单的曲线而排除复杂的曲线，倘若它们能被想象成由一个或几个连续的运动所描绘，后者中的每一个运动完全由其前面的运动所决定——通过这种途径，总可以得到涉及每一个运动的量的精确知识"（Book II: AT VI, 389–90; *Geometry*, 43）。这一准则使他能够将圆锥曲线甚至某些线性曲线归类为几何曲线，而像螺线和割圆曲线这样的曲线仍是机械曲线，"因为它们必须被想象成由两种互相独立的运动所描绘，而且这两种运动的关系无法被精确地确定"（Book II: AT VI, 390; *Geometry*, 44）。

[li]　　帕普斯为作图问题规定了一种既分析又综合的方法，而笛卡尔则通过寻求要描绘的曲线的代数表达式展开了他的"分析"。他得出结论说，任何几何曲线都可以用两个变量的多项式来表示："这些曲线——我们可以称之为'几何的'，即它们可以精确地度量——上的所有的点，必定跟直线上的所有的点具有一种确定的关系，而且这种关系必须用单个的方程来表示"（Book II: AT VI, 392; *Geometry*, 48）。与任何高次多项式对应的曲线现在都被归入了各种不同的几何曲线类型。正如莱布尼茨所指出的，不与多项式相对应的曲线显然仍是机械的。他将在第 13 和 31 封信中告知阿尔诺，他发现了一种微积分，即使是笛卡尔所谓的机械曲线藉此也可以在几何中找到它们的位置。

朱尔·维耶曼（Jules Vuillemin）发现笛卡尔关于几何曲线和方程的观念源于一种数学直觉主义，即几何证明必须建立在对自然数序列的直觉之上，而这种数学直觉主义归根结底是形而上的。在未寄出的第 31 封信中，莱布尼茨认为，当几何被简化为算术时，某些东西就会丢失："因为我们藉由代数在某种程度上迫使自然将一切都简化为算术，从而失去了几何本身所能提供的优势。"他辩称，一个失去的优势就是对那些不与任何多项式相对应的曲线进行几何作图的可能性，他在这里把那些解决化圆为方问题的曲线也包括了进来。

参见 Domski, "Descartes' Mathematics"；Hintikka and Remes, *Method of Analysis*；Vuillemin, *Mathématiques et métaphysique chez Descartes*。

物理学中的运动的量

任何形体的本质都是广延；这是它的首要属性，因为它使一个形体所能拥有的一切样式成为了可能，比如，大小、形状、运动，以及形体可分为具有大小、形状和运动的诸部分的性质。形体没有前笛卡尔物理学的实体形式和隐秘的质。如果你是一名优秀的几何学家并且了解运动，那么你就具备成为一名优秀物理学家所需要的一切，笛卡尔在《世界（论光和论人）》中写道："对我而言，除了比几何学家所研究的线更容易设想的运动之外，即除了使形体从一个地方到另一个地方，连续占据其间存在的所有空间的运动之外，我不知道还有什么别的运动"（AT XI, 40; CSM I, 94）。

笛卡尔的术语简表忽略了莱布尼茨的物理学所要求的某些质，特别是质量和力。也许这些东西有时让他觉得很神秘，所以他经常用大小来代替质量。笛卡尔可以用广延的哪一种样式来代替力呢？莱布尼茨会同意笛卡尔的这一论点，即上帝总是在宇宙中保持一定的量。他将其称作力，并认为运动形体所拥有的力与它的质量乘以其速度的平方成正比。笛卡尔将上帝保持的样式称作"运动的量"，他将运动形体的运动的量定义为 [lii]

它的大小（或质量）乘以其速度。有时他称其为"力"。他认为，上帝的完满性既包括祂的不变性，又包括祂以恒定不变的方式运作（*Principles of Philosophy* II, 36）。上帝在世界上的运作包括以与祂创造物质相同的方式通过物质的所有变化来保存物质，而笛卡尔认为由此显然可以得出这样的结论，即宇宙中的运动的量始终保持不变。他在这里总结了他早前在《世界》第 7 章中的推论（AT XI, 36–48; CSM I, 92–98）。

滑轮或杠杆可以通过移动一个形体来移动另一个形体。笛卡尔在他所谓的《机械学》（AT I, 435–447; CSM III, 66–73）中引入了他的力的概念来描述这些形体的运动关系。这里同样有一个量是守恒的。如果你希望通过移动质量为 m 的形体 b 使质量为 M 的形体 B 移动距离 D，那么你就必须使形体 b 移动的距离 d 为 MD/m，因为 md 必须等于 MD。

假设你以速度 v 移动形体 b，得到 B 以速度 V 移动的结果。笛卡尔认为，b 所能施加于 B 的力是 b 的运动量 mv，b 所给予 B 的力将是 B 的运动量 MV，mv=MV。因为速度等于距离除以时间，而且两个形体移动的时间是相同的，所以笛卡尔的结论，即 md=MD，来自他的守恒原理。在第 20 封信中，莱布尼茨乐意承认笛卡尔的原理适用于"五种简单机械"，但在第 14 封信中，他提供了一个证据，证明如果这一原理普遍适用，那永恒运动将是可能的。

力是广延的一种样式吗？如果是这样，那么广延就会变得不那么几何化，变得更加神秘。如果不是这样，那么广延作为物质首要属性的地位就要受到威胁。许多著作就这个问题给出了一系列的回答。莱布尼茨形而上的物理学究竟在多大程度上真正偏离了笛卡尔形而上的物理学，我们只能在这里找到这个问题的答案。

尤其参见 Gabbey, "Force and Inertia"；Garber, *Descartes' Metaphysical Physics*；Gueroult, "Metaphysics and Physics of Force"；Hatfield, "Force（God）"；以及 Hattab, "Concurrence or Divergence? Reconciling Descartes's Metaphysics with His Physics"。

动物机器

[liii]

非人类的动物是机器。换句话说，它们完全被机械的或数学的物理定律所支配，缺乏灵魂和灵魂使之成为可能的一切。关于这一点，笛卡尔最重要的文本就是《谈谈方法》第五部分（AT VI, 55–59; CSM I, 139–141），他在这里辩称，动物没有任何不能用机械学加以解释的特征，并且缺乏人类表达思想的无限的语言和行动能力。当这个话题后来被提及时，他经常让读者查阅这部分内容。特别是，在对第四组反驳的答辩（AT VII, 229–231; CSM II, 161–162）中，他向青年时期的阿尔诺重复了他的论点，即动物缺乏心灵或思想。这种立场与莱布尼茨在第 23 封信中的论点相冲突，莱布尼茨认为动物拥有实体形式或灵魂，而在第 25 封信中，老年时期的阿尔诺对笛卡尔的立场表现出了深切的同情。

在两封信中，也就是，在 1638 年 4 月或 5 月写给勒内的信和 1640 年 7 月 30 日写给梅森的信中，笛卡尔辩称，如果我们先观察自动机，然后再观察动物，我们就永远都不会认为动物拥有与我们一样的感受（AT II, 39–41; AT III, 122; CSM III, 99–100, 149）。后来两封信的立场明显变得温和了。在 1646 年 11 月 23 日写给纽卡斯尔侯爵的信（AT IV, 573–576; CSM III, 302–304）中，笛卡尔认为，动物的行为出于激情，而不是思想，因此"像钟表一样自然和机械"（但在《论灵魂的激情》第 138 条中，他不太赞同动物有激情）。在 1649 年 2 月 5 日写给亨利·摩尔的一封信中，他提出了若干关于动物缺乏思想的论点。但他也指出："我不否认动物有生命，因为在我看来，有生命仅意味着心脏有热度；我甚至不否认动物有感觉[sensus]，因为它依赖于身体器官。"虽然他断言不能证明动物有思想，但他承认——正如莱布尼茨在第 30 封信中指出的那样——"我不认为可以证明动物没有思想，因为人的心灵无法深入它们的内心。"

有关笛卡尔的动物机器的更多内容，参见 Des Chene, *Spirits and Clocks*；Grene, *Descartes*；Hatfield, "Animals"；以及 Rosenfield, *From Beast-Machine to Man-Machine*。

科尔德穆瓦

热罗·德·科尔德穆瓦（1626—1684 年）赞同莱布尼茨的观点，即实体不可分割，但他也接受笛卡尔的论点，即存在着其本质是广延，其偶性是大小、形状和运动的物理实体。他明确区分了形体和物质，他认为物质是形状不变的、不可分的、有广延的形体的集合。科尔德穆瓦的形体的不可分性，就像莱布尼茨第 23 封信中的"鲁兹骨"的不可分性一样，是无法解释的，但仍被用来解决形而上学问题。"实体的统一性需要不可分的形体"的学说（第 20 封信所讨论的内容）和"复多性需要统一性"的学说（第 24 封信所讨论的内容）可以在科尔德穆瓦的《论形体与心灵的区别》（*Le discernement du corps et de l'ame*）的第一篇章中找到，它们即使不是基于令人信服的论证，也是基于自然之光。

马勒伯朗士

偶因论

莱布尼茨在这些书信（第 10、12、14、23 封）中频繁提到偶因论者，他想到的是尼古拉·马勒伯朗士（1638—1715 年）。偶因论者认为，只有上帝拥有因果力，而有限实体并没有；我们通常视作原因的东西，只是上帝使结果发生的一些机缘。用马勒伯朗士的话来说，"只有一个**真正的**原因，因为只有一位真神；……每个事物的本性或力量都不过是神的意志；……所有自然原因都不是真正的原因，而只是**偶然的**原因"（*Oeuvres complètes* II, 312; *Search After Truth* 448）。

马勒伯朗士为他的偶因论提供了至少三个论据。第一个论据来自形体的被动性：我们的广延观念表明，形体只能被动接受外形和运动。"**心灵永远无法设想，一个形体，一个纯粹被**

动的实体，能够以任何方式把使它移动的力量传递给另一个形体"（*Oeuvres complètes* III, 208–209; *Search* 660）。

第二个论据来自必然联系的要求。"据我所知，真正的原因是这样一种原因，即心灵能知觉到它与其结果之间的必然联系。由于心灵只能知觉到一个无限完满的存在者的意志与其结果之间的必然联系。因此，只有上帝才是真正的原因，只有上帝才真正有能力移动形体"（*Oeuvres complètes* II, 316; *Search* 450）。所以，"我不承认我的意志是我的手臂运动、我的心灵的观念以及与我的意愿同时出现的其他事物的真正原因，因为我认为这些不同事物之间没有任何关系"（*Oeuvres complètes* III, 226; *Search* 669）。

[lv] 最后一个论据是，守恒就是持续的创造。马勒伯朗士总结说，上帝维持受造物存在的因果活动与祂产生受造物样式的因果活动没有区别。**受造物的一切意愿本身都是无效的。只有给予存在的上帝才能给予存在的方式，因为存在的方式不过就是存在者本身以这样或那样的方式存在**"（*Oeuvres complètes* XI, 160; *Treatise on Ethics* [1684] 147）。

关于我们的灵魂及其样式的不完全知识

莱布尼茨在第 29 封信中说，他同意马勒伯朗士的观点，即我们对思想没有分明的观念，就像对颜色一样，我们只有通过混乱的感觉来认识它——在第 30 封信中，他又说我们只有通过内感觉来认识它。马勒伯朗士在《真理的探寻》中提到了这一点，即"我们如何认识自己的灵魂"："我们关于我们的灵魂的知识仅限于我们感知到的发生在我们身上的事情。……如果我们在上帝里面看到了与我们的灵魂相对应的观念，我们就会同时知道，或至少可以知道，灵魂所能拥有的一切属性"（*Search After Truth* III, 2.7.4, 237–238）。

"阐释十一"详细阐述了《真理的探寻》第二卷第 2 部分第 7 章。对莱布尼茨来说，这种知识是清楚的，但并不分明，而马勒伯朗士甚至否认了这一点："我们对我们的灵魂没有任何清楚的观念，只有对它的意识或内感觉，并且……因此，我们对它的认识远不如对广延的认识"（*Search* 633）。我们的广延观念是如此清楚，以至于我们知道它所能拥有的样态，但是，"毫无疑问，对于我们的心灵，我们没有如此清楚的观念，以至于我们可以通过对它的探求来发现心灵所能拥有的样态"（634）。"我们……对灵魂及其样态没有任何清楚的观念，虽然我看到了颜色，或感觉到了味道、气味，但我可以说……我不能通过一个清楚的观念来认识它们，因为我无法清楚地发现它们的关系"（636）。

法国路易十四

《路易法典》与"重大条例"

太阳王路易十四（1638—1715 年），从 1643 年起便是法国和纳瓦拉的国王，自 1661 年开始亲政，直到去世。他接手的是一套前后矛盾的法律，该法律以法国南部的罗马法和法国北部的普通法为基础拼凑而成。1665 年，他创建了**司法委员**

会，并委托该委员会制定了若干"重大条例"，以协调和简化整个司法法典，使之符合他的喜好。其中第一个就是 1667 年的《民事条例》，即莱布尼茨在第 13 封信中所提到的《路易法典》。它确立了法庭的层次结构，规定了它们的权限和程序，并修改了管理国民的细则。洗礼、婚姻和葬礼都要向国家登记，而不是向教会登记。《路易法典》之后，1670 年颁布了《刑事条例》，1685 年又颁布了《殖民条例》（又叫《黑人法典》）。《刑事条例》使刑讯逼供合法化了。刑事法庭或路易十四的**逮捕密令**，即宣判那些法庭无权审判的公民有罪的密信，都可以对公民做出有罪判决。判决结果可能是监禁（在战舰上当桨手或被关进修女院）、流放或死刑。《黑人法典》对法国殖民地的奴隶制给予了王室的认可，但也针对主人对奴隶的权力进行了限制。

撤销《南特敕令》

1598 年 4 月，亨利四世颁布了《南特敕令》。该敕令赋予了胡格诺派（法国的加尔文派）实质性的权利，同时继续承认罗马天主教是法国的主要宗教。

1685 年 10 月，亨利四世的孙子路易十四颁布了《枫丹白露敕令：撤销南特敕令》，这在莱布尼茨第 18 封信所讨论的《公告》中得到了体现。他要求完全撤销《南特敕令》，拆除新教的教堂，禁止"所谓的改革宗"信徒（即胡格诺派教徒）在任何地方集会，要求未成为天主教徒的改革宗神职人员移民，并将 7 岁以上的孩子留下，解散改革宗学校，要求改革宗父母

[lvi]

所生的孩子受洗加入天主教，禁止除神职人员外的胡格诺派教徒移民，对违抗命令者施以极刑。宗教迫害和宗教战争在法国重新燃起，超过 40 万胡格诺派教徒逃往国外。

显微镜学家

显微镜学家安东尼·列文虎克（1632—1723 年，他后来把自己的名字改成了"安东尼·范·列文虎克"）一开始是一个工匠，后来成了一个观察家，最后成了一个根据他的观察提出假说的创造者，因此是一位自学成才的科学家，他于 1680 年被选为伦敦皇家学会会员，莱布尼茨（1676 年 11 月）、奥兰治的威廉三世和沙皇彼得大帝先后造访过他，彼得大帝还赐予了他"鳗鱼观察者"的封号。他制造了几百台单透镜显微镜。它们由简单的金属部件构成，包括一个直径约 1 毫米的镜头，其放大率高达 70 倍到 275 倍，后者的分辨率接近 1 微米。1674 年，他是第一个观察到"微小动物"（即各种细菌）的人。[lvii] 1677 年，他开始研究人类和动物的精液，是第一个观察到精子的人，他在写给皇家学会历任主席的信（1677 年 11 月 1 日致威廉·布朗克，1678 年 3 月 18 日和 5 月 31 日致尼希米·格鲁）中记录了他的发现。这些信件以及若干其他信件都发表在了《皇家学会哲学汇刊》上。他把自己在精子内部观察到的细小部分解释成了成熟动物的器官乃至神经和血管的前身，因此成了一名精源论者，这些精源论者追随亚里士多德，认为精子中含有嵌入的原始动物，而雌性动物的卵子中含有营养物质。

63

因此，我们所说的出生，甚至受精，都只是动物已有生命的发育阶段。

简·施旺麦丹（1637—1680 年）发展了单透镜显微镜、使用显微镜的技术和解剖工具。他的不朽之作是《昆虫通史》（*Historia Insectorum Generalis*）和死后出版的《自然的圣经》（它的荷兰文原文标题是 *Bybel der Natuure*，随附的拉丁文译本标题是 *Biblia Naturae*，最初的英译本标题是 *The Bible of Nature*，后来的英译本标题是 *The Book of Nature*）。他根据昆虫的发育模式创建了一种革命性的昆虫分类方法，这种方法沿用至今。1665 年，他向梅尔基塞德·泰维诺（Melchisédech Thévenot）召来的一帮好奇的法国观众展示了他的解剖结果：“一只蝴蝶被包裹并隐藏在毛毛虫的里面，被完全包在它的皮肤里。”施旺麦丹为两个与发育有关的论点进行了辩护，而这两个论点分别是：不存在自发的生成，昆虫生命周期的不同阶段只是同一动物的不同形式。他在《自然的圣经》中写道，他的作品“彻底根除了那种认为一种受造物发生变形或变化而成为另一种受造物的错误观念，那种普遍存在的由各种错误观点拼凑而成的幻想之物，并彻底摧毁和颠覆了受造物偶然生成的可怕观点。”

马尔切罗·马尔比基（1628—1694 年）发展了研究植物和动物的实验方法，被视为显微解剖学的创始人。他于 1669 年被选为皇家学会会员，在接下来的十年间，皇家学会出版了他两卷本的《植物解剖学》。他逐渐错误地认为，他在植物中

所观察到的某些螺旋状的微管，就像他在不需要肺的昆虫身上
所观察到的那些微管一样，是呼吸小管；他还发现了植物组织
和动物组织之间许多更进一步的结构相似性。就像施旺麦丹一
样，他也反对列文虎克的观点，认为动物是从卵子而不是精子
发育而来的，但和那两人一样，他认为动物以微型形式存在于
亲代的种子中。无论是卵源论者还是精源论者，他们都让莱布
尼茨倍受鼓舞。

有关这三位显微镜学家的更多内容，参见 Dobell, *Antony* [lviii]
van Leeuwenhoek；Ford, *Leeuwenhoek Legacy*；Fournier, *Fabric*
of Life；Pinto-Correa, *Ovary of Eve*；Ruestow, *Microscope in the*
Dutch Republic；Smith, *Divine Machines*；以 及 Catherine Wil-
son, *Invisible World*。

詹森派、耶稣会士与安托万·阿尔诺

詹森主义是 17、18 世纪天主教会内的一场神学运动。詹
森派认为自己是严格意义上的奥古斯丁的追随者；他们在整个
天主教统治集团中的反对者，其中最主要的是耶稣会士，耶稣
会士谴责他们是加尔文的追随者。这场运动深受荷兰神学家、
伊普尔的主教康内留斯·詹森（Cornelius Jansen，1585—1638
年）的著作的鼓舞。这场运动是由巴黎附近的王港修道院发
起的，主要代表人物有皮埃尔·尼古拉（Pierre Nicole）、布莱
士·帕斯卡（Blaise Pascal）、让·拉辛（Jean Racine），以及
我们尤其要强调的安托万·阿尔诺等名人。

詹森最伟大的作品是他于 1640 年出版的三卷本《奥古斯丁》，对预定论神学进行了阐述。第二年，教皇乌尔班八世谴责了这部作品。但这一谴责并没有被教会所普遍接受，尤其是在比利时，在法国也是如此，在那里，詹森的朋友、圣西亚神父让·杜韦尔热（Jean Duvergier），以及包括王港修道院院长安吉丽克·阿尔诺（Jacqueline-Marie-Angélique Arnauld）在内的阿尔诺家族，都加入了詹森派的事业。

圣西亚神父让·杜韦尔热于 1636 年成为王港的领导者，并立即遭到了宰相、枢机主教黎塞留的囚禁。1643 年他去世后，他的继任者就是阿尔诺，而阿尔诺将在接下来的半个世纪里领导詹森主义运动。同年，阿尔诺便发表了两部因其在与耶稣会士的争论中所扮演的角色而具有重要意义的作品：《勤领圣体》（*De la fréquente Communion*）和《耶稣会士的道德神学》（*Théologie morale des Jésuites*）。后一个作品为帕斯卡 1656 年出版的《致外省人信札》（*Provincial Letters*）——针对耶稣会士宣传宽松而腐败的道德准则对其进行了抨击——提供了神学基础。这场争论变成了一场生死攸关的神学战争，詹森派不仅遭到了耶稣会士的反对，还遭到了天主教统治集团和路易十四本人的反对，但他们往往能够坚持自己的立场。

1649 年，有人从《奥古斯丁》中提取了五个命题，以进行谴责。教皇英诺森十世于 1653 年颁布的诏书《乘机会》（*Cum occasione*）中正式谴责了这五个命题。这五个命题如下：（1）有些神的诫命，即使义人竭力遵守，也是不能遵行的，因为那能使他们得以遵行的恩典是缺乏的。(2) 在本性堕落的状态下，没有人能抗拒内在的恩典。(3) 无论好坏，在本性堕落的状态下，我们都不需要从必然性中解脱出来，不受强迫就够了。(4) 半伯拉纠派承认，每一个行为，甚至是信心的起头，都必须有内在的预设恩典；但他们却掉进了异端邪说，因为他们妄称这恩典可以叫人跟从，也可以叫人抗拒。(5) 说基督为所有人而死或流血是半伯拉纠派的一大谬误。 [lix]

阿尔诺的回应是，这五个命题确实应该受到谴责，但它们并没有以诏书《乘机会》所指的意义出现在《奥古斯丁》中，而是以奥古斯丁本身所肯定的意义出现在了《奥古斯丁》中。他要求人们区分权利问题和事实问题：教会确实有权决定一种教义的真实性，但该教义是否存在于一本书中，这是一个事实问题，人们并没有相应的义务去接受教会对第二类问题的判断。教会内部关于是否有必要抛弃这五个命题的争论一直持续到阿尔诺与莱布尼茨通信的那段时期。

1655 年，他针对耶稣会的忏悔方式发表的《致公爵及贵族的信札》(*Lettres à un duc et pair*) 使他陷入了索邦的一场公审，这迫使他躲了起来。十二年后，在再度宽容（尽管只是暂时的）的路易十四的支持下，教皇克雷芒九世与詹森派达成了暂时的和解。阿尔诺不仅此时可以公开露面，而且在巴黎还被视为英雄。次年，他与尼古拉一起出版了一部反对加尔文派的巨著《信仰之永存》(*La perpétuité de la foi de l'Église catholique touchant l'eucharistie*)。1678 年，对王港的抨击又开始了，次年阿尔诺觉得不得不离开法国前往荷兰，最终他在布鲁塞尔定居了下来。

他在那里度过了生命的最后十五年，并且余生都在从事神学争论和富有成效的哲学对话。这两方面的观点在其对马勒伯朗士的批评中，也就是首先在 1683 年的《论真假观念》（*On True and False Ideas*）中，后来又在 1685 年和 1686 年三卷本的《对新体系的哲学和神学反思》（*Réflexions philosophiques et théologiques sur le nouveau système de la nature et de la grâce*）中结合在了一起。就在这时，恩斯特向阿尔诺寄来了莱布尼茨的请求，恳求对他刚刚写的一本小册子的摘要发表评论。

参见 Carraud, "Arnauld"；Hunter, "Phantom of Jansenism"；Jacques, *Années d'exil*；Moreau, "Arnauld"；Ndiaye, *Philosophie d'Antoine Arnauld*；Sleigh, *Leibniz and Arnauld*；Nadler, *Arnauld and the Cartesian Philosophy of Ideas*；以及 Nadler, "Occasionalism and the Question of Arnauld's Cartesianism"。

1. 莱布尼茨致恩斯特（转阿尔诺）[1] A 1, A 2; F 1; LA 1 　[3]

[采勒费尔德]，1686 年 2 月 11 日

摘自 1686 年 2 月 1 日至 11 日我写给领主大人恩斯特的一 　【3】
封信。

最近，我到了一个地方，几天都无所事事，便写了一篇关
于形而上学的小论文，我很想听听阿尔诺先生对它的看法。[2]
因为它以一种似乎开辟了适于澄清重大难题的新渠道的方式谈
到了恩典、上帝对受造物的协助、奇迹的本性、罪的原因、恶　【4】
的起源、灵魂不朽、观念等问题。但因为我还没有写出一个清
稿，所以我只随信附上了它所包含的各节的摘要。

因此，我恳请殿下您将这份摘要转交给他，请他考虑一
下，并给出他的看法。因为他在神学和哲学方面，在学识和沉
思方面都同样出类拔萃，所以我不知道还有谁比他更适合去对
这份摘要做出评判。我非常希望有一位像阿尔诺先生那样细心
谨慎、头脑清醒、通情达理的评论家，因为我比任何人都更倾
向于服从理性。也许阿尔诺先生会觉得这件小事并非完全不值
得考虑，特别是他已经花了大量时间来研究这些问题。如果他
觉得有什么地方晦涩难懂，我一定会真诚且坦率地向他解释；
简言之，如果他觉得我值得指教一番，我一定会以他没有理由
不满意的方式行事。请殿下将这封信连同我寄给他的摘要一并
转交给阿尔诺先生。

[附件:《形而上学谈》摘要]

【5】　　　（1）论神的完满性，以及上帝以最合意的方式做每一件事。

　　　（2）反对那些坚持认为上帝的杰作中没有善，或善和美的规则乃是上帝任意为之的人。

　　　（3）反对那些认为上帝本可以做得更好的人。

　　　（4）对上帝的爱要求对祂所做的一切完全满意和默许。

　　　（5）神治的完满规则其本质在于，手段的简单性与效果的丰富性相平衡。

　　　（6）上帝所做的一切都是有秩序的，甚至不可能捏造不规则的事件。

[5]　　　（7）尽管奇迹与从属原理相违背，但它们却符合普遍秩序。论上帝意愿的东西和祂允许的东西，论普遍意志和特殊意志。

　　　（8）为了区分上帝的活动和受造物的活动，我们必须对个体实体的概念的本质做出解释。

　　　（9）每个单一实体都以其自身的方式**表达**整个宇宙，并且它的概念包含了它的一切事件，一切事件的环境，以及外部事物的整个序列。

　　　（10）对实体形式确信无疑是有其坚实基础的，但这些形式并不改变现象，不能用来解释特定的结果。

【6】　　　（11）我们不应完全藐视那些所谓的经院神学家和哲学家

的沉思。

（12）那些其本质在于广延的概念蕴含着某种想象的、不能构成形体之实体的东西。

（13）由于每个人的个体概念一劳永逸地蕴含着将发生在他身上的一切，所以我们可以在其中看到每个事件的真相或为什么这一事件发生而不是另一事件发生的先天证据和理由。但是，即使这些真相是确定的，它们仍然是偶然的，是建立在上帝和受造物的自由意志之上的。当然，他们的选择总是有其理由，但这些理由使他们倾向于做出某种选择，而不是强迫他们做出某种选择。

（14）上帝根据祂对宇宙所拥有的不同视角产生了不同的实体，而通过上帝的干预，每个实体固有的本性蕴含着，发生在一个实体上的事情与发生在所有其他实体上的事情相对应，而根本无需它们直接相互作用。

（15）只要上帝让两个有限实体同时存在，那么一个实体对另一个实体的作用便仅在于一个实体的表达程度的增强和另一个实体的表达程度的减弱。

（16）上帝不寻常的协助包含在我们的本质所表达的东西中，因为这种表达适用范围扩及一切事物，但它超出了我们的本性或我们的分明表达的力量，因为我们的本性或我们的分明表达是有限的，并且遵循某些从属原理。

（17）关于从属原理或自然法则的一个例证，我们从中可以得出不同于笛卡尔派和其他思想家的结论，即上帝总是保持相同的力，而不是保持相同的运动量。

（18）力与运动量之间的区别很重要，尤其是对于判断我们在解释形体的现象时是否必须诉诸除广延之外的其他形而上的考虑因素。

（19）目的因在物理学中的应用。

[7]　（20）在柏拉图的作品中，苏格拉底有一段令人难忘的反对过分唯物的哲学家的文字。

（21）如果机械规则仅依赖于几何学，而不依赖于形而上学，那么现象就会完全不同。

【7】　（22）通过目的因和动力因来调和两种解释方式，以便既满足那些以机械论来解释自然的人，也满足那些诉诸无形的自然物的人。

（23）回到非物质实体上，我们解释了上帝是如何作用于心灵的理解的，以及我们是否总是对我们所想的东西有一个观念。

（24）何谓清楚的和模糊的、分明的和混乱的、充足且直观的和假定的知识；何谓名义的、实在的、因果的和本质的定义。

（25）我们的知识与对观念的沉思结合在一起的情况。

（26）我们心中拥有所有的观念，以及论柏拉图的回忆说。

（27）我们的灵魂何以可能被比作白板？我们的概念以何种方式来自感觉？

（28）上帝存在于我们之外，是我们知觉的唯一的直接对象，祂是我们唯一的光。

（29）不过，我们直接凭我们自己的观念而不是上帝的观念来思想。

（30）上帝如何使我们的灵魂产生倾向，而又不强迫它；我们无权抱怨，也不该问犹大为什么犯罪，因为这种自由的行为就包含在他的概念中；而我们唯一该问的是，为什么是罪人犹大而不是其他可能的人被允许存在。论原初的不完满性或局限性先于罪而存在，以及恩典具有不同的等级。

（31）论拣选的动机、预见的信仰、中间知识、绝对法令；所有这些都可归结为上帝之所以选择其概念蕴含着这样一系列恩典和自由活动的这样一个可能之人存在的理由。这样一来，困难一下子就解决了。

（32）这些原则在虔信和宗教问题上的应用。

（33）对"灵魂与形体的结合"这个被认为令人费解或不可思议的问题的解释；论混乱知觉的起源。

（34）论心灵与其他实体、灵魂或实体形式之间的区别。我们所寻求的不朽蕴含着记忆。

（35）心灵的卓越之处；上帝认为它们优于其他受造物；心灵表达的是上帝而不是世界，其他简单实体表达的则是世界而不是上帝。 [9]

（36）上帝是由所有心灵组成的最完满共和国的君主，这座上帝之城的福佑是祂的主要目标。 【8】

（37）耶稣基督已向世人揭示了天国的奥秘和绝妙法则，以及上帝为那些爱祂的人所预备的至高福佑的博大。

2. 阿尔诺致恩斯特（转莱布尼茨）[1] A 3; F 2; LA 2

[?]，1686 年 3 月 13 日

[a: 阿尔诺寄出的信件]

【8】

于 1686 年 3 月 13 日

殿下大人，我已经收到了您寄给我的莱布尼茨先生的形而

【9】 上学思想（这表明他对我满怀爱戴和尊敬，对此我感激不尽），
但从那以后，我一直很忙，所以我直到最近三天才有时间去读
他写的东西。而现在我又感冒了，所以我只能对殿下简单地说
几句。我在这些思想中发现了很多让我感到恐惧的东西，如果
我的判断无误的话，那也可以说是，我在其中发现了让几乎所
有人都会感到震惊的东西，所以我看不出这样一项显然会遭到
所有人反对的工作有什么用处。我就举一个例子，就谈一下他
在第 13 节中所说的话。"每个人的个体概念一劳永逸地蕴含着
将发生在他身上的一切……"如果是这样，上帝既可以自由地
创造或不创造亚当，但假定祂确实有意愿创造他，那自此以后
已经发生在人类身上的，以及将会发生在人类身上的一切，出
于一种比宿命更甚的必然性，必定已经发生了，或必定会发
生。因为亚当的个体概念蕴含着他有这么多的孩子，而每个孩
子的个体概念又都蕴含着他们将要做的一切以及他们将拥有的
所有孩子，以此类推。因此，假定上帝有意愿创造亚当，那么
祂对于这一切而言并不自由，就如同假定祂有意愿创造我，我

们认为祂便没了不去创造任何具有思想能力的自然物的自由。**2**
我没办法就此进行详尽的论述。但莱布尼茨先生会明白我的意
思，也许他对我得出的结论没有任何异议；但如果他不明白我
的意思并且对我得出的结论持有异议，那么他就有理由担心是
否有可能只有他自己持有那种观点。而如果我错了，我会更伤
心。但我不得不向您表达我的忧虑，在我看来，正是他给出他
肯定持有的、为天主教会所难以容忍的这些观点的附件，使他 [11]
无法加入天主教会（尽管如果我没记错的话，殿下您曾迫使他承
认，天主教会是真正的教会），这一点不容置疑。如果放弃这
些对他自己或对其他人都无用的形而上思辨，去认真地从事他
所能拥有的最伟大的事业，即通过加入天主教会（新教派只能
通过成为分裂宗教者才能从中产生）以求得救，不是更好吗？
昨天我碰巧读到了圣奥古斯丁的一封信，他在信中解答了一个
说自己想成为基督徒但却总是拖拖拉拉不付诸实践的异教徒所
提出的诸问题。他在信的最后说了一句话，可用在我们这位朋
友身上："一个人在有信仰之前，有数不胜数的问题无法解决，
所以没有信仰，人生可能不会圆满。"**3**

我收回我在上一封信中关于特里尔选帝侯所说的那些话。
因为我从与他关系密切的德斯普雷斯先生（M. Després）的信
中得知，他比我想象中的更受欢迎，他不像殿下您担心的那
样，他对那些被称为詹森派信徒的人可能提出的任何意见都
没有偏见。因为他不仅能欣赏内尔卡塞尔的那本书（Johannes
van Neercassel, *Amor poenitens*），**而且他现在正在读那本书，**

并且似乎对它很满意。他很想让斯泰诺先生当他的副主教，而且他似乎打算尽一切努力把他请来。

耶稣会总会长要花很长时间才能答复殿下您。我们正在等待他的答复，以便再次向教廷公使施压以任命法官。因为对哈扎特神父（Fr. Hazart）来说，按照基督徒的方式去做他该做的事，比通过制裁强迫他去做要好，因为制裁会给耶稣会带来更大的耻辱。您最谦卑也最顺从的仆人，阿尔诺。**E1**

[C：莱布尼茨收到的信]

【8】　　摘自阿尔诺先生 1686 年 3 月 13 日的一封来信。

殿下，我已经收到了您寄给我的莱布尼茨先生的形而上学
【9】　思想（这表明他对我满怀爱戴和尊敬，对此我当然感激不尽）；
[13]　但从那以后，我一直很忙，所以我直到最近三天才有时间去读他写的东西。而现在我又感冒了，所以我只能对殿下简单地说几句。我在这些思想中发现了很多让我感到恐惧的东西，如果我的判断无误的话，那也可以说是，我在其中发现了让几乎所有人都会感到震惊的东西，所以我看不出这样一项显然会遭到所有人反对的工作有什么用处。我就举一个例子，就谈一下他在第 13 节中所说的话。"每个人的个体概念一劳永逸地蕴含着将发生在他身上的一切……"如果是这样，上帝既可以自由地

E1　a 中的注释：善良的阿尔诺先生很可能会被人误解，因为他可能不知道耶稣会士只相信别人相信的东西，也不知道他在罗马有受到责难的危险，更不知道他所说的那位选帝侯如今因过分顺从教皇想视作谬误的东西而遭到蔑视。

创造，那自此以后已经发生在人类身上的，以及将会发生在人类身上的一切，出于一种比宿命更甚的必然性，必定已经发生了，或必定会发生。因为亚当的个体概念蕴含着他有这么多的孩子，而每个孩子的个体概念又都蕴含着他们将要做的一切以及他们将拥有的所有孩子，以此类推。因此，假定上帝有意愿创造亚当，那么他对于这一切而言并不自由，就如同假定祂有意愿创造我，我们认为祂便没了不去创造任何具有思想能力的自然物的自由。我没办法就此进行详尽的论述。但莱布尼茨先生会明白我的意思，也许他对我得出的结论没有任何异议；但如果他不明白我的意思并且对我得出的结论持有异议，那么他就有理由担心是否有可能只有他自己持有那种观点。而如果我错了，我会更伤心。但我不得不向殿下您表达我的忧虑，在我看来，正是他给出他肯定持有的、为天主教会所难以容忍的这些观点的附件，使他无法加入天主教会（尽管如果我没记错的话，殿下您曾迫使他承认，天主教会是真正的教会），这一点不容置疑。**L1** 如果放弃这些对他自己或对其他人都无用的形而上思辨，去认真地从事他所能拥有的最伟大的事业，即通过加入天主教会（新教派只能通过成为分裂宗教者才能从中产生）以求得救，不是更好吗？昨天我碰巧读到了圣奥古斯丁的一封信，他在信中解答了一个说自己想成为基督徒但却总是拖拖拉拉不付诸实践的异教徒所提出的诸问题。他在信的最后说

L1　在 C 中，在第 9 页第 21 行的 "qu'on ... Eglise" 左侧，莱布尼茨加了一个旁注：我从未赞同过这种观点。

了一句话，可用在我们这位朋友身上："一个人在有信仰之前，有数不胜数的问题无法解决，所以没有信仰，人生可能不会圆满。"

3. 莱布尼茨致恩斯特（转阿尔诺）[1] A 4; F 4 [15]

[汉诺威，1686 年 4 月 12 日]

[第 3 封信被划掉了。]

当我非常尊重别人时，我就会容忍他们心情不好，尤其是 【12】
当我知道导致他们难相处的原因时。阿尔诺先生信中的措辞与
我对他的期望相去甚远，我必须克制自己，尽量不使自己给出
的措辞与他本人所给出的措辞完全不同。我承认，尽管有很多
人抱怨，但我从来都不相信，一个拥有如此伟大而又当之无愧
的荣誉的人会这么快就做出这些判断，因为我从经验中知道，
那些被普遍认为非常有见识的人已经很好地接受了我的思想，
所以我并不像他所认为的那样，只有我自己持有那种观点，尽
管我还没有把它们发表出来。但我已经学会了容忍那些我认为
非常出色的人的缺点。原本我把我的思想告诉他，只是想知道
一个有学识和判断力的人在考虑过这些思想之后会怎么说，我
一直希望得到一个比这一答复——我在其中看到了一些无关紧
要的异议，它们以可悲的方式被呈现出来并引起了恐惧，但就
像幽灵一样，回归公正的光不管怎样都会立刻将其驱散——多
一些公正、少一些仓促和偏见的答复。我可以自豪地说，我是
最温顺、最温和的人之一。如果可以的话，我想以这样的方式
行事，即让阿尔诺先生不仅能够通过我在上一封信中给出的声
明来认识到这一点（因为一个人在找到无需待人温和的理由之

前，保持温和是不需要付出任何代价的），而且能够通过现在的效果来认识到这一点。因此，我希望从与问题本身无关的一切东西中抽身而出，免得引起争论，我也希望（如果他肯屈尊俯就给我以启迪）他也能这样做。我只消顺便说一句，他对我所作的某些猜测与事实相去甚远。尽管如此，我仍然承认，如果我值得他在其他最不重要的事情上打断我的话，那么他会善意地让我远离他认为有危险的错误。因此，我真诚地宣告，我仍然无法理解哪里出了问题。我肯定会对他感激不尽，尤其是因为很少有人能比他做得更好。但我请求他考虑一下，这些迅速做出的判断，以及那些起初似乎指责无节制、不虔敬等一切不足以取悦我们的东西的大话空话，是否会产生好的效果，或更确切地说，是否通常不会产生非常坏的效果，以及是否像他自己的经验所表明的那样在其他人的身上不会产生非常坏的效果。至于我，我允许他可以做他认为合适的一切，因为他没有义务为我着想（除非他考虑到殿下您），但我希望他的德性会使他懂得节制。

【13】

[17]

就目前而言，我要设法使他摆脱一个奇怪的观点——也许他的这个观点有点太过草率。我在摘要的第 13 节说道："每个人的个体概念一劳永逸地蕴含着将发生在他身上的一切"。他由此得出了这样的结论：一切出于一种比宿命更甚的必然性，必定发生。而且他还补充说，也许我对他得出的结论没有任何异议。但我在第 13 节中已经明确声明这是不容许的。所以要么他怀疑我的真诚，而我觉得这无可厚非；要么他没有充分研究过他所反驳的东西，不过我也不会因此责怪他，因为正如他的信本身所表明的那样，他匆忙写这封私人信件时，病痛使其思想无法获得充分的自由。

[以下这段没有通过插入符来确定位置的话被划掉了。]

当你看到有许多原因可能使那些非常出色的人心情不好并使其心灵不再那么自由时，你就应当容忍他们的一些所作所为，但前提是，他们的仓促行事不会带来任何后果，并且公正的心一经回归，便会驱散让他们感到恐惧的偏见的幽灵。我期待阿尔诺先生的公正评判。他会感受到我的温顺和节制；这就是为什么，无论我有什么理由抱怨，我都希望抛开一切对问题本身来说无关紧要的考虑，恳请他也这样。但我仍要告诉他，他那恶意的猜测来得太快了，[2] 有些很有见识的人并没有做出像他那样的判断，不过，我确实还远没有打算发表一些关于抽象问题的作品，就算它们无可争议，但也并不符合每个人的口味。他知道我的禀性是不会让我太快发表我的发现的，因为他知道我有若干公众仍然一无所知的发现。我想要得到他的评判只是为了从中受益。

4. 莱布尼茨致恩斯特（转阿尔诺）[1] A 4; F 4; LA 3

汉诺威，1686 年 4 月 12 日

【14】   1686 年 4 月 12 日，于汉诺威

殿下大人：

我不知道该对**阿尔诺**先生的信说些什么，我真不敢相信，

[19] 一个名声如此显赫且确实实至名归的人，一个在道德和逻辑方面让我们得到如此绝妙反思的人，竟会这么快就做出判断。此后，如果有人生他的气，我就不会再感到惊讶了。尽管如此，我认为，有时我们必须忍受一个功绩卓著之人的坏脾气，但前提是，他的行事不会带来任何后果，并且只要回归公正，就能驱散毫无根据的偏见的幽灵。我期待阿尔诺先生的公正评判；然而，无论我有什么理由抱怨，我都想压制所有可能具有挑衅性并且对问题本身来说无关紧要的考虑。而如果他肯好好教我，我真希望他也能这样做。我只能告诉他，他对我所作的某些猜测与事实相去甚远；有些很有见识的人的判断不是这样的；尽管得到了他们的鼓励，但我并不急于发表一些关于抽象问题的作品，因为很少有人对此感兴趣，更何况，多年以来，公众一直对我更可信的发现知之甚少。我把这些**沉思**写下来，

【15】 只是为了私下里从那些最有能力的人的判断中获益，也为了证实或纠正我对最重要的真理的探讨。

确实，有些富有才智之人很欣赏我的观点；但如果有人断

定我的观点有什么疑难，那我将是第一个向他澄清的人。这个声明是真诚的；这已经不是我第一次从头脑清醒的人的谆谆教导中获益了。这就是为什么我值得**阿尔诺**先生为我付出如此慷慨的努力，即把我从他认为危险的错误中拉回来，但我真诚地宣告，我仍然无法理解哪里出了问题。我肯定会对他感激不尽。但我希望他能节制一点，对我公正一点，因为那是他由于鲁莽的判断而冤枉了我这个小人物时亏欠我的。

他从我的论点中挑选了一条，指出它是危险的。但要么就是我目前无法理解其中的疑难，要么就是我看不出其中有什么疑难：这使我有点吃惊，让我觉得**阿尔诺**先生所说的话只是出于偏见。因此，我要设法打消他的这一奇怪的观点，他的这种观点来得有点太快了。

我在**摘要**的第 13 节说道："每个人的个体概念一劳永逸地蕴含着将发生在他身上的一切"。他由此得出了这样的结论：发生在一个人身上，甚至发生在全人类身上的一切，出于一种比宿命更甚的必然性，必定发生，就好像概念或预见使事物成为必然，就好像一个自由的行动不可能包含在上帝对这一行动所隶属的人所拥有的完满概念或视角中。而且他还补充说，也许我对他得出的结论没有任何异议。但我在第 13 节中已经明确声明，我不承认这样的结论。所以要么他怀疑我的真诚，但对此我并未给他留下什么口实；要么他没有充分研究过他所反驳的东西，不过我也不会因此责怪他，虽然我似乎有权这样做，因为我认为，正如他的信本身所表明的那样，他写信时，

[21]

【16】

83

病痛使其思想无法获得充分的自由；我想让他知道我对他有多尊敬。

我接下来要看一下他的结论的证据，**L1** 而为了更好地回应它，我要引用阿尔诺先生的原话。

"如果是这样"（即每个人的个体概念一劳永逸地蕴含着将发生在他身上的一切），"上帝就不能自由地创造自此以后发生在人类身上的一切，而任何将会发生在人类身上的事情，出于一种比宿命更甚的必然性，必定会发生"（信中有一些错误，但我认为我能将其纠正过来）。**2**"因为亚当的个体概念蕴含着他有这么多的孩子，而每个孩子的个体概念又都蕴含着他们将要做的一切以及他们将拥有的所有孩子，以此类推。因此，<u>假定上帝有意愿创造亚当</u>，那么祂对于这一切而言并不自由，就如同假定祂有意愿创造我，我们认为祂便没了不去创造任何具有思想能力的自然物的自由。"最后这几句话实际上必定蕴含着其结论的证据。但很明显，它们将假设的必然性与绝对的必然性混为一谈了。上帝可以绝对自由地去做的事情与祂根据已经做出的某些决断而必定去做的事情之间总是有区别的，而且祂几乎不会做出任何与一切事情都无关的决断。以某些索齐尼

【17】

L1 在L中，在第16页第7行，莱布尼茨加了一个旁注，但后来又把它划掉了：我还应当把其他人对我的沉思的看法放在一边。因为我并不急于把我认为我已经发现的东西发表出来。阿尔诺先生也知道，多年来，我写了许多东西，而公众至今对此仍一无所知。我只想听听阿尔诺先生的意见，以便从中获益。诚然，他的时间很宝贵，但我原以为，问题的重要性和这些思想（如果它们为真）的效用可以吸引他，甚至使他乐于研究它们。

派教徒的方式（以维护上帝的自由为借口）来设想上帝，认为祂就会像人一样，即祂根据环境做出决断，并且如果祂最初关于亚当或其他人的决断已经蕴含了与他们的后代有关的一切事情的关系，祂现在便不再有自由去创造自身觉得善的东西，那是对祂的侮辱。实际上，所有人都一致赞同，上帝在永恒之中早就安排好了宇宙的整个序列，而这并没有在任何一方面削弱祂的自由。 [23]

我们还可以看出，这种反对意见把上帝的诸意愿彼此分离了开来，但它们是相互关联的。因为我们不能把上帝创造如此这般的亚当的意愿与祂对亚当的子孙以及全人类的所有其他意愿分离开来，就好像上帝最初颁布了创造亚当的法令，而这法令却与他的后代没有任何关系；依我看来，祂因此被剥夺了自己按照祂所认为的善的方式创造亚当的后代的自由，这不管怎么说都是一种非常奇怪的推论。相反，我们必须认为，上帝选择的不是一个模糊的亚当，而是如此这般的一个亚当，对如此这般的亚当的完满表象可以在上帝观念中的可能事物里被找到，如此这般的亚当伴有如此这般的个别环境，并且除了其他谓词之外，他还有这样一个谓词，即过一段时间之后他会有如此这般的一个后代；我认为，上帝在选择他时已经考虑到了他的后代，并且同时选择了这两者。我看不出这有什么不对。如果祂不这样行事，祂就不是上帝了。这就好比说，一个明智的君主在知道哪些人与这位将军关系密切的情况下挑选这位将军时，他实际上同时挑选了若干上校和上尉，他很清楚，这位将 【18】

军会推荐这些人，而且出于某些审慎的、但却不会破坏他的绝对权力或自由的考虑，他也不会拒绝这位将军。毋庸置疑，这一切都适用于上帝。因此，要谨慎前行，我们就必须认为上帝对整个宇宙秩序有某种更普遍、更全面的意愿，因为宇宙就像上帝通过单一视角来洞悉的一个整体。因为这个意愿实际上包含了其他与那进入这个宇宙的东西有关的意愿，其中也包含了**【19】**创造如此这般的一个亚当的意愿，这个亚当与上帝为其选择的如此这般的后代的序列有关。我们甚至可以说，这些特殊意愿与普遍意愿的区别，就像从某一视角看到的城镇的情况与它的平面图的区别一样，仅在一种简单的关系上，因为它们都表达了整个宇宙，就像每一种情况都表达了城镇一样。

其实，一个人越有智慧，其**孤立的意愿**就越少，他的观点和意愿就越**紧密联系**，就越全面。每一个特殊的意愿都包含着与所有其他意愿的关系，所以它们就会尽可能地协调一致。我不觉得这有什么令人震惊的，我反倒认为，相反的情况会破坏**[25]**上帝的完满；依我看来，一个人要想在这些如此清白（或更确切地说如此合理）的观点中找到像寄给殿下您的信中怪诞的夸张成分一样的东西，他一定很难让自己满足，或者说，他一定怀有偏见。

如果一个人稍微想一想我所说的话，他就会发现这一点从字里行间就能看得出；因为所谓亚当的个体概念，毫无疑问，我指的是如此这般的亚当的完满表象，这个亚当有着如此这般的个人状况，从而区别于无数与他非常相似、但却又与他不同的其他可能之人（正如任意椭圆无论多么接近圆，都不同于圆一样），上帝喜欢他甚于其他人，因为让上帝感到高兴的正是为宇宙选择了如此这般的秩序。这一决断所带来的一切只是出于一个假设的必然性而是必然的，决不会破坏上帝的自由和受造心灵的自由。存在着一个可能的亚当，他的后代是如此这般的，也存在着无数其他可能的亚当，他们的后代就不是如此这般的。这些可能的亚当（如果可以这样称呼的话）彼此不同，并且上帝只选择了那个恰为我们所有的亚当，难道这不是真的吗？有太多的理由可以证明相反的情况是不可能的，更不必说是荒谬的，甚至是不虔敬的了，所以我相信，所有人只要稍微考虑一下自己所说的话，他们就会产生同样的看法。如果阿尔诺先生没有像他一开始时那样对我抱有偏见，也许他不会觉得我的主张太过奇怪，也不会从中得出那样的结论。

【20】

平心而论，我认为我已经回应了阿尔诺先生的反对意见，并且我很高兴看到，他视作最令人震惊的那一方面在我看来并不那么令人震惊。但我不知道我能否有幸让阿尔诺先生也认识到这一点。非常出色的人除了有上千种优点之外，还有一个小小的缺点，那种人完全相信自己的观点，很难被说服。我不是这种性格的人，我会很自豪地承认我得到了更好的指导，我甚至会为此感到高兴，不过前提是，我由衷地而不是恭维地说出了这样的话。

最后，我还希望他能认识到我[3]从来都没有把自己标榜为一个革新者，虽然阿尔诺先生似乎已经看出了我的情怀。相反，我通常认为最古老、最广为接受的观点是最好的；我认为，如果一个人只提出了一些新的真理，而没有推翻既定的观点，那么他就不能被指责为革新者；因为这正是几何学家所作的，也正是所有迈出新的一步的人所作的。而且我不知道是否

[27]

很容易指出我的意见所反对的权威意见。因此，阿尔诺先生关于教会所说的那些话与这些沉思毫不相干，我料想他不会希望

【21】

也无法断言在这些沉思中有任何东西在任何教会中可被视为异端。然而，如果他所在的那个教会竟会如此迅速地进行谴责，那么这样的程序就该成为一个警告，提醒人们要防范。无论什么时候，只要一个人想要进行一种与宗教无关的、稍稍超出教给孩童的东西的沉思，他就会有被送上审判席的风险，除非他有一位会用别的说法说同样的话的教会神父作为监护人。也许即使这样也不足以提供完全的保证，尤其是在一个人没办法确保自己得到善待的情况下。

如果殿下您不是一位既有才智又有节制的君主，那么我出于谨慎，是不会告诉您这些事情的。现在除了您，我还能信赖谁呢？而且既然您好心好意地充当了我们这次交流的中间人，我们又怎能轻率地另找一位仲裁者呢？尤其是因为这次交流争论的与其说是某些主张的真理性的问题，不如说是其后果和是否可容忍的问题，我相信您是不赞成人们为这样的小事而受到抨击的。但也可能是这样，即阿尔诺先生说话如此执拗，只是因为他深信我接受了他觉得可怕的结论，而

在我澄清和否定之后,他会改变他的态度:他自身的公正和殿下的权威都有助于他做出改变。您最谦卑也最顺从的仆人,忠诚的莱布尼茨。

5. 莱布尼茨致恩斯特 [1] A 5; F 3; LA 4

汉诺威，1686 年 4 月 12 日

【23】　　　　　　　　　　　1686 年 4 月 2 日至 12 日，于汉诺威

我已经收到了阿尔诺先生的判决，如有可能，我觉得有必要通过随函附上的一封信（以写给殿下您的形式）来打消他的疑惑。不过，我承认，我总是禁不住一时想嘲笑他，一时又想怜悯他，因为这位善良的人似乎真的失去了部分的理智，他就像忧郁的人——对他来说，看到的和想到的一切似乎都是黑色的——所作的那样，无法不超出一切界限。我对他一直保持着极大的克制，但我仍然温和地向他表明了他是错的。如果他足以把我从他归咎于我并且他认为他在我的作品中看到的错误中解救出来，那么我希望他能压制那种带有人身攻击的反思和冷酷无情的表述，而我出于对殿下您的尊重和对这位杰出人士的
[29] 尊重，已经把这些东西都隐藏了起来。然而，我仍然对我们所谓的圣徒 [2] 与那些对这种虚名无动于衷却拥有更多影响力的世人之间的差异感到惊讶。殿下您是一位至高无上的君主，但您对我的态度却如此温和，这让我感到惊讶。而阿尔诺先生是一位著名的神学家，对神圣事物的沉思本该使他变得温和、仁慈，然而，从他身上散发出来的东西却往往显得那么凶狠、野蛮，充满了残忍。我现在已经不再对他如此轻易地就与马勒伯朗士神父以及他曾经的其他好友闹翻感到惊讶了。阿尔诺先生

曾无礼地对待马勒伯朗士神父发表过的一些作品，就像他对待我写的东西一样。但人们并不总是赞同他的看法。与此同时，有必要小心谨慎，不要激怒他那暴躁的脾气。那将剥夺我们所期望的通过温和而合理地比较各种观点而得到的一切快乐和满足。我认为，他是在心情不好的时候收到我的信的，因此正在发脾气，所以他想以严厉的回应趁机报复。我深知，如果殿下您有空考虑一下他对我提出的反对意见，你一定会忍俊不禁，就像有人在听到一个演说家不停地喊"天啊！地啊！大海啊！"**3**时会忍俊不禁一样，因为他没有理由发出如此悲情的惊叹。如果我的思想中没有什么比他所反对的东西更令人震惊和更令人疑惑的了，那我很高兴。因为如果我所说的是真的（即亚当的个体概念或思想蕴含着在他身上以及在他的后代身上必定发生的一切），那么根据阿尔诺先生的说法，上帝现在就人类而言便不再有自由了。因此，他把上帝想象成了一个根据环境做出决断的人；而事实上，在永恒之中早就预见到了一切并安排好了一切的上帝，一开始就选择了宇宙的整个序列和联系，因此他不只是选择了一个亚当，而是选择了这个亚当，对于这个亚当，祂预见到了他会做如此这般的事情，他会生如此这般的孩子，而没有上帝的这种自始至终都做好了安排的旨意，反倒违背了祂的自由。关于这一点，所有神学家（除了一些完全按照人类的方式来设想上帝的索齐尼派教徒之外）的意见是一致的。我很震惊，想要在我的思想中找到无论什么骇人听闻的东西的愿望，对此的期许在他头脑中产生了一种混乱

【24】

的、缺乏理解的观念，使这位博学之人倾向于发表反对他自身的理解和观点的言论。因为我并没有像他那样不公正，把那些索齐尼派的危险教条(它破坏了上帝无上的完满性)归罪于他，尽管在激烈的争论中，他似乎倾向于他们的立场。

[31]

每一个明智行事的人都会考虑到他正在做出的决断的所有情况和联系，并根据他能力的大小来做这件事。上帝能以单一视角完满地看到一切，祂的决断怎会不照祂所见到的一切来定呢？祂怎会在选择如此这般的亚当时不考虑和决定与他有某种联系的一切呢？因此，谁要是说上帝的这种自由决断剥夺了祂的自由，那就太荒谬了。不然，要想永远自由，就必须永远优柔寡断。

【25】

这就是阿尔诺先生想象中的骇人听闻的思想。我们将看看，他是否可以通过整理结论来从中得出更糟糕的东西。与此同时，我对以上所述做出的最重要的反思是，他本人之前曾明确写信给殿下您说，他们教会的人，或愿意加入他们教会的人不会因为哲学观点而受到责备，而现在他自己却无事生非，忘了节制。因此，与那些人交涉是很危险的，殿下您务必倍加小心。而这也正是我拿这些东西与阿尔诺先生交流的原因之一，就是要试探他，看看他做何反应，但"摸山，山就冒烟"。**4** 只要与某些大学者的观点有半点偏差，他们就会大为光火。我当然相信世人不会接受他的观点，但保持警惕总不是坏事。然而，殿下您也许有机会告诉他那样行事会让人觉得沮丧，并且没必要，以便他今后能够以稍加节制的方式行事。据我所知，

【26】

殿下您曾在信中与他讨论过克制的方法，我很想知道你们讨论的结果如何。

最后我想和您说的是，我的主人现在已经到罗马去了，并且显然不会像我们之前想的那样那么快就返回德国。这几天我会前往沃尔芬比特尔，尽力找回殿下您的书。[5] 据说瓦里亚斯先生写了一本现代异教史。[6] 在我看来，您从马斯特里赫特寄给我的那封关于色当地区的人改变信仰的信讲得很有道理。据说，迈堡先生曾说过，圣大格里高利也赞成这一原则：即使异端的皈依是虚假的，只要真正能赢得他们的后代，我们就不必担心。但不允许杀掉一些灵魂以赢得其他灵魂，尽管查理曼大帝就是这样对付撒克逊人的，靠武力将宗教强加于他们。现在我们这里来了一位勒提先生，他给我们带来了他献给布伦瑞克家族的五卷本《日内瓦史》。我不知道他在这两者之间究竟发现了什么关系。他有时会说一些非常令人愉快的事，是一个非常健谈的人。您的仆人莱布尼茨。

[33]

附录：阿尔诺论莱布尼茨的哲学与其宗教的关系 [7] 【32】

摘自阿尔诺 1684 年 3 月 2 日的一封信
论莱布尼茨先生关于他不愿改变宗教信仰的声明
我不知道怎么跟您说您这位朋友的事。因为我无法想象他会有什么样的哲学观点，使得他害怕如果他成为天主教徒，人们可能想让他放弃这些观点。在我看来，它们不可能是殿下您所害怕的那类观点，因为他声称他认为这些观点不违背圣经，**【33】** 不违背传统，也不违背任何大公会议的释义；既然这样，我不明白为什么他不能凭良心做出那些加入教会的人所需要的信仰声明。因为那不包含任何未被大公会议所规定的内容。

至于经院神学家的谴责，这并不能阻止他。从道德上讲，尤其是因为他是一个平信徒，他不可能为此而受到责备。据我判断，可以肯定的是，这不会妨碍他被教会所接纳。既然如此，如果不迈出这第一步，为了将来而把自己交给上帝，怀揣着这样的希望，即倘若这些哲学观点包含某种对宗教有危害的错误，上帝能够使他对它们有一个清醒的认识，或者说，倘若它们只包含有用的东西，或者，倘若它们使他更倾向于各种各样的考量而不是关于他的救赎的考量，他宁愿不为人类知识的进步而努力，也不愿发表那些可能会困扰脆弱的良心或给自己制造困难的东西，上帝能用祂的旨意防止他为此而受折磨，那么我无法想象他怎么能让他的良心安息。

在这个世界上，我们只有一个正确的关切，那就是爱上帝，侍奉祂，并准备好永远享有祂。其余的一切都附属于此，都必须为此而牺牲。因此，可以肯定的是，如果他预见到自己的计划，即通过某种不会使人类变得更好的科学使他们更有学 **[35]** 问，可能会成为阻止他走上这条道路——根据他在信中所提出的原则，它至少是最稳妥的通往永恒幸福的道路——的障碍，

那么他亏欠自己的真正的仁慈应该会使他放弃这种计划，而不
是让他冒着失去灵魂的危险。

再者，我们也许还记得，他对几何学、算术和机械学都有很好的理解，他没理由担心神学家们会对他吹毛求疵，因此，即使他要压制其他一些他可能担心会给他带来麻烦的东西，他对人类也不会毫无用处。

我再附带说一句，殿下大人，既然他向您宣布，如果他生来就是天主教会的一员，他就会继续信奉天主教，那么我无法想象，假定他可以加入天主教，而不会在那里发现他害怕遇到的障碍，但他却不准备加入它，他的良心怎能得到安息。然而，就我从他的信来判断，我不认为他在信中发现了什么，而且我几乎可以肯定，如果他想到荷兰来，卡斯托里亚先生会接待他，而不会让他为难。

尽管如此，殿下大人，这位博学之士的焦虑不安令我深感同情，我一定要把他托付给上帝，以便他可以驱散其余的阴影，消除仍然阻挡他进入方舟（它的外面没有救恩）的障碍。

6. 莱布尼茨致恩斯特 [1] A 6; F5; LA 5

[汉诺威，1686 年 4 月 15 日]

【27】 殿下大人：

殿下您一定收到了我上次寄来的信，以及我随函附上的另一封信（以写给殿下您的形式），望您能将附上的信转交给阿尔诺先生。信寄出后，我一直在想，最好还是删掉这些话："然而，如果他所在的那个教会竟会如此迅速地进行谴责，那么这样的程序就该成为一个警告，提醒人们要防范。无论什么时候，只要一个人想要进行一种与宗教无关的、稍稍超出教给孩童的东西的沉思，他就会有被送上审判席的风险，除非他有一位会用别的说法说同样的话的教会神父作为监护人。也许即使这样也不足以提供完全的保证，尤其是在一个人没办法确保自己得到善待的情况下。"因为我担心阿尔诺先生会趁机与我争辩，就好像教会受到了攻击一样，而事实并非如

【28】 此。这些话可以改为："尤其是在阿尔诺先生的教会中，特伦托大公会议和教皇们都很明智地只对那些显然与信仰和道德相悖的观点进行了谴责，而没有仔细审视哲学上的结论；倘若我们确实需要倾听这些结论……"出于谴责的目的，在耶

[37] 稣会士的眼中，托马斯主义者将被视为加尔文派，而在托马斯主义者的眼中，耶稣会士将被视为半伯拉纠派，而这两者在杜兰德和多勒的路易斯神父眼中则都破坏了自由〔，一般

来说，任何一个谬论都可算作一种无神论，因为我们可以证明它会破坏上帝的本性]。**2**

7. 阿尔诺致恩斯特 [1] A 7; F 6; LA 7

[?]，1686 年 5 月 13 日

【29】　　殿下大人，让莱布尼茨先生对我这样生气，我感到非常沮丧。如果我预见到了这一点，我就会非常谨慎，就会不那么随意地说出我对他的一个形而上学命题的看法，而我应该预见到这一点，我错就错在措辞太过严苛，虽然我不是针对他的人格，而是针对他的观点。[2] 所以，我认为我必须请求他的原谅，我在那写给他的信中非常真诚地这样做了，望殿下将那未封口寄给您的信转交给他。我也恳切地求您让他与我和好，让我和曾经的朋友和解，如果由于我的轻率鲁莽而使他成为我的敌人，我会非常难过。而如果这件事就此打住，我不必再告诉他我对他的观点的看法了，我将非常高兴，因为我被许多其他事务压得喘不过气来，更何况，这些抽象的问题需要我付出极大的努力，而且要花费我大量的时间，所以我很难让他满意。

　　我不知道自己是不是忘了把《致天主教徒书》（*Apologie pour les Catholiques*）的一个补充寄给您；[3] 想必是忘了，因为殿下您没跟我谈起它。所以我今天将它与两份《法律简报》（Legal Briefs）一起寄给您。那慕尔的主教，也就是那位被教廷公使任命为法官的主教，正在为是否接受这一任命踌躇不决，只有耶稣会士才会有这样的顾虑，但如果他们的权力太大，以至于我们在这个世界上无法向他们讨回公道，那么他们有理由担心上帝会在另一个世界里更加严厉地惩罚他们。

关于这位教士的传闻听起来让人觉得可怕，也很引人注目，若不是因为他的欺骗和阴谋使他变得可憎，他的放荡行为显然还不会受到惩罚。殿下您所提到的那位路德宗牧师一定有着良好的品质，但他竟认为路德是上帝指定来进行基督教宗教改革的人，这一点令人百思不解，同时也表明他持一种非常盲目的成见。他必定对真正虔诚持一种低于通常标准的观念，才能在像路德这样一个说话无礼、生活极其放荡的人身上找到真正的虔诚。所以，对于这位牧师对您所说的反对那些被称作詹森派的信徒的话，我并不感到奇怪，路德首先提出了反对恩典协同作用和反对自由意志的极端主张，甚至将他的一本书命名为《论奴化意志》（*De servo arbitrio*）。稍后，梅兰希顿使这些主张得到了很大程度的缓和，自此，路德宗走向了另一个极端，以至于阿民念派并没有比路德教会的观点更强有力地反对戈马尔派。因此，今天与阿民念派持相同观点的路德宗反对圣奥古斯丁的信徒，我们没有理由为此感到惊讶，因为阿民念派比耶稣会士更真诚。他们承认圣奥古斯丁在他们与耶稣会士共同持有的观点上反对他们，而他们也不认为自己一定要追随他。

约伯特神父所报告的关于新信徒的情况使我们有理由相信，只要不辞辛劳地教导那些名义上的信徒，用好的榜样来启迪他们，并且用好的素材塞满教堂，他们就会一点点地转变过来。但如果他们被剥夺了在做弥撒时说的所有话的地方特有的

【30】

[39]

99

说法，那就会毁掉一切，因为只有地方特有的说法才能治愈他们对它的厌恶。很久以前我曾关于这场针对《基督年》（l'Année Chrestienne）所引起的风波给殿下您写过信，不过，我们仍未被告知这场风波后来的情况。有一位名叫西卡提的绅士，他是布鲁塞尔学院的院长，他说他与殿下您很熟，因为他曾有幸教过您的儿子们学骑术。他认识一位非常有修养的德国人，这个人精通法语，是一位优秀的法学家，甚至担任过议员，并且曾受聘负责教育贵族青年。西卡提认为那人很适合陪在您的孙子辈的小王子左右，尤其是当他们到法国旅行的时候，他就更适合了，而且不和他们在一起的时候，他还可以侍候殿下您。我还要说的是，他不是一个自私之人，也不会把价格定得太高而让您感到为难。我想把这个消息告诉您不会有什么坏处；您不一定非请他不可，但如果您认为有必要为这些年轻的王子们找一个日夜陪伴他们的人，这个消息可能对您有所帮助。由于不知道莱布尼茨先生的头衔，所以我恳请殿下您在我给他的信中写上称呼。

8. 阿尔诺致莱布尼茨 [1] A 8; F 7; LA 6

[?]，1686 年 5 月 13 日

于 1686 年 5 月 13 日 **【31】**

先生：

我想我应该直接写信给您，请求您的原谅，因为我在表达我对您的一个观点的看法时使用了过分严厉的措辞，让您生气了。但在上帝面前，我敢向您发誓，我那时犯错并不是由于我对您有任何偏见，因为除了您生来就信奉的宗教之外，我对您只有好感，没有理由有任何其他的看法；也不是由于我在写这封让您痛苦的信时正在发脾气，有些人喜欢说我脾气不好，但再没有什么比这更不符合我性格的了；也不是由于我太过执着于自己的思想，看到您有相反的思想而感到震惊，因为我可以向您保证，我对这类问题思考得不多，所以我对它们还没有固定的看法。先生，我恳求您不要相信关于我的这一切，我只希望您相信，唯一可能导致我考虑不周的原因是我习惯于对殿下他不矫揉造作，因为他太善良了，他可以豪爽地原谅我所有的错误，我原以为我可以坦率地告诉他我在您的思想中所不赞成的东西，因为我非常确信，这件事不会传出去，并且如果我误解了您的意思，您会纠正我，而不是让我的误解进一步加深。但是，先生，我希望这位君主愿意为我求和；也许我可以借助圣奥古斯丁之前在类似情况下所说的话来让他这样做。奥古

[41]

【32】

斯丁曾经非常严厉抨击那些相信可以用肉眼看到上帝的人，一位非洲主教就持这种观点，当这位主教看到这封不是写给他的信时，他觉得自己被深深地冒犯了。这使得奥古斯丁不得不让他们共同的好友来安抚这位主教，圣奥古斯丁便写信给这位朋友，但实则是写给这位主教的，就像我写信给殿下，实则是写给您的一样。我恳求您看看圣奥古斯丁写给这位朋友的信："虽然我只想给他一个警告，但我的责备有些过分了，而且我太轻率了。我不是在为这一点辩护，而是在自我批评，我也不是在为这一点找借口，而是在自责。我是在请求原谅，请他念及我们过往的友情，忘了我近来的冒犯！请他大人不记小人过，请他在向我示好时拥有我在写那封信时所没有的温和吧！"**2**

我不知道我是否应该就此打住，不再去重新考虑使我们产生争执的问题，以免我可能再说出一些让您痛苦的话来。但另一方面，我担心这会显得我太小瞧您所说的公正了。所以我应该简单地告诉您我对这个命题至今仍有的疑惑："每个人的个体概念一劳永逸地蕴含着将发生在他身上的一切。"

[43]　　在我看来，由此可得出这样的结论：亚当的个体概念蕴含着他有多少个孩子，而每个孩子的个体概念又都蕴含着他们将要做的一切以及他们将拥有的所有孩子，以此类推。我认为由此可以推知，上帝既可以自由地创造或不创造亚当，但假定祂有意愿创造他，那自此以后已经发生在人类身上的，出于一种宿命的 **L1**

【33】

L1　莱布尼茨在 a 中加了下述标注，并且将其誊录在了 C 中，后来又将其划掉了：(a)。

必然性，必定已经发生了，或必定会发生；或至少可以推知，假定上帝有意愿创造亚当，那么祂对于这一切而言并不自由，就如同假定祂有意愿创造我，我们认为祂便没了不去创造具有思维能力的自然物的自由。**L2**

先生，在我看来，我这样讲时并没有把假设的必然性和绝对的必然性混为一谈。因为**恰恰相反，在这种语境下，我说的就是假设的必然性。L3;3** 而我唯一觉得奇怪的是：只要假定上帝有意愿创造亚当，那么所有的人类事件便都应该是出于假设的必然性 **L4** 而是必然的，就像只要假定祂有意愿创造我，那么世界上就会出于假设的必然性而必然有一个有思维能力的自然物一样。

在这一点上，您关于上帝说了不同的话，但在我看来，那似乎还不足以解决我的疑惑。

1."上帝可以绝对自由地去做的事情与祂根据已经做出的某些决断而必定去做的事情之间总是有区别的。"这是肯定的。

2."以某些索齐尼派教徒的方式（以维护上帝的自由为借口）来设想上帝，认为祂就会像人一样，即祂根据环境做出决断，那是对祂的侮辱。"我同意您的观点，即这个想法很愚蠢。

L2 莱布尼茨在 a 中加了下述标注，并且将其誊录在了 C 中，后来又将其划掉了：(b)。

L3 在 a 和 C 中，莱布尼茨在"je . . . necessité"的上方都加了下述注释：注意。

L4 莱布尼茨在 a 中加了下述标注，并且将其誊录在了 C 中，后来又将其划掉了：(c)。

3."我们不能把上帝的彼此相互关联的诸意愿分离开来。因此，我们不能把上帝创造如此这般的亚当的意愿与祂对亚当的子孙以及全人类所拥有 **4** 的所有其他意愿分离开来。"我也同意这一点，但我仍然不认为这可能有助于解决我的疑惑。

因为（1），老实说，我没有意识到，您所说的那一劳永逸地蕴含着将发生在他身上的一切的所谓的每个人(比如，亚当)的个体概念，您指的是这个人在神的理智中之所是，而不是[我原以为您指的是] 这个人就其自身而言之所是。因为在我看来，我们并不习惯于根据一个球在神的理智中的表象，而是根据它就其自身而言之所是来考虑它的种概念；并且我之前一直都认为，这就是每个人或每个事物的个体概念的情况。**L5**

[45]

（2）不过，我只要知道这是您的观点就足够了，这样我就能遵循它，并考察一下它是否能消除我前面提到的疑惑，但我仍然没有看到希望。

【34】

因为我同意这一点，即当上帝决定创造亚当时，祂关于亚当的知识蕴含着已经发生在他身上的一切，也蕴含着已经发生和将来发生在他的后代身上的一切；如果从这个意义上理解亚当的个体概念，那么您的看法无疑是正确的。

我同样承认，我们不能把上帝创造亚当的意愿与祂就发生在他身上的事情而言以及就他所有后代而言所拥有的意愿分离开来。

L5 莱布尼茨在 a 中加了下述标注，并且将其誊录在了 C 中，后来又将其划掉了：(d)。

但在我看来，就算是这样，这个问题也仍然没有解决（这也正是我的疑惑所在）：这些对象（我指的是亚当与将要发生在他身上和他后代身上的一切）之间的联系因其本身而独立于上帝所有的自由法令之外？还是说依赖于它们？也就是说，上帝早已知道将会发生在亚当及其后代身上的一切只是上帝借以安排好将发生在亚当及其后代身上的一切 [5] 的那些自由法令的一个结果？还是说，亚当与已经发生和将要发生在他及其后代身上的事情之间存在着一种内在必然的联系，它独立于这些法令之外？

如果没有后者，我想象不出您的"每个人的个体概念一劳永逸地蕴含着将发生在他身上的一切"这一说法何以可能为真，即使把这个概念与上帝联系起来。

您似乎也坚持后者。因为我认为您的意思是，按照我们的设想方式，可能的事物在上帝颁布所有的自由法令之前都是可能的，并由此得出结论说 [6]，包含在可能事物的概念中的东西独立于上帝所有的自由法令而包含在其中。然后您便可以说："上帝在可能事物中找到了一个可能的亚当，他伴有如此这般个别环境，并且除了其他谓词之外，他还有这样一个谓词，即过一段时间之后他会有如此这般的一个后代。"因此，在您看来，这个可能的亚当与他全部后代的所有个体之间存在着一种内在的，可以说是，独立于上帝所有 [7] 自由法令之外的联系。 [47]
先生，说实话，这就是我所不理解的地方。因为在我看来，您会认为可能的亚当（上帝选择了他而不是其他可能的亚当）与被造的亚当有着相同的后代，因为按照您的说法，我几乎可以肯定的是，他无论被认为是可能的亚当，抑或被认为是被造的亚当，都是同一个亚当。如果这就是您的意思，那么这也正是我的疑惑所在。

到底有多少人，像以撒、参孙、撒母耳等等一样，是仅凭上帝的自由法令来到世上的？ **8** 所以，当上帝认识亚当，连带着也认识他们时，这并不是因为他们独立于上帝的法令之外而包含在可能的亚当的个体概念之中。因此，亚当后代中的所有个体都包含在可能的亚当的个体概念之中，这一说法是错误的，因为那样的话，他们就得独立于神的法令之外而包含在它之中。

【35】

同样的道理也适用于无穷无尽的人类事件，这些事件，比如，犹太教和基督教，尤其是，神的道成肉身，都是通过上帝的特殊命令而发生的。我不知道为什么有人会说这一切都包含在可能的亚当——在拥有他在这个概念下被设想为拥有的一切之前，他被认为是可能的，独立于神的法令之外——的个体概念之中。

先生，我也不知道，有人怎么能以亚当为一个单一的自然物的例证，设想出许多可能的亚当。就好像我设想出了许多可能的"我"，这确实让人难以置信。因为我一想到我，就不能 **L6** 不把我自己看作是一个单一的自然物，与其他一切现存的事物

L6　莱布尼茨在 C 中加了一个旁注：就不能。

或可能的事物有着如此明显的区别，以至于我无法设想出不同的"我"，就像无法设想出一个其所有直径不相等的圆一样。因为这些不同的"我"[9]将彼此不同，否则就不会有许多"我"。因此，这些"我"中必然有一个"我"不是"我"，这种说法显然自相矛盾。

先生，现在请允许我将您关于亚当所说的话转到这个"我"[10]上，您自己判断这是否站得住脚。上帝在自己的观念中从可能事物里找到了许多"我"，其中一个"我"的谓词是生许多孩子并成为一名医生，[11]另一个"我"的谓词则是过着独身生活并成为一名神学家。由于祂决定创造后者，现在的"我"就包含在他的个体概念中，即过着独身生活，并成为一名神学家，而前者则应该包含在他的个体概念中，即结婚生子，并成为一名医生。这种说法毫无意义，难道这一点不是很清楚吗？因为我的这个"我"必然是一个如此这般的个体自然物，与这个"我"拥有一个如此这般的个体概念是一回事，我们无法设想在"我"的个体概念中有矛盾的谓词，就像我们无法设想有一个与"我"不同的"我"一样。在我看来，我们必定由此得出这样的结论：既然我不管是结了婚，还是过上了独身生活，我都不可能不一直保持这个"我"，那么我的这个"我"的个体概念就既不包含这两种状态中的这一种，也不包含那一种。正如我们可以正确地得出这样的结论，即这个大理石方块无论是处于静止状态，还是处于运动状态，都是同一个方块；因此，不管是静止，还是运动，都不包含在它的个体概念之中。先生，在我看来，正因为如此，我必须把包含在"我"的个体概念中的东西看作是那样一类东西，即如果它不在"我"的里面，我便不再是"我"；也正因为如此，相反，在我不再是"我"的情况下，可能在"我"里面存在或可能不在"我"里面存在的一切都不能被认为是包含在我的个体概念之中，尽管有可能按照上帝旨意的安排（那不改变事物的本性），它不可能不在"我"里面。这就是我的想法，我相信这符合世界上所有哲学家一贯接受的一切。

【36】

我之所以确信这一点，是因为我很难相信，用上帝认识事物的方式去探索我们应该如何看待它们的种概念或它们的个体概念是一种很好的哲学思维。神的理智是事物之真理的规则，但在我看来，就我们这一生而言，它不可能是我们所关注的规则。因为就目前来说，我对上帝的知识几乎一无所知。

我们只知道祂知道一切，只知道祂通过一个简单的行动就能知道一切，这是祂的本质。当我说我们知道这种情况时，我的意思也只是我们确信它一定是这样的。但我们是否理解它呢？难道我们不应该承认，无论我们怎么确信它是这样的，我们都无法设想它何以是这样的？同理，我们能否设想，虽然上帝的知识就是祂完全必然的、不可改变的本质，但祂却拥有关于那因其可能不曾存在过而祂便可能不曾拥有的无限多事物的知识？这个问题同样也适用于祂的意志，即我们能否设想，虽然祂的意志也是祂的本质，其中没有什么不是必然的，但祂却对祂可能不曾有意愿的事物有意愿，甚至在永恒之中一直有意

[51]

愿。我还发现我们通常表象上帝行事的方式有很多不确定性。我们以为，上帝在意愿创造世界之前，设想了无限多的可能事物，祂从中选择了一些事物并拒绝了其余的事物：许多可能的亚当，每一个可能的亚当又都有一系列与他有着内在联系的人和事。并且我们认为，所有这些其他事物与这些可能的亚当中的一个亚当之间的联系，完全类似于我们所知道的那个被造的亚当与他所有后代的联系；这使我们认为，后者是上帝从所有可能的亚当中选择的那个亚当，祂并没有意愿其余的亚当。但如果不坚持我所说的，即以亚当为一个单一的自然物的例证，我不可能设想出许多可能的亚当，就好像我不可能设想出许多可能的"我"一样，那么我坦率地承认，我没有任何关于这些纯粹可能的实体——也就是，上帝永远不会创造的实体——的观念。我强烈地倾向于认为，它们是我们所构建的幻想物，我们称之为可能（纯粹可能）实体的一切不过就是上帝的全能，而作为一种纯粹实现，祂的全能不允许其中存在任何可能性。但我可以在祂所创造的自然物中设想可能性，因为自然物本身并不是出于它们的本质而存在的，它们必然由潜能和实现组成：这使我能够把它们设想为可能的事物，也使我可以用那不超出这些被造的自然物的力量范围的无限多的样态来设想它们，比如，理智自然物的思想和广延实体的形状。但没有一个人敢说他有关于一种可能（纯粹可能）实体的观念，除非我大错特错。因为，就我而言，我深信，虽然有许多关于这些纯粹可能的实体的讨论，但这些实体都是在我们关于上帝创造的那

【37】

些事物中的这一个或那一个事物的观念下被设想出来的。因此，在我看来，我们可以这样说，即在上帝已经创造或将要创造的事物之外，不存在任何被动的可能性，只有能动的、无限的潜能。

[53] 从这种隐晦不明中，从难以了解诸事物在上帝的知识里以何种方式存在以及它们彼此之间的联系是何种性质（比如说，是内在的联系还是外在的联系）这一事实中，我唯一想推出的是，我们不应该在居于我们无法接近的光之中的上帝那里去寻找我们所认识的事物的真正概念，无论是种概念还是个体概念，而是应该在我们里面发现它们的观念。现在我在我里面发现了个体自然物的概念，因为我在那里发现了"我"的概念。因此，要想知道这个个体概念中蕴含着什么，我只消考察这个个体概念，就好像要想知道球的种概念蕴含着什么，我只消考察这个种概念一样。现在，我别无其他规则可寻，只能考虑什么能使一个球如果没有它，便不再是一个球，比如，圆周上的所有点到圆心的距离都相等。或者说，只能考虑什么不能使一个球如果没有它，便不再是一个球，比如，一个球的直径只有 1 英尺，而另一个球的直接可能有 10 英尺，或 100 英尺。因此我断定，前者包含在球的种概念之中，至于后者，即拥有较大或较小的直径，则不包含在它之中。我把同样的规则应用到"我"的个体概念上。因为我确信，只要我思想，我就是"我"。因为只有我存在，我才能思想，而只有我是"我"，我才能存在；但我可以这样思想，即我将进行这样或那样的旅行，或者

我将不进行这样或那样的旅行，而且非常确信，这两者都不妨碍我是"我"。因此，我也非常确信，两者都不包含在"我"的个体概念之中。但有人会说，上帝已经预见到你将踏上这段旅程，你就是这样。因此，毫无疑问，你将踏上这段旅程，你就是这样。无论我有没有踏上这段旅程，这并没有改变我所拥有的确定性，我将始终是"我"。因此，我必定得出这样的结论，即两者都没有进入我的这个"我"中，也就是说，都没有进入我的个体概念中。在我看来，要认识每个事物的个体概念所包含的东西，这种事应该这样来考虑，而不是求助于上帝的知识。

先生，这就是我对那个使我感到困惑的命题以及您对它所作的澄清的看法。我不知道我是否正确地领会了您的想法，但至少我试图这样做。这份材料太抽象了，很容易被误解，但如果您对我的看法就像那些把我说成是一个只会通过侮辱和故意歪曲别人的观点来驳斥别人的、脾气暴躁的作家的人对我的看法一样糟糕，我会非常沮丧。无疑，这不是我的性格。有时我有可能太过随意地表达我的想法了。有时我也有可能无法正确地理解他人的那些想法(因为我当然不相信自己是绝无谬误的，而要想永不犯错，一个人就必须如此)，而即使这只是由于自负，也绝不是有意为之，因为我觉得，别说对朋友了，即使是对那些我们在其他方面没有任何理由去爱的人，也没有什么比一个人在学说问题上因分歧而使用狡辩和诡计更卑鄙的了。先生，我相信您一定想让我把您归入朋友这一类。我相信您会给

【38】

[55]

我这份荣幸，让我成为您的朋友；您给了我太多这样的暗示。至于我自己，我发誓，我所犯的过错——对此，我再次请求您原谅——不过是上帝赐给我的、但我却无法充分加以节制的对您的喜爱和对您得救的热心所致。

您最谦卑也最顺从的仆人，阿尔诺。

9. 恩斯特致莱布尼茨 **¹** A 9; F 8; LA 8

莱茵费尔斯，1686 年 5 月 31 日

1686 年 5 月 21 日至 31 日，于莱茵费尔斯　　　**【39】**

莱布尼茨先生：

从随附的信件可以看出，善良的阿尔诺先生实际上正着手做的恰恰是我希望耶稣会士哈扎特神父去做但他却不愿做的事，以及沃尔芬比特尔的那些先生们不会做的事，即一劳永逸地归还你向我借的那本书，也就是，我再也没有看到过也没有听到过的《致天主教徒书》第二部。另外，就像一些新教徒同样害怕萨克森选帝侯改宗一样，一些单纯无知的天主教徒期盼、希望、造谣甚至要求你的主人和他的家人改宗，尽管在这两个人身上都没有任何改宗的迹象，至少到目前为止还没有使他们倾向于改宗的超自然的动机。因为要想成为一个善良的、真正的天主教徒，一个人需要的是完全不同的东西，而不是着眼于野心，世俗的贪婪和炫耀，尘世的狂欢。三周后，我们就会从这里看到匈牙利的基督教军队将转向哪个方向，以及它是否想再次尝试围攻布达，因为离开多瑙河无异于自取灭亡。我们希望今年莱茵河这一边没有战火。

恩斯特

113

安东·乌尔里希公爵先生不再给我写信了。不过，我希望我没有让他讨厌，而是他有比给我写信更重要的事要忙。

10. 莱布尼茨评阿尔诺的来信 [1] A 11; F 10; LA 9　　[57]

[汉诺威，1686 年 6 月]

[前四段，即（a）—（d），被划掉了。]

　　评阿尔诺先生就"每个人的个体概念一劳永逸地蕴含着将【42】
发生在他身上的一切"我的这一命题的来信。

　　（a）我原以为这种必然性不被称作宿命的，而只有绝对的
必然性才被称作宿命的。

　　（b）具有形而上的必然性的结果是有等级的，阿尔诺先生
所举的例子是其中的一种等级；还有其他一些其联系本身建立
在上帝的自由法令之上的结果，比如，所有依赖于机械规则的
结果，或所有依赖于那倾向于选择那看起来是最好的东西的意
志之本性的结果。最常见的情况是，通过这样的结果，每个人
的个体概念都蕴含着将发生在他身上的事，这些事是确定的，
尽管它们可能不是必然的。所以，阿尔诺先生的例子并不完全
符合我的观点。

　　（c）我现在对阿尔诺先生的观点有了更深的了解，"宿命【43】
的必然性"一词误导了我，让我以为他是在把绝对的必然性归
咎于我；既然他宣称他说的就是假设的必然性，那么这场争论
从表面上看就变了，因为说"只要假定上帝有意愿创造亚当，
那么出于假设的必然性，所有的人类事件都应该是必然的"，
这也许不太荒谬，至少我是这样认为的，因为每个个体实体总

是按照一定的关系来表达整个宇宙。甚至阿尔诺先生也是这样认为的，因为他赞同我的这种观点，即上帝的所有决断都是相互联系的。尽管如此，我认为这种结果是确定的，而不是必然的，除非它所依据的自由法令也被预先假定；因为这个假定与第一个假定相结合产生了假设的必然性。

（d）阿尔诺先生并非不知道笛卡尔及其门徒的观点（他们认为永恒真理本身取决于上帝的意志），但当他在这里说我们不习惯把球的种概念与它在神的理智中的表象联系起来考虑时，他却没有想到这些观点。尽管如此，由于我和阿尔诺先生一样都不赞同他们的观点，所以我只想指出为什么我认为我们必须以不同于对球的种概念进行哲学思考的方式来对个体实体的概念进行哲学思考。因为种概念只包含永恒的或必然的真理，但个体概念却包含事实的东西或与事物的存在有关的东西。球的概念是不完全的，但阿基米德要求刻在他陵墓上的那个球的概念却是完全的，并且必定包含着一切使它区别于其他所有概念的东西。除了这个球的形式之外，构成这个球的物质也进入了它，所以关于这一小部分的物质曾经经历过的或将来某一天将要经历的一切变化都可以被言说。我们知道，事实的真理或存在的真理都依赖于上帝的法令。

（1）"我认为"（阿尔诺先生说道），"由此可以推知，上帝既可以自由地创造或不创造亚当，但假定祂有意愿创造他，那自此以后已经发生在人类身上的，出于一种宿命的必然，必定已经发生了，或必定会发生；或至少可以推知，假定上帝有意

[59]

116

愿创造亚当，那么祂对于这一切而言并不自由，就如同假定祂有意愿创造我，我们认为祂便没了不去创造具有思维能力的自然物的自由。"

（2）我最初的回答是，我们必须区分绝对的必然性和假设的必然性。对此，阿尔诺先生在信中的答复是"他说的就是假设的必然性"。有了这个声明，这场争论从表面上看就变了。**【44】** 他所使用的、通常仅被视作一种绝对的必然性的"宿命的必然性"一词曾使我不得不做出这样的区分，而这种区分现在失效了，因为阿尔诺先生以选言命题的形式说"出于一种宿命的必然性，必定已经发生了，或必定会发生；或至少……"时，他并没有坚持"宿命的必然性"。所以就这个词进行争论也就不再有什么意义了。

（3）但对于这一点，阿尔诺先生仍然觉得我所坚持的，"也就是，只要假定上帝有意愿创造亚当，那么所有的人类事件都会出于假设的必然性而发生"，似乎很奇怪。对此，我要给出**两点回应**。**第一点**，我的假定不仅仅是上帝有意愿去创造一个其概念有可能模糊和不完全的亚当，而是上帝有意愿去创造一个有着足以使其成为一个个体的规定的如此这般的亚当。而依我看来，这个完全的个体概念包含了它与整个事物序列之间的关系——既然阿尔诺先生也承认，上帝各个决断之间存在着联系，也就是说，上帝在决定创造如此这般的一个亚当时，祂心里已经就整个宇宙序列做出了所有的决断，就像一位智者在对他的计划的一部分做出决断时，会注意到整个计划，并且倘若他的决断能同时涵盖所有的部分，他的决断就会更好，所以我的这种说法理应显得更加合理。

（4）**第二点**，各个事件据以从这个假设产生的那种前因后果关系事实上总是确定的，但并不总是像阿尔诺先生的例子（上帝在决定创造我时，便无法不去创造具有思想能力的自然物）所讲的那样，出于形而上的必然性而是必然的，相反，那种结果往往只是物理上的，而且以上帝的一些自由法令为前提，比如，那些依赖于运动规律的结果，或依赖于道德原则——即每一个心灵都倾向于它认为最好的东西——的结果。的确，如果将关于产生这种结果的法令的假定添加到关于上帝决定创造亚当的第一个假定（它产生了前因，也使所有这些假定或决断有了一个单一的前因）上，我认为那确实会产生这种结果。

【45】　（5）虽然我在寄给领主大人的信中已经约略谈到了这两点回应，但阿尔诺先生来信作了答复，我必须对他的答复加以考虑。他诚实地承认，他对我的观点的理解是这样的，就好像一个个体的所有事件在我看来都是从它的个体概念中推演出来的，其推演方式和所具有的必然性，与从一个球的种概念或定义中推演出它的各种性质一样；就好像我只考虑了个体的概念本身，完全没有考虑到它在上帝的理智或意志中是怎样的。"因为，"他说，"在我看来，我们并不习惯于根据一个球在神的理智中的表象，而是根据它就其自身而言之所是来考虑它的种概念；并且我之前一直都认为，这就是每个人的个体概念的

[61]

118

情况。"但他又补充说，"他只要知道这是我的观点就足够了，这样他就能遵循它，并考察一下它是否能消除他的整个疑惑"，而他仍然对此表示怀疑。依我看来，阿尔诺先生已经不记得笛卡尔派的观点（他们认为上帝通过祂的意志建立了就像那些关于球的性质的真理一样的永恒真理），或至少不关心他们的观点了；而正如阿尔诺先生一样，我也不同意他们的观点，所以我只想说为什么我认为我们必须以不同于对球的种概念进行哲学思考的方式来对个体实体的概念进行哲学思考。这是因为**种**概念只包含永恒的或必然的真理，但个体概念在可能性的图式中包含着事实的东西或与事物的存在和时间有关的东西，因此依赖于上帝视为可能的某些自由法令。因为事实的真理或存在的真理都依赖于上帝的法令。因此，球的概念通常是不完全的或抽象的，也就是说，我们在其中只考虑一般意义上或理论上的球的本质，不考虑个别情况，因此它决不包含某个球的存在所必需的东西；但是阿基米德要求刻在他陵墓上的那个球的概念却是完全的，并且必定包含着属于这个形体的一切。这就是为什么在以每一样事物为中心的个别考虑和实际考虑中，除了这个球的形式之外，还涉及构成这个球的物质，涉及地点、时间以及其他情况，而如果我们能追踪这些概念所包含的一切，那么这些情况通过不断的连接，最终将包含整个宇宙序列。因为构成这个球的这一小部分物质的概念包含了它曾经经历过的和将来某一天将要经历的一切变化。依我看来，每一个个体实体都包含着曾经发生在它身上的一切的痕迹，也包含着将来会

[63]

【46】

发生在它身上的一切的征兆。而我上述所说的或许已足以说明我的论证思路。

现在，阿尔诺先生宣称，如果把一个人的个体概念与上帝决定创造他时关于他所拥有的知识联系起来，那么我对这个概念所言说的那些东西就是确定无疑的；他同样承认，我们不能把上帝创造亚当的意愿与祂对发生在他及其后代身上的一切的意愿分离开来。但现在他却问亚当与发生在他的后代身上的事件之间的联系依赖于还是独立于上帝的自由法令。"也就是说，"正如他解释的那样，"上帝早已知道将会发生在亚当及其后代身上的<u>一切</u>只是上帝借以安排好将发生在亚当及其后代身上的一切的那些自由法令的一个结果？还是说，亚当与上述事件之间存在着一种内在必然的联系，它独立于这些法令之外？"他毫不怀疑地认为我会选择后者，而且照他刚才所解释的那样，我确实不能选择前者，但在我看来，存在着某种中间道路。然而，他却证明了我必定选择后者，因为当我认为上帝在无限多的可能概念中选择了如此这般的亚当的概念时，我便认为亚当的个体概念是可能的。而可能的概念本身并不依赖于上帝的自由法令。

但在这里，我必须把自己的观点解释得更清楚一些；因此，我说亚当与人类事件之间的联系并不独立于上帝的所有自由法令，但也并不完全依赖于它们，就好像每一个事件的发生或被预见到都只是由于上帝就它所颁布的原初的特殊法令一样。因此，我认为，就像解释现象也只需要几个假设一样，只有为数不多的几条原初自由法令，可以被称为宇宙的法则，支配着事物的序列，并且当与创造亚当的自由法令结合起来时，就会产生这种结果。我将在下文中更清楚地解释这一点。至于"可能的事物独立于上帝的法令"这一反对意见，倘若这些法令是现实的法令，那么我承认这一点（尽管笛卡尔派不同意这一点），但我坚持认为可能的个体概念包含着一些可能的自由法令。比如，如果这个世界仅仅是可能的，那么在这个世界上，包含某些可能的运动的某一形体之个体概念也将仅包含可能的运动法则（它们是上帝的自由法令）。因为既然有无限多的可能世界，也就有无限多的法则，有的适合于这一个世界，有的则适合于另一个世界，任一世界的每一个可能个体在其概念中都包含其世界的法则。

[65]

【47】

同样的道理也适用于上帝的奇迹或超常运作，而这些奇迹或超常运作仍然是普遍秩序的一部分，符合上帝的主要计划，因此包含在作为这些计划之结果的宇宙概念中，就像一栋建筑的观念源于建造者的目的或计划一样，这个世界的观念或概念源于上帝视为可能的这些计划。因为一切事物都必须由它的原因来解释，宇宙的原因便是上帝的目的。现在，在我看来，每个个体实体都根据某个视角表达着整个宇宙，因此也表达着这些奇迹。所有这一切都必须被认为与普遍秩序、上帝的计划、宇宙的序列、个体实体和奇迹相关，无论这些方面是在现实的状态下被加以考虑，还是在一个可能性的图式中被加以考虑。因为另一个可能的世界也会以它的方式拥有这一切，尽管上帝更青睐于祂为我们的世界所定的那些计划。

根据我刚才就上帝的计划和原初法则所说的那些话，我们还可以看出，这个宇宙有一个基本的或原初的概念，特定的事件都只是这一概念的结果，但自由和偶然性除外（确定性并不损害自由和偶然性，因为事件的确定性在一定程度上建立在自由行动之上）。这样一来，这个宇宙的每个个体实体都以其概念来表达它所进入的宇宙。不仅上帝决定创造这个亚当的假定，而且上帝决定创造任何其他个体实体的假定，都包含了对所有其他一切事物的决断，因为个体实体的本性是拥有这样一个完全的概念，即从中可以推演出它可能拥有的一切，甚至由于事物的联系而推演出整个宇宙。然而，如果我们想小心谨慎地往前推进，我们就必须说，并不是因为上帝决定去创造这个亚当，祂才决定了其他一切，而是因为祂对亚当做出的决断和祂对其他特殊 **2** 事物做出的决断都是祂对整个宇宙所做出的决断和规定着这个宇宙的主要概念的那些主要计划的结果，而这些决断在这个宇宙中建立了一种普遍的、不可违背的秩序，除了奇迹之外，一切都符合这种秩序，不过毫无疑问，奇迹也要符合上帝的主要计划，尽管它有可能并不总是遵守被称作自然法则的特殊原理。

我说过，所有人类事件都可以从中推演出来的那个假定不是"上帝创造了一个模糊的亚当"，而是"上帝创造了如此这般的一个亚当，即他在所有的情况下都是确定的，是从无限多的可能的亚当中挑选出来的"。这使阿尔诺先生有理由对我提

[67]
【48】

122

出这样的反对意见，即如果我们把亚当视为一个单一的自然物，我们就不可能设想出许多亚当，就像我们不可能设想出许多我一样。我同意他的反对意见，但在谈到许多亚当时，我并没有把亚当当作一个确定的个体。所以我必须解释一下我的观点。以下是我的理解。当我们考虑亚当的部分谓词，比如，他是第一个被放进乐园的人，上帝用他的形体的某一部分造了一个女人，以及在一个一般性的图式中设想出来的类似事物（也就是说，不提夏娃、伊甸园以及其他产生个体性的环境），并且这些谓词所归属的人被称作亚当时，这一切并不足以确定个体，因为可能存在着无限多的亚当，也就是说，存在着无限多的符合这一切的可能之人，他们彼此不同。事实上，我非但不反对阿尔诺先生对单一个体的这种复数性所持的反对意见，而且为了让人们更好地弄清楚这一点，即一个个体的本性必须是完全的和确定的，我自己还用到了它。我甚至完全相信并且总体上也坚持圣托马斯关于精神实体的教导，即不可能有两个完全相同的、只在号数上不同的个体。所以，当问题是要确定所有的人类事件是否都是从假定亚当开始时，我们不能设想一个模糊的亚当，也就是说，一个具有亚当某些属性的人；相反，我们必须赋予他这样一个概念，即它如此完全，以至于他所拥有的一切都可以从这个概念中推演出来。现在我们没有任何理由怀疑上帝能够形成这样一个关于他的概念，或者说祂发现这个概念在可能事物的王国中，也就是说，在祂的理智中完全形成。

【49】

[69]　　　我们由此还可以得知，如果亚当经历了其他事件，那他就不是我们的亚当，而是另一个亚当，因为没有什么能阻止我们说他是另一个亚当。因此，他是另一个亚当。在我们看来，如果把这块从热那亚运来的大理石放在那里，也会是完全一样的，因为我们的感官只能使我们从表面上进行判断，但实际上，由于事物之间的联系，整个宇宙及其各个部分都将完全不同，并且只要其中最微不足道的事情不是它所发生的，那么它从一开始就会是另一个宇宙。这并不是说诸事件是必然的，而是说在上帝选择了这个其概念包含有这一事物序列的可能宇宙之后，它们就是确定的了。我希望我接下来要说的甚至能得到阿尔诺先生的同意。不妨设一条直线 ABC，表示一段时间。并假设有某一个体实体，例如我，在那段时间里一直存在或持存。那么我们不妨先看看在时段 AB 持存的我，然后再看看在时段 BC 持存的我：既然我假定持续存在的是同一个体实体，或者说，在时段 AB 持存且当时在巴黎的是我，在时段 BC 持存且当时在德国的也是我，那么我们必定有理由说，我持续存在，或者说，曾经在巴黎的我目前在德国。因为如果没有这样一个理由，人们同样有权利说那是另一个人。诚然，我的内在经验使我相信这种同一性是后天的，但肯定还有另一种先天的同一性。然而，若非我之前的时间和状态下的属性与我之后的时间和状态下的属性都是同一主词的谓词，都在同一主词之中，我们不可能找到任何别的同一性。现在，说谓词在主词之中，除了指谓词的概念以某种方式包含在主词的概念中，还能

124

指什么呢？既然从我开始存在那刻起，人们就可以真正说这件或那件事会发生在我身上，那么他们就必须承认这些谓词从那时起就包含在这个主词或我的完全概念之中，而我的完全概念构成了所谓的我，它是我所有不同状态之间的联系的基础，并且上帝在永恒之中早就完全认识它了。说到这里，我相信所有的疑虑都应该不复存在了，因为当我说亚当的个体概念包含了将会发生在他身上的一切时，我所指的不过是所有哲学家在说谓词包含在一个真命题的主词之中时所想到的。诚然，这一如此显而易见的法则得出了似是而非的结论，但这是哲学家们的错，他们没有充分遵循最清楚的概念。 **【50】**

现在我相信，阿尔诺先生这样有洞察力且公正的人，即使仍然不能完全赞同我的主张（尽管我几乎敢说我已经得到了他的认同），也不会再觉得它那么奇怪了。我同意他明智而审慎的补充，即我们为了弄清楚应该如何判断事物的概念而求助于神的知识时必须小心谨慎。但我刚才所说的，若理解得当，就仍然适用，即使上帝只是在必要时被提及。因为，即使我们不说上帝在考虑祂决定创造的亚当时看到了他所有的事件，只要我们总能证明这个亚当一定有一个包含了其所有事件的完全的概念，也就足够了。因为亚当的所有谓词要么依赖于同一亚当的其他谓词，要么不依赖于它们，因此，撇开那些依赖于其他谓词的谓词，我们只需把所有的原初谓词加在一起，便可形成一个足以从中推演出将要发生在他身上的一切、使我们能够对这一切做出说明的完全的概念。很明显，上帝能够创造，甚至 [71]

有效地设想出这样一个足以说明属于亚当的一切现象的概念；而同样明显的是，它本身是可能的。诚然，若无必要，一个人不应该深入研究神的知识和意志，因为那是非常困难的。但我们仍然可以解释就我们的问题我们从中得到了什么，而不必陷入阿尔诺先生所提到的那些难题，比如，怎样理解上帝的单纯性与我们不得不在祂里面区分开来的东西相协调，怎样完满地解释上帝如何拥有祂本来无法拥有的知识，即直观的知识，因为如果未来的偶然事物不存在，上帝就不会有对它们的直观。实际上，上帝仍然有关于它们的单纯的知识，而当祂把自己的意志加于它们之上时，这种知识就会变成直观。所以这个难题也许可以归结为祂意志方面的难题，即上帝如何自由地意愿。毫无疑问，这超出了我们的理解范围，而要解决我们的问题，我们也没必要理解这一点。

【51】

至于我们设想上帝在众多可能事物中选择最好的事物的方式，阿尔诺先生不无正确地发现了其中的含混之处。不过，他似乎也承认，我们倾向于设想存在着无限多的可能的第一人，而每一个都拥有一个很长的人和事的序列，上帝从中选择了令祂满意的那一个以及他的那个序列。因此，这并不像他第一次看到的那么奇怪。诚然，阿尔诺先生曾声明，他更倾向于认为这些纯粹可能的实体只是幻想物。我不想就此与他展开争论，但我仍满怀期待地认为他会给予我我所需要的东西。我同意，纯粹的可能事物，除了在神的理智中有其实在性之外，没有任何其他别的实在性，从这一点可以看出，为了解释它们，阿尔

[73]

诺先生本人将不得不求助于神的知识，而他在前面似乎认为它们的实在性应该在它们自身之中寻找。纵然我也承认阿尔诺先生所深信的、我也并不否认的这一点，即除非通过在上帝已经创造的事物中被实际发现的观念，否则我们无法设想任何可能的事物，那也不会对我造成伤害。因为说到可能性，我觉得只要能够从它们中形成真命题就够了；例如，即使世界上没有完满的正方形，我们仍能想象得出它并不蕴含着矛盾。而如果有人想绝对地反对纯粹可能的事物，那么他就会摧毁偶然性；因为如果除了上帝实际创造出来的东西之外，没有什么是可能的，那么假使上帝决定要造什么，祂就必然要造什么了。

　　综上所述，我同意，为了判断一个个体实体的概念，最好参考"我"的概念，就像为了判断这些属性，必须参考球的种概念。尽管它们之间有很大的不同，因为"我"的概念和每一个其他个体实体的概念，比不完全的种概念，比如，球的概念，所包含的内容要更多，也更难以理解。我觉得"我"不只是一个思维实体；有必要分明地设想出"我"与所有其他心灵的区别，但我对它们只拥有混乱的经验。因此，虽然很容易就能判断直径的长度通常不包含在球的概念中，但要判断我计划进行的旅行是否包含在"我"的概念中却并不容易；否则，对我们来说，成为先知就像成为几何学家一样容易。我不确定自己是否会踏上旅途，但我却不是不确定的 [3]，不管我踏不踏上旅途，我永远都是我自己。这是一种成见，我们决不能把它与分明的知识或概念混为一谈。这些东西在我们看来是不

【52】

127

确定的，只是因为我们无法识别它们存在于我们实体中的前兆或迹象。同样的道理，如果有人告诉那些仅依靠感官的人，即使是最微小的运动也能传递到物质延伸到的地方，那么他们就会嘲笑这个人，因为仅凭经验无法证明这一点；但当他们仔细考虑运动和物质的本性时，他们就会确信这一点。在这里也是一样：当一个人依靠他对个体概念所拥有的混乱经验时，他无法注意到事件之间的这种联系，但是当他仔细考虑进入其中的一般而分明的概念，他就会发现〔那种联系〕。事实上，当我依靠我对每一个真命题所拥有的概念时，我会发现，每一个谓词，无论是必然的，还是偶然的，无论是过去的、现在的，还是将来的，都包含在主词的概念中，因此我也就不再觉得有什么问题了。

[75]

我甚至相信，这将为我们之间的和解开辟道路，因为我认为阿尔诺先生之所以不愿同意这一命题，只是因为他认为我所断言的这种联系是内在的，同时也是必然的，而我却认为它是内在的，但绝不是必然的，因为我已经充分解释了它是建立在自由的行动和法令之上的。我所想到的主词与谓词之间的联系就是最偶然的真理中的主词与谓词之间的联系。也就是说，在主词中总有一些东西可用来解释为什么这个谓词或事件属于它或为什么这个事件发生了而不是没有发生。但是，偶然真理的这些理由只使我们有倾向，没有强迫我们。因此，我确实有可能无法参加这次旅行，但我肯定会参加这次旅行。这个谓词或事件与我其他的未完全被设想出或在一般性的图式中被设想出

128

的谓词没有确定的联系；但它却与我的完全的个体概念有着确 【53】
定的联系，因为我假定这个概念是被明确地设计出来的，这样
人们就可以从它推演出发生在我身上的而且毫无疑问也会出现
在事物一边的一切，而这就是"我"的概念，它把我置于不同
的状态之下，因为只有这个概念才能包含所有状态。

我对阿尔诺先生非常尊重，对他的判断也非常赞赏，以至
于当我看到他对我的观点或至少我的表述提出批评时，我很自
然地就对它们产生了怀疑。所以说，我仔细研究了他所提出的
困难，并且试着诚实地去面对这些困难，但在我看来，我并不
觉得自己现在完全偏离了这些观点。

这个主张非常重要，应该被很好地确立下来，因为我们由
此可推知，每个灵魂都像一个与众不同的世界，独立于除上
帝之外的任何其他事物；它不仅不朽，也可以说不受动，而且
它在其实体中保留了发生在它身上的一切的痕迹。我们由此还
可以推知，实体间的交流，尤其是灵魂与形体的结合，究竟指
的是什么。这种交流不会根据关于"一个实体对另一个实体有
物理影响"的一般假设来进行，因为实体的每一个当前状态都
是自发地发生的，只是它先前状态的结果。它也不会根据偶因 [77]
假说来进行，因为那样的话，就好像上帝除了保存序列中的每
一种实体之外，在通常情况下也参与到这种交流中，就好像上
帝在形体发生变化时激起了灵魂中的思想，改变了它原本的进
程。其实，这种交流是根据在我看来可证明的共存假说来进行
的。也就是说，每个实体都根据它所固有的视角或关系来表达

129

整个宇宙的序列，因此它们恰好完全一致，而当我们说一个实体作用于另一个实体时，所发生的情况其实是受动的那个实体的分明表达根据其概念所包含的思想序列减弱了，而主动的那个实体的分明表达根据其概念所包含的思想序列增强了。因为虽然每一个实体都表达着一切，但在实际中，我们完全可以根据其关系只把最清楚的表达归因于它。

最后，我相信，说到这里，寄给阿尔诺先生的那个摘要中所包含的诸命题就会不仅看起来比起初所认为的更容易理解，而且也有可能比起初所认为的更可靠、更重要。

11. 莱布尼茨致恩斯特 [1] A 10; F 9; LA 12

[汉诺威，1686 年 7 月 14 日]

　　我恳求殿下您亲自问一下阿尔诺先生，他是否真的认为这　　**【40】**
是一种很糟糕的说法，即每一个事物（无论是种、个体，还是
人）都有一个完满的概念，这个概念包含了关于这个事物可以
真实言说的一切，而完满地设想了一切的上帝正是根据这个概
念设想了这个事物，阿尔诺先生是否真的认为持这种观点的人
是不能被天主教所容忍的，即使这个人由衷地否认所谓的宿命
论的结果。殿下您可以问一下，这是不是不符合阿尔诺先生之
前写的，即一个人不会因为这些观点而受到教会的责备；以及
如此轻易地谴责各种与信仰毫无共同之处的观点，这是不是在
以一种毫无意义和不合时宜的严苛来拒绝人们。

　　难道我们能否认每个事物（无论是属、种，还是个体）都　　**【41】**
有一个完全的概念，也就是，一个蕴含或包含了关于这个事物
可以言说的一切的概念——完满地设想了一切的上帝正是根据
这个概念设想了它？难道我们能否认上帝可以形成这样一个亚
当或亚历山大的个体概念，即它包含了这个主体的所有属性、
情状、偶性以及一般意义上的所有谓词？此外，如果圣托马斯　　[79]
能够坚持认为，每一个精神实体在种上都是彼此不同的，那么
在不是从物理上，而是从形而上学或数学上来理解种的情况
下，说每个人在种上都彼此不同，并把个体设想为终极的种，

又有什么害处呢？因为在物理学中，当一个事物产生了类似的事物时，我们就会说它们是同一个种。但在形而上学或几何学中，当事物之间存在着一种差别，而这种差别有一个本身可解释的概念，就像两个椭圆，其中一个椭圆的长轴与短轴之比是二比一，另一个椭圆的长轴与短轴之比则是三比一时，我们就可以说它们在种上彼此不同。但如果两个椭圆在长轴与短轴的比例上没有差别，也没有任何本身可解释的区别，而只是在大小上对比起来有区别，那么它们就没有种的差别。因此，我们知道完全的存在物之间不能仅仅在大小上有所不同。

12. 莱布尼茨致阿尔诺 [1] A 12; F 11

[汉诺威，1686 年 7 月 14 日]

先生： 【54】

我素来敬重您的崇高品德，以至于即使在我认为自己受到您的责备时，我也下定决心，不发表任何不能证明我对您的崇高敬意和尊重的言论。既然您慷慨地用浓厚的兴趣来回报我，或者更确切地说，宽宏大量地以我无限珍视的好东西——那便 【55】 是相信您对我有好感而得到的满足——来回报我，那么我接下来该怎么做？如果我不得不用强烈的言辞来为自己辩护，反对我在您看来所持有的观点，那是因为我非常不赞成这些观点，而且由于您的赞许对我很重要，所以当我看到您把它们归咎于我时，我就更加沮丧了。

我希望能够证明我的观点是正确的，也能够证明它们是无罪的，但既然这不是绝对必要的，而且错误本身既不冒犯虔诚，也不冒犯友谊，所以我不会在这一点上耗费同样的精力来为自己辩护。即使我在随函附上的信件中回复了您那封友善的来信（您在信中非常清楚地指出了我的答复仍未能令您满意），但这不是要求您重新花时间审视我的推理（不难猜测您有更重要的事情要做，而这些抽象的问题需要闲暇的时间）。而是如果您希望有一天用它们来消遣一下，那么您至少可以有得用。而如果我不是很久以前就学会了把公共事业（您有兴趣将时间 [81]

133

花在这一方面）置于个人利益（这无疑不是一件小事）之上，那么我会希望这样做能够给我带来好处。我已经对您的信进行了检验，我清楚地知道，世上没人能比您更深入地洞悉事物的本质，也没人能比您更好地阐明一个隐秘的主题。说到您给我带来的满足，我难以言表。而既然您已经非常清楚地注意到我的答复在哪些方面仍不能使您满意，我想，如果我继续解释一下，您是不会不高兴的。

【56】 　　但我看到，为了引导您进入我的构想，我需要在一个更高的地方站稳脚跟，从真理的第一原则或要素开始。我也明白，每一个**真命题**要么是直接的，要么是间接的。**直接的**就是那本身为真的命题，也就是，当谓词明确包含在主词中时，我称这种真理为同一性真理。所有其他的命题都是**间接的**，也就是，当谓词实际上以这样一种方式——即通过对主词的分析或对谓词和主词的分析，命题最终可以化为同一性真理——包含在主词中时。这就是亚里士多德及其学派在说"谓词在主词之中"时所想到的。这也是公理"任何事物都有其存在的原因"，或更确切地说，"任何事物都有其存在的理由"所指的意思。这就是说，一切真理，无论是关于权利的，还是关于事实的，都可以通过展示谓词和主词之间的联系来先天地证明，尽管通常只有上帝才能清楚地理解这种联系，尤其是在有限心灵只能通过经验来后天地理解的事实问题上。

　　我刚才所说的在我看来是真理的一般性质；否则，我就不知道真理是什么了。因为我们的经验是真理的标识，而不是真理的原因，真理必定具有某种一般性质，这种性质属于真理本身，与我们无关。现在我想不出比我刚才给出的解释更能说明这一点，或更符合人类的观点，甚至更符合我们所有哲学家的观点的了。但在我看来，人们对它的重要性并没有进行足够认真的思考，其影响比我们想象的要深远得多。既然每个非同一性真理都有其根据，或有其先天的证据，所以这必定不仅适用于永恒真理，也适用于事实真理：唯一的区别是，在永恒真理中，主词与谓词的联系是必然的，并且取决于本质的可能性或不可能性，或取决于上帝的理智，而在事实或存在的真理中，这种联系是偶然的，部分取决于上帝或其他理性受造物的意志。永恒真理可以用观念或词项的定义来证明；严格来说，偶然真理无法证明，但它们仍有其先天的证据，或有其根据，这些根据提供了关于为什么事情会变成这样而不是变成那样的确定知识。要阐明这些根据，我们最终必须求助于一个自由因的意志，主要是求助于上帝的法令，其中最普遍的是意愿去使祂的智慧和力量为受其影响的受造物所知的法令，它在我看来是所有存在或事实真理的原则。因为上帝从无限的可能事物中选择了最好的。这里包含了对自由与理性或确定性的调和。祂永远不会不选择最好的，因为祂有着至高无上的智慧；但既然相反的情况也是可能的，那祂就仍然会自由地选择，因为祂所选择的东西不是必然的，在其本质或概念上不蕴含着独立于上帝法令的存在；否则就会蕴含着矛盾。

〔83〕

【57】

因此，假定在事实命题中，谓词虽然根据一种有赖于上帝自由法令的联系而包含在主词中，但很明显，每个人或其他个体实体的概念都一劳永逸地蕴含着将要发生在它身上的一切，因为这个人可以被认为是主词，发生的事件可以被认为是谓词，而我们已经证明，一个真命题的每个谓词都包含在主词中，或者说，主词的概念必定包含着谓词的概念。我们由此还可以进一步推知，哲学家们通常所说的外在名称同样也可以从主词的概念中得到推证，但须凭常人所无法了解的所有事物的普遍联系来推证。因为人们不理解，比如，宇宙中的最小粒子的最小运动关系到整个宇宙，尽管按比例来说，这不太容易被知觉，因为大小只影响比例。最后，我们从这一伟大的原则还可以推知，每个个体实体，或每个完全的存在者，都像一个与众不同的世界，它本身蕴含着发生在每一个其他实体上的一切，但这不是由于一个实体对另一个实体的直接作用，而是由于事物的共存并凭借它自身的概念——上帝借此首先创造了它，并在它与所有其他受造物的完美关系下仍然不断地保持或制造它——而得以可能的。

在现实中，一个个体实体或一个完全存在者的概念不过是这样一个概念，它是如此完全，以至于足以允许从中推演出一切可归为同一主体的东西。这是不完全概念所缺乏的。因此，例如，"国王"便是一个不完全概念，它可以被归于某个主体，但那些用来描述这同一主体的东西却不能从中推演出来；因为，比如说，"征服者"就不能从"国王"中推导出来。但亚历山大大帝是一个完全概念，因为正是这个人的个体概念包含

[85]

【58】

了一切可归因于这个主体（即，归因于他）的东西，以及一切使他有别于其他个体的东西。我们由此还可以推知，每个个体都可以被设想为最底层的种（species plane infima），而且不可能有两个彼此完全相似或只在号数上不同的个体。圣托马斯就认为这种说法适用于精神实体；而就我来说，我觉得这种说法必然适用于所有个体实体。但我们要理解"种差"，就不能按照"种差"这一概念通常的用法（按照通常的用法，说两个人在种上有差异是荒谬的），而是要按照数学家的用法，对他们来说，两个不相似的三角形或椭圆在种上有差异。现在，尽管我同意完全相似会出现在不完全概念中，例如，我们可以设想出两个完全相似的图形，但我仍然坚持认为，这在实体中是找不到的，而且我显然能从上述诸原则中推演出这一点。

但这些原则最值得注意的成果之一，是解释了实体之间如何进行交流，尤其是解释了灵魂如何知觉到发生在形体上的事情，以及相反，形体如何遵循灵魂的意志。笛卡尔满足于说，上帝意愿灵魂在形体的某些运动之后获得某种感觉，形体在灵魂的某些感觉之后获得某种运动，但他不愿对此进行解释；他的门徒求助于普遍因，认为上帝在灵魂中产生了适合于形体运动的感觉，而这是要求助于奇迹的。但这里是对它的解释，这种解释在我看来不是假设性的，而是可证明的。因为，既然一个个体实体包含了它所要发生的一切，那么由此可知，我们的后一个状态是我们的前一个状态的一个结果（尽管是偶然的），并且根据共存假说，它将总是与其他存在物的状态相一致。而

【59】

[87]

我们已经通过下述事实在前面对共存假说做了解释：作为这一切的原因的上帝根据彼此完全相关的决断来行动，因此既不需要求助于形体的物理作用（这是常见的物理因假说），也不需要求助于上帝那不同于祂遵照自己所制定的法则持续保持所有事物的行动的特殊行动（这是偶因假说），因为共存本身足以应付一切。

如果我对自身思想的喜好没有欺骗我，我认为很难再找到其他更有力的说法来以完全牢不可破的方式确立灵魂不朽了。因为除了上帝之外，没有任何东西作用于它，所以除了上帝之外没有任何东西能摧毁它。更重要的是，由此可知，灵魂永远保留着曾经发生在它身上的一切的痕迹，尽管它可能并不总是有机会回忆起它们。这些痕迹就像发生在灵魂中的其他一切一样绝对独立于形体，灵魂实际上就像宇宙的一面镜子，甚至是神的全能和全知的特殊表达。因为它表达着一切事物，虽然有的事物比另外的事物更分明；一切事物都与它的意志相适合，尽管有的事物比另外的事物表现出更少的失真。

但是，对于那些没有智慧或没有生气的个体实体，我们该怎么说呢？我承认，在这个问题上，就像在动物的灵魂问题上一样，我无法使自己得到充分的满足。这些都是难以解决的事实问题。不管怎样，如果形体是实体，那么它们内部必然有某种与灵魂相对应的东西，哲学家们不无恰当地想将其称作实体形式。因为根据我刚才所提供的的概念，广延及其样态不能构成实体，而如果那就是形体的全部，那么我们可以证明，它们不是实体，而是像彩虹一样的真正的现象。因此，如果形体是实体，那么无论笛卡尔派的先生们怎么说，实体形式都必须被恢复。诚然，我们将不得不承认进入一般物理现象的形式不会改变现象中的任何东西，我们总是能够不求助于形式，就像不求助于上帝或其他一般原因，来解释现象，因为我们必须在特定情况下将其归结为特定的理由，也就是，归结为上帝所确立的数学法则或机械法则的应用。

既然形体的隐德莱希或活动与受动原则，即所谓的形式，缺乏记忆或意识，那么它就不会具有使同一个人在道德上能够受惩罚和得奖赏的东西，这种东西是留给拥有非常大特权的理性的理智灵魂的。我们可以说，理智实体或人表达的是上帝而不是宇宙，形体则表达的是宇宙而不是上帝。因为上帝本身就是一个理智实体，不同于与其他实体的交流，祂以一种更特殊的方式与人交流，并与人形成了一个社会，即一个由祂担任君主的宇宙共和国。这个共和国是最完满的，也是最幸福的。因为它是上帝旨意的杰作，我们可以这么说，创造所有其他受造物主要就是为了彰显上帝藉以向世人显明自身的那无上荣光的绚烂辉煌。

【60】

[89]

13. 莱布尼茨致阿尔诺 **1** A 13; F 11; LA 11

汉诺威，1686 年 7 月 14 日

【61】　　　　　　　　　　1686 年 7 月 4 日至 14 日，于汉诺威

先生：

　　我素来敬重您的崇高品德，以至于即使在我认为自己受到您的责备时，我也下定决心，不发表任何不能证明我对您的崇高敬意和尊重的言论。既然您慷慨地用浓厚的兴趣来回报我，或者更确切地说，宽宏大量地以我无限珍视的好东西——那便是相信您对我有好感而得到的满足——来回报我，那么我接下来该怎么做？如果我不得不用强烈的言辞来为自己辩护，反对我在你看来所持有的观点，那是因为我非常不赞成这些观点，而且由于你的赞许对我很重要，所以当我看到您把它们归咎于我时，我就更加沮丧了。我希望能够证明我的观点是正确的，也能够证明它们是无罪的，但既然这不是绝对必要的，而且错误本身既不冒犯虔诚，也不冒犯友谊，所以我不会在这一点上耗费同样的精力来为自己辩护。即使我在**随函附上的信件**

【62】中回复了您那封友善的来信（您在信中非常清楚地以非常有启发性的方式指出了我的答复仍未令您满意），但这不是要求您重新花时间审视我的推理（不难猜测您有更重要的事情要做，而这些抽象的问题需要闲暇的时间）。而是如果由于这些抽象的概念可以得出令人惊奇的结果，您希望有一天用它们来消遣

一下，那么您至少可以有得用。我希望这样做能够给我带来好处，也希望借此澄清我的**摘要**中所包含的一些重要真理，而您对这些真理的认可或至少承认它们是无罪的，对我来说至关重要。所以，正如我所说，如果我不是很久以前就学会了把公共事业（您尤其有兴趣将时间花在这一方面）置于个人利益（这无疑不是一件小事）之上，那么我会希望这样做能让我学会这一点。我已经对您的信进行了检验，我清楚地知道，**世上没人能比您更深入地洞悉事物的本质，也没人能比您更好地阐明一个隐秘的主题。** [91]

先生，谈到当我只是请求您给予我善意时，您竟愿意给予我公正的对待，我不知该说什么。这让我局促不安，而我说这些话只是想告诉您，我完全意识到了这种慷慨，它给了我很大的启迪，尤其是因为它很少见，在第一流的人物那里就更少见了，他们的声誉通常不仅使他们免受他人的评判，甚至使他们也免受自己的评判。我更应该请求您的原谅，但看上去您早已原谅我了，我会尽我所能去感谢您的善行，证明自己配得上其 **【63】** 结果，并且永远维护您的友情的荣耀，因为这种友情能引导人按照这样一种基督教的崇高的情感行事，所以它就更加珍贵了。

先生，我不能不借此机会告诉您我自从有幸见到您以来的一些沉思。其中，我对法理学进行了大量的反思，而在我看来，为了制定一部定义清楚的法典（这是我们德国非常缺乏的，甚至也是法国非常缺乏的），也为了建立一套良好的简易的法律程序，我们可以引入一些坚实而有用的东西。仅像那些编纂《路易法典》的人那样严格规定条款、指定日期以及其他条件是不够的；因为让经常由于诉讼程序性细节而败诉的诉讼案件得公正只是一种司法补救措施，它与经常切断胳膊和腿的手术补救措施类似。据说那位国王正在进行针对法律欺诈的改革，我相信这将产生一些重要的结果。

我也对矿井的问题很好奇，因为在我们国家有很多矿井，而我也经常奉君主之命到那里走访；我认为，我不是对金属的形成，而是对它们被发现时的形态的形成，以及与之结合在一起的某些物体的形成有了一些发现，比如，我可以说明板岩是如何形成的。

除此之外，我还收集了一些与布伦瑞克家族史相关的实录【64】 和爵位，不久前我读到了《亨利二世的公文》（*Diploma Henrici II. Imperatoris De libertate ac defensione Ecclesiae Hildesheimensis*），我在那里惊奇地发现了这样一句话："为了他的妻子和王室后代的安全"；这似乎与那种让我们以为他与他的妻子圣妇顾乃宫一直都保持童贞的普通看法完全相反。

此外，我还经常用几何学领域抽象的、形而上的思想来自[93] 娱自乐。我发现了一种计算切线的新方法，我已经把它发表在了莱比锡的杂志上。**2** 先生，您是知道的，**许德**先生，然后是**斯卢修斯**先生，已经把这个问题推得很远了。但他们的方法有两个缺陷。它的第一个缺陷是，当未知数或不确定数与分数或无理数纠缠在一起时，我们必须使其摆脱分数或无理数，以便

使用他们的方法，但这却使得计算变得十分不便，而且常常很
棘手，计算过程也相当冗长。而分数或无理数不会给我的方法
带来任何问题。这就是英国人对它高度重视的原因。它的第二
个缺陷则是，它无法运用于笛卡尔先生所说的"机械的"线条
上，也就是我所说的"超越的"线条上，而我的方法同样适用
于它们；而且我可以通过微积分给出摆线或其他类似线条的切
线。我通常也坚持认为，我可以给出把这些线条简化成微积分
的方法；而且我认为，无论笛卡尔先生怎么说，它们都必须被
几何学所接受。我的理由是，有些解析问题与任何次幂都没有
关系，或者说次幂本身也正被讨论，例如，从一条直线到另一
条直线以不可通约的比例去分割一个角。这个问题既不是一个
平面问题，也不是一个立体问题，更不是一个超立体问题。尽
管如此，这仍然是一个问题，所以我称之为超越的问题。下述
的例子也是这个问题：求解像"$x^x+x=30$"这样的方程，其中
未知数"x"本身也出现在了指数中，也就是说，方程的次幂
本身也需要求解。在这里，我们很容易就发现这个"x"可能
表示 3。因为 3^3+3 或 27+3 等于 30。但这类方程解起来却并不
总是这么容易，尤其是当指数不是有理数时；因此，我们必须
借助于它特有的线条或轨迹，因此，这些线条或轨迹必须被几
何学所接受。现在我证明了笛卡尔希望从几何学中排除的那些
线依赖于这样一些方程，即它们确实超越了所有次幂的代数方
程，但却既未超出解析的范围，也未超出几何的范围。因此，
我把笛卡尔先生所接受的线称作"代数的"线条，因为它们是

【65】

有一定次幂的代数方程；我把其他的线称作"超越的"线条，我把它们简化成了微积分，并通过点或运动展示了它们的作图；可以这样说，我认为我通过这种方式将解析推到了世界的尽头。

至于形而上学，我在其中发现几何论证只能以两个原初真理为前提，首先是矛盾原则，否则，若两个相互矛盾的命题同时成立，那么所有的推理就会都变得毫无意义；其次是任何事物都有其存在的理由，或每个真理都有一个从词项的概念中推演出来的先天的证据：虽然我们可能并不总是有能力进行这种分析。我把所有的机械学命题都归结为了一个单一的形而上学命题；关于因果关系，我得出了一些重要的几何形式的命题；同样，关于相似，我也给出了一个定义，通过这个定义，我很容易就能证明**欧几里得**间接给出的许多真理。

[95]

【66】

最后，我不赞成那些在最终找不到证据时总是诉诸他们的观念并滥用"每一个清楚分明的概念都是有效的"这一原则的人的做法。因为我坚持认为，我们必须拥有关于分明的知识的标准。正如当我们使用那些我们误以为自己知道其意义并用不可能的幻想物构造出来的**符号**（而不是相关观念）时，我们常常在没有观念的情况下进行思想，我认为，**真观念的标志**是我们可以通过设想它的原因或理由而先天地证明它是可能的，或者当经验使我们了解到它确实存在于自然之中时而后天地证明它是可能的。正因为如此，当我们知道被定义的东西是可能的时，**定义**对我来说就是实在的；否则它们就只是**名义上的**，我们不应该依赖它们。因为如果被定义的东西碰巧蕴含着一个矛盾，那么我们就有可能从一个定义中推演出两个相互矛盾的命题。

因此，先生，您有完全正当的理由去告诉马勒伯朗士神父和其他人说，我们必须区分真观念和假观念，不能以有清楚分明的概念为借口而过分沉溺于想象；据我所知，没有人能比您更好地审视各种思想，尤其是那些其影响延伸到神学的思想，很少有人拥有为此所必需的普遍的洞察力和智慧，我祈求上帝一直保佑您，不要过早地夺走我们无法轻易得到的援助之手。

您最谦卑也最顺从的仆人，由衷热爱您的莱布尼茨。

14. 莱布尼茨致阿尔诺 [1] A 14; F 12; LA 10

汉诺威，1686 年 7 月 14 日

【68】 1686 年 7 月 4 日至 14 日，于汉诺威

先生：

因为我非常尊重您的看法，所以我很高兴看到您在看过我对那个我认为很重要、但在您看来很奇怪的命题的解释之后不再那么严厉指责我了。而这个命题就是："每个人的个体概念一劳永逸地蕴含着将发生在他身上的一切。"最初，你从中得

[97] 出了这样的结论，即只要假定上帝决定创造亚当，那么发生在亚当及其后代身上的其他一切人类事件都会以一种宿命的必然性随之而来，而上帝也不再有处置他们的自由，就像祂决定创造我之后，就无法克制自己不去创造一个具有思维能力的自然物一样。

对此，我回答说，由于上帝关于整个宇宙的诸计划遵照祂

【69】 至高无上的智慧而彼此联系在一起，所以祂对亚当做出了决断，就不会不对一切与他联系在一起的事物也做出了决断。因此，并不是因为对亚当做出了决断，而是因为祂同时对其他一切事物做出了决断（其中上帝对亚当所做出的决断包含着一种完满的关系），上帝才对所有人类事件做出了决断。在我看来，在这一点上，并没有什么宿命的必然性，也没有什么与上帝的自由相抵触的东西，就像在普遍承认的、与执行其所决定的事

情的上帝自身有关的假设的必然性中也没有这样的东西一样。

先生，在您的答复中，您赞成我所提出的与神的诸决断有关的这一点，您甚至诚恳地承认您起初是在完全不同的意义上来理解我的命题的，这是您的原话："我们并不习惯于根据一个球在神的理智中的表象，而是根据它就其自身而言之所是来考虑它的种概念"，而且你认为，"这就是每个人或每个事物的个体概念的情况"（就我而言，我认为，完整而全面的概念在神的理智中的表象，就是它本身之所是）。**L1** 不过，您说您只要知道这是我的观点就足够了，这样您就能遵循它，并考察一下它是否能消除您前面提到的疑惑。因此，您似乎承认，以这种方式来解释，我关于神的理智中的完整概念的立场不仅是无罪的，甚至无疑是正确的。因为这是您的原话："我同意这一点，即当上帝决定创造亚当时，祂关于亚当的知识蕴含着已经发生在他身上的一切，也蕴含着已经发生和将来发生在他的后代身上的一切；如果从这个意义上理解亚当的个体概念，那么您的看法无疑是正确的。"我们很快就会看到您在这里仍然觉得疑惑的究竟是什么。但我想谈一谈在这一点上产生的种概念与个体实体概念的差异的根据，它与上帝的意志有关，而不是

【70】

[99]

L1 莱布尼茨在 L 版中插入了这样一句话，但在 C 版中又把它划掉了：我把包含事物的所有谓词的概念称作完整的概念，把包含所言说事物的主词的所有谓词的概念称作完全的概念。莱布尼茨在 L 版中加了一个旁注，在 C 版中把它保留了下来，用中括号括了起来：[一个完整的概念包含事物的所有谓词，如，热；一个完全的概念则包含 [所言说事物的] 主词的所有谓词，如，热火。就个体实体而言，它们是一致的。]

与单纯的理智有关。那根据便是，最抽象的种概念只包含不依赖于神的法令（无论笛卡尔派就此可能怎么说，您本人在这一点上似乎并不关心）的必然真理或永恒真理，而个体实体概念则是完全的，是能够区分它们的主体的，并因此包含着偶然真理或事实真理，以及由时间、地点和其他东西所构成的个别环境，它们的概念（被视为可能的）必定还包含着上帝的自由法令（同样被视作可能的），因为这些自由法令是存在或事实的主要来源，而本质在神的意志被考虑之前就在神的理智中了。

这将帮助我们更好地理解其他一切，并解决我的解释中似乎仍然存在的疑惑。因为先生您接着这样说道："但在我看来，就算是这样，这个问题也仍然没有解决（这也正是我的疑惑所在）：这些对象（我指的是亚当与将要发生在他身上和他后代身上的一切）之间的联系因其本身而独立于上帝所有的自由法令之外？还是说依赖于它们？也就是说，上帝早已知道将会发生在亚当及其后代身上的一切只是上帝借以安排好将发生在亚当及其后代身上的一切的那些自由法令的一个结果？还是说，亚当与已经发生和将要发生在他及其后代身上的事情之间存在着一种内在必然的联系，它独立于这些法令之外？"在您看来，我会选择后者，因为我曾说过："上帝在可能事物中找到了一个可能的亚当，他伴有如此这般个别环境，并且除了其他谓词之外，他还有这样一个谓词，即过一段时间之后他会有如此这般的一个后代。"现在您觉得我会同意这样的观点，即在上帝一切自由法令之前，一切可能的事物都是可能的。因此，假如

根据后者来解释我的观点，您就会断定，它有着不可克服的困 **【72】**
难："因为存在着，"正如您有充分理由指出的那样，"无穷无
尽的人类事件，这些事件，比如，犹太教和基督教，尤其是，
神的道成肉身，都是通过上帝的特殊命令而发生的。我不知道
为什么有人会说这一切"（它们都是凭上帝的自由法令而发生
的）"都包含在可能的亚当——在拥有他在这个概念下被设想 [101]
为拥有的一切之前，他被认为是可能的，独立于神的法令之
外——的个体概念之中。"

先生，我想仔细地说明您的疑惑，我希望这样做能使您完
全满意。它肯定是可以解决的，因为不可否认，亚当确实有一
个完整的概念，这个概念拥有他的所有谓词，并且被认为是可
能的，而正如您似乎也同意的那样，上帝在决定创造他之前就
知道［这个概念］，否则祂就会在认识不充分之前便做出决断。
因此，我认为，您所提出的双重解释的困境实则可以通过某种
折衷立场来解决，并且我所设想的亚当与人类事件之间的联系
是**内在的**，但并不是独立于上帝的自由法令而**必然的**，因为上
帝那被视为可能的自由法令进入了可能的亚当的概念——这些
法令一经变成现实的，它们也就变成了现实的亚当的原因。我
反对笛卡尔派的观点，赞成您的观点，即在上帝的现实法令之
前，一切可能的事物都是可能的，但以同样的法令被认为是可 **【73】**
能的为前提：因为个体的可能性或偶然真理的可能性，在它们
的概念中，蕴含着它们的原因——即上帝的自由法令——的可
能性，而这些可能性不同于种的永恒真理或可能性，因为正如

我上述解释的那样，后者仅依赖于上帝的理智，不以祂的意志为前提。

说到这里可能已经差不多了，但为了让您更好地理解我的观点，我还要补充几句：我根据上帝可能制定的不同计划可以设想出无限多可能的创造世界的方式，并且每个可能的世界都依赖于上帝的某些与之相适应的主要计划或目的，也就是说，依赖于某些原初的自由法令（在可能性的图式中被设想出来的）或可能宇宙的普遍秩序的法则，这些法则适用于该宇宙，并决定了它的概念以及将要进入该宇宙的所有个体实体的概念——一切事物，甚至奇迹，都存在于**秩序**之中，尽管这些奇迹违背了某些从属原理或自然法则。所以，假设上帝决定选择亚当，那么所有人类事件就不可能不像它们实际上发生的那样发生，但这不是因为亚当的个体概念，尽管这个概念蕴含着它们，而是因为上帝的计划，这些计划也进入了这一亚当的个体概念，并决定了这整个宇宙的概念，进而决定了亚当的概念以及这个宇宙中所有其他个体实体的概念——每一个个体实体都根据某种关系，通过万物之间存在的联系（因为上帝诸决断或计划之间有联系），表达着 [^2] 它作为其中一部分的整个宇宙。

[103]
【74】

先生，我发现您还提出了另一个反对意见，它不像我刚才所解决的那个反对意见一样，不是从显然与自由相悖的结论中得出的，而是从事物本身中得出的，从我们对个体实体所拥有的观念中得出的。因为既然我拥有关于一个个体实体的观念，也就是，关于"我"的观念，那么在您看来，要想就一个个体概念说些什么，我们就必须在关于"我"的观念中寻找，而不是按照上帝设想个体的方式。正如要判断球的直径的英尺数是否不是由球的概念决定的，我们只需考察一下球的种概念，所以您说，我在我关于"我自己"所拥有的个体概念中清楚地发现，不管我是否进行我所计划的旅行，我都将是我自己。

为了明确地回应这一点，我赞成这种说法，即这种联系虽然是确定的，但不是必然的，并且我可以自由地选择进行还是不进行这次旅行。因为虽然"我会进行这次旅行"可能包含在我的概念中，但"我会自由地选择进行还是不进行这次旅行"也包含在我的概念中。从"我"的一切能在一般性的图式中被设想出来的东西中，从本质中，从种概念或不完全的概念中，我们都无法推出，我会进行这次旅行，**但从我是一个人这一事实中，我们可以推出，我有思维的能力**，因此如果我不进行这次旅行，这不会与任何永恒真理或必然真理相冲突。不过，既然"我会进行这次旅行"是确定的，那么作为主词的"我"和作为谓词的"进行这次旅行"之间肯定会有某种联系（因为谓词的概念总是包含在真命题的主词中）。因此，如果我没有进行这次旅行，就会有一个谬误，它会破坏我的个体概念或完全概念，或上帝对我的设想，甚至破坏上帝在决定创造我之前对我的设想：因为在可能性的图式中，这个概念包含着存在或事实的真理，或者说包含着这些事实所依赖的上帝的法令。但不用走这么远，如果确定 A 是 B，那么不是 B 的东西也就不是 A。因此，如果 A 表示"我"，而 B 表示"会进行这次旅行"，

【75】

那么我们便可以得出这样的结论，即不会进行这次旅行的人不是我；而我们完全可以从我未来旅行的确定性中推导出这个结论，而无需将其归因于所讨论的命题。

我也赞成这种说法，即要判断一个个体实体的概念，我们最好考察一下我关于"我自己"所拥有的概念，正如要判断一个球的性质，我们必须考察一下它的种概念，尽管它们之间有 **[105]** 很大的区别。因为具体的"我"的概念，以及任何其他个体实体的概念，比像球的概念那样的种概念所包含的内容要更多，也更难以理解，球的概念只是不完全的概念，并不包含得到某个球所必需的一切条件。我觉得"我"不只是一个能思的实体。有必要分明地设想出"我"与所有其他心灵的区别，但我对它们只拥有混乱的经验。因此，虽然很容易判断直径的英尺数不包含在一般的球的概念中，但却很难确定地判断（尽管我们可以大概地判断）我计划进行的旅行是否包含在"我"的概念中。否则，成为一名先知就像成为一位几何学家一样容易。然而，正如经验无法使我认识到形体中无限的不可感知的东西，但对形体和运动的性质的一般性考虑却可以使我确信这些东西存 **【76】** 在，同样，尽管经验无法使我感觉到概念中所包含的一切，但通过对个体概念的一般性考虑，我却可以大致认识到属于我的一切都包含在"我"的概念中。

毫无疑问，既然上帝能够形成这种完全概念，并且事实上也确实形成了这种概念，而人们可以由此对发生在我身上的一切现象给出一个说明，因此它是可能的；它就是我称之为"我"

的那个东西的真正完全的概念，我的所有谓词都藉由它而发生在作为主词的"我"身上。因此，除非需要证明我的依赖性，否则这个概念也可以在不提及上帝的情况下得到证明。但是，如果我们所讨论的概念就源于神的知识，那么这个真理就更有说服力了。我承认，在神的知识中有许多我们无法理解的东西，但在我看来，为了解决我们的问题，没必要探讨它们。此外，如果就某个人来说，甚至就这个宇宙来说，有些事情不是它做的，那么就没有什么能阻止我们说，它将是上帝所选择的另一个人，或另一个可能的宇宙。它将因此真的是另一个。一定还有一个独立于我的经验的先天理由，使我们可以说，之前身处巴黎的是我，现在身处德国的还是我而不是其他人；因此"我"的概念必定将这些不同的状态联系在了一起，或包含了它们。否则，人们就可以说，这不是同一个人，尽管看上去是同一个人。事实上，有些哲学家由于没有充分认识到实体的本性和不可分的存在者或"由于自身的存在者"（estres per se）的本性，所以他们一直认为没有任何东西保持真正同一；也正因为如此，我断定，如果形体中除了广延之外没有别的东西，那么形体就不会是实体。 [107]

先生，我认为，我现在已经解决了涉及主要命题的那些困 【77】
难。但由于您还就我所使用的一些附带的说法发表了有分量的评论，所以我接下来将试着向您解释一下我的这些说法。

我曾说过，所有人类事件可以从中被推演出来的那个假定不是上帝创造了一个模糊的亚当，而是上帝创造了一个在任何情况下都确定的、从无限多可能的亚当中选出的如此这般的亚当。您对此提出了两点值得考虑的评论，一是您反对亚当的复数性，二是您反对单纯可能的实体的实在性。

至于第一点，您有充分的理由说，如果把亚当视为一个单一的自然物，我们就不可能设想出许多可能的亚当，就像我们不可能设想出许多"我"一样。我同意您的这一说法。但话又说回来，在谈到许多亚当时，我并没有把亚当看作一个确定的个体，而是把他看作在一般性的图式中被设想出来的某个人，在对我们来说似乎可以把亚当确定为一个个体，但实际上却并不足以把他确定为一个个体的情况下设想出来的某个人，正如当亚当在我们这里指的是第一个被放进乐园、后因罪而离开的人，而上帝用他的形体的某一部分造了一个女人（这时我们不必将其命名为夏娃或天堂，把他们视为确定的个体，否则这将不再属于一般性的图式）时，所有这些并不能充分把亚当确定为一个个体，并且按照这个逻辑，将会有许多分离的可能的亚当，将会有许多个体，而每一个个体都符合这一情况。任何有限数量的谓词事实上都无法决定一个事物所拥有的所有其他谓词。相反，决定某个亚当的东西必须绝对地包含他所有的谓词；而正是这种完全的概念决定了关于个体的一般性的图式。进而言之，我完全不赞成同一个体具有复数性，以致我甚至完全相信圣托马斯关于精神实体的教导，即"不可能有两个完全相似的个体，或两个只在号数上有区别的个体"，我认为这一教导具有普遍适用性。

【78】

154

　　至于"纯粹可能的实体，也就是，上帝永远不会创造的实体"的实在性，先生，您说您强烈地倾向于认为它们是幻想物；如果您的意思是，如我相信的那样，除了它们在神的理智和上帝的活动能力中所拥有的实在性之外，没有其他别的实在性，那么我对此并不反对。但是，先生，您从这里可以看出，为了充分解释它们，我们不得不求助于神的知识和能力。我还发现您接下来的话很有说服力，"纯粹可能的实体都是在我们　　　[109]关于上帝创造的那些事物中的这一个或那一个事物的观念下"（或者说，通过这一个或那一个事物所包含的观念）"被设想出来的"。您还说道："我们以为，上帝在意愿创造之前，设想了无限多的可能事物，祂从中选择了一些事物并拒绝了其余的事物：许多可能的亚当（第一人），每一个可能的亚当又都有一系列与他有着内在联系的人和事。并且我们认为，所有这些其他事物与这些可能的亚当中的一个亚当（第一人）之间的联系，完全类似于我们所知道的那个被造的亚当与他所有后代的联系；这使我们认为，后者是上帝从所有可能的亚当中选择的那个亚当，祂并没有意愿其余的亚当。"先生，在此您似乎承认，当一个人稍微考虑一下这件事时，这些想法（我承认这都是我的想法，但前提是亚当的复数性及其可能性是根据我刚才给出的解释来理解的，并且所有这一切都是根据我们对我们归于上帝的诸思想或行动中的某种秩序的设想方式来理解的）就会很自然地进入心灵，甚至是无法回避的；也许只是因为您认　　【79】为它们无法与上帝的自由法令达成和解，您才不高兴的。任何

155

现实的东西都可以被设想为可能的，所以如果现实的亚当过一段时间之后会有如此这般的后代，那么我们无法否认这个被设想为可能的亚当也有同样的谓词，尤其是当您同意上帝在决定创造他时在他身上设想了所有这些谓词。所以，这些谓词属于他；而我不觉得您对可能事物的实在性的看法与之相悖。为了称某种事物是可能的，对我来说，即便它只存在于神的理智之中，也就是说，只存在于可能的实在物的王国之中，只要能形成一个关于它的概念就足够了。因此，在谈到可能事物时，我满足于我们可以形成关于它们的真命题，正如我可以断定，比如说，一个完满的正方形并不蕴含着矛盾，即使世界上没有完满的正方形。如果我们想完全拒绝纯粹的可能事物，我们就会破坏偶然性和自由。因为如果除了上帝实际上创造的事物之外便没有任何可能的事物，那上帝所创造的就都是必然的，而且如果上帝有意愿创造某种事物，祂便只能创造这种事物，而没有选择的自由。

在我给出了解释（为使您可以断定这些解释不是为了回避您的异议而捏造出来的托词，我往往会用一些理由来支撑这些解释）之后，所有这一切让我希望，当一切都说完了，您的想法不会像最初看起来那样与我的想法相去甚远。您赞成上帝的诸决断彼此联系在一起，您也承认我的主要命题就我在答复中给出的意义而言是确凿的。您只是怀疑我是否让亚当与人类事件之间的联系独立于上帝的自由法令；您有充分的理由为此感到困扰。但我已经指明，据我看来，这种联系依赖于这些法

[111]

令，它虽然是内在的，但不是必然的。您坚称，"如果我不进
行我打算进行的旅行，我就不是我了"这种说法是有缺陷的；
而我已经解释过为什么可以这样说，以及为什么不可以这样说
了。最后，我给出了一个决定性的理由，在我看来，它可以作
为一个证明；这个理由便是，在每一个真正的肯定命题，即无
论是必然的或偶然的、全称的还是单称的肯定命题中，谓词的
概念总是以某种方式包含在主词的概念之中，谓词总是在主
词之中；否则我不知道什么是真理。在这里，除了在事物这一
边，在一个真命题的词项之间所发现的联系之外，我不想去追
问任何进一步的联系；也正是在这个意义上，我才说个体实体
的概念蕴含着它的³ 所有事件以及它的所有名称，甚至那些通
常所谓的外在的名称⁴（即仅因为事物的一般联系和它以自身
方式表达整个宇宙而属于它的那些名称），因为**一个命题⁵ 的
诸词项之间的联系**必定始终**有某种基础，而这种基础必定存在
于它们的概念中**。这便是我的伟大原则，我认为所有哲学家都
必定同意这一原则，其推论之一是这样一条普遍公理，即如果
不是总能提供理由，以说明为什么事情以这种方式而不是其他
方式发生（即使这个理由只是使事物有倾向，而没有强迫事
物），那么任何事情都不会发生；绝对的无差别是一种荒诞的
或不完全的假定。可以看出，从刚才提到的如此显而易见的原
则中，我得出了令人惊讶的结论；不过，这样的结论之所以令
人惊讶，只是因为人们不习惯孜孜不倦地追求他们最清楚的
东西。

　　此外，作为整个讨论之诱因的这一命题是非常重要的，应该被牢固地确立下来。因为我们由这一命题可以推知：**每个个体实体都以它自身的方式，并且在某种关系下**，或者可以说，根据它观察宇宙的视角，完全地表达着宇宙；并且它的后一个状态是其前一个状态的结果（尽管是自由的和偶然的），就好像世界上只有上帝和它似的。**6** 因此，每个个体实体或完全的存在者就像一个与众不同的世界，独立于除上帝之外的其他一切事物。没有什么比这更能证明，我们的灵魂不仅是不可毁灭的，它甚至藉由独立于形体的、总是可以被唤起的潜在记忆，在其本性中始终保留着其所有先前状态的痕迹，因为它有意识，并且本身知道每个人称之为"我"的那个东西：这使得它即便在来世也可以有道德品质，能受惩罚，也能得奖赏。因为如果没有记忆，不朽将毫无用处。但这种独立性并不妨碍实体之间的交流。由于所有被造实体都是同一至高无上者按照同一计划持续不断地制造出来的，并且表达着同一个宇宙或同一个现象，所以它们之间完全一致，但这会使我们理所当然地认为，一个实体作用于另一个实体，因为其中一个比另一个能更分明地表达变化的原因或理由，这有点像我们理所当然地将运动归因于船只而不是整个大海，尽管从理论上讲，关于运动的另一种假设也有可能成立，因为不考虑原因的运动本身总是相对的。因此，在我看来，我们必须理解被造实体之间的交流，但不能**通过一种**永远都无法被分明地设想出来的**实在的物理影响或依赖**来理解。

【81】

[113]

　　正因为如此，当讨论的是灵魂与形体的结合，以及一个心灵对另一个受造物的作用或反作用时，许多人不得不承认它们之间直接的物理交流是不可想象的。不过，在我看来，**偶因假说**不会使哲学家满意。因为它引入了一种不间断的奇迹，就好像上帝在心灵思想时，每时每刻都在改变形体的法则，或者说，上帝在形体运动时，通过在灵魂中激起别的思想，每时每刻都在改变灵魂思想的正常进程，总之，就好像上帝通常不是 **【82】** 通过把每个实体保持在它的进程和为它制定的法则中，而是通过其他别的方式来参与其中。因此，只有**共存假说或实体之间彼此一致的假说**才能以一种可设想的、配得上上帝的方式来解释一切，而且根据我们刚才所提出的命题，实际上也只有这种假说在我看来是可证明的，是不可回避的。同样，在我看来，**与物理作用说**或**偶因说**相比，它更符合理性受造物的自由。上帝一开始便以"祂通常不需要这些变化"这样一种方式创造了灵魂，灵魂所发生的一切都来自它自身的深处，它不需要随后顺应形体，就像形体不需要随后顺应灵魂一样。每一个都遵循它自身的法则，其中一个自由地行动，而另一个没得选择，它们在同一现象中走在了一起。尽管如此，灵魂仍然是它的形体 **[115]** 的形式，因为它根据所有其他形体与它自身形体的关系表达着那些形体的现象。

　　人们对这一点可能会更加惊讶，即我否认一个有形实体对另一个有形实体产生直接的物理作用，尽管这种物理作用看起来很明显。但我们不仅必须考虑到其他人已经这样做过，而且还要考虑到这只能是想象力的产物，而不能是一个清楚分明的观念。如果形体是一个实体，而不是一个像彩虹那样的单纯现象，也不是一个像一堆石头那样由于偶性或通过聚集而结合在一起的存在者，那么它的本质就不可能在于广延，我们必须在它里面设想出某种叫做实体形式的东西，这种实体形式在一定意义上相当于那种叫做灵魂的东西。尽管我早些时候抛弃了这种东西，但我最后还是不由自主地相信了它的存在。然而，无论我多么赞同经院哲学家对形体的原则所作的这种一般性的解释，也可以说是，形而上的解释，在解释特殊现象时，我仍坚持微粒说，因为在这里肯定它们的质或形式相当于什么都没说。我们必须始终用数学和机械学来解释自然，但前提是我们知道机械学或力的原理本身，或它们的定律，不仅依赖于数学上的广延，也依赖于一些形而上的理由。

【83】

先生，说到这里，我相信，我之前寄给您的那份**摘要**中所包含的诸命题现在看来不仅会比您起初所认为的更容易理解，而且也有可能比起初所认为的更可靠、更重要。

在**摘要**的第 17 节中，我提到了力与运动量之间的区别，笛卡尔先生以及其他许多人都认为这两者是等价的，他们认为上帝总是保持相同的运动量，而力与速度和质量的乘积成正比；我发现这是错误的，先生您可以通过**所附的这篇小文章**[7]——莱比锡的先生们已经将其收录在了他们的《教师学报》中——来判断。这一观察在理论和实践上都很重要，即人们通常会发现，将同一物体的速度加倍可以带来四倍的效果，或将同一重量的事物提高到四倍的高度。因此，我们必须通过效果的量来衡量力；如果我们假定上帝已经将物体 A 通过下降到 D 所获得的力转移到了物体 B 上，那么根据这篇小文章及其附图 **L2** 中解释的作图，祂将赋予物体 B 从 F 上升到 E 的力。 [117]
但那样的话，运动的量就会加倍，因此在保持相同力的情况 【84】
下，上帝不会保持相同的运动量，而是会使其加倍。

　　这封信已经太长了，该结束了，但在此之前，我真诚地宣布，先生，我将永远为您的哪怕一点点善意的暗示而倍感荣耀，而且我将永远对您怀着炽烈的热情和崇高的敬意。您最谦卑也最顺从的仆人莱布尼茨。

L2　莱布尼茨指的是随信附上的《简论笛卡尔等关于一条自然规律的重大错误》中的这个图：

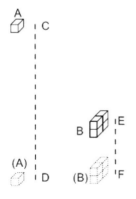

15. 莱布尼茨致恩斯特 [1]

[汉诺威，1686 年 8 月 12 日]

【404】 殿下大人：

我希望殿下您已收到我几星期前写的信，以及我为了寄回给您而亲自前往沃尔芬比特尔去寻找的阿尔诺先生的《致天主教徒书》第二部。我还冒昧地在那封信后添加了一封信以及其他一些作品，请您代为转交给阿尔诺先生。

【405】 不日我就能等到我的主人殿下和所有那些陪他到威尼斯的人出访归来。

现在一切都悬而未决，我们在等待围攻布达的结果。除非有大量的援助到来，否则这个地方必定被占领。我认为，让占领变得困难的主要因素是庞大的驻军。尽管您赞扬法国人攻城略地的本领，但我并没有看到他们占领过任何拥有大量驻军的 [119] 城池。战争刚开始的第一年，国王亲自率领的皇家军队在马斯特里赫特（Maastricht）附近经过，据说他曾召开会议商讨过是否应该攻击这个地方。但由于那个地方有 8000 多驻军，他们觉得向莱茵河畔的城池发起进攻更方便。

战争快结束时，法国人围攻赫罗纳（Gironne），但却徒劳无功，因为里面有 4000 驻军，与围攻的人数差不多。不过，我们必须老实承认，我们的人民在围攻的策略方面还是新手。虽然就英勇，以及所谓的野战而言，他们都是首屈一指的。但就围攻而言，我曾听到一些优秀的军官说，据他们所知，在发起进攻之前，布达并没有被侦查过。而那些埋设地雷或负责地雷的人的无知尤其可耻，特别是当一个地雷（前方不远处）装满 36 公担火药时，这一点就会变得很明显。因为这实在是多余，而且地雷前面有一块岩石，它只能向后施力，把碎片直接抛向我们的人。

我常听人说，必须经常埋些小地雷。只要布雷者不气馁，全身心地投入工作，不给敌人时间来发现地雷或清除它们的火药，我们的任何努力便都不会白费，我们肯定能向前推进。

我把这些东西写给殿下您看，有点无礼，因为您凭经验对这些东西有深刻的理解。但既然一切能使我们发笑的东西都是令人愉快的，那么这封信也许就在这方面是令人愉快的，因为它在其他方面是枯燥无味的。

我终于拿到了朱里厄先生的那本关于预言应验的书。[2] 但他还需要做很多事情，才能让我们相信他已经深入到了天启之谜的最深处。但我看不出有任何能够表明这一点的迹象。

他坦率地承认，他的作品中最有创意的部分来自英国人约瑟夫·米德，而我以前读过米德的《天启密钥》（*Clef apoca-lyptique*）。那时，我便在这位作者身上找到了反映其能力和知识的标识。但在我看来，总是有些东西与他的假说不太相符，太过勉强。此外，斯卡利杰对耶稣会士非常愤怒，他总觉得把教皇当作反基督者是没有道理的。

我个人认为，格劳秀斯先生的观点很有可能是正确的，即 **【406】**

圣约翰似乎考虑了异教的罗马帝国，以及早期教会的异端邪说。不过，正如《但以理书》的预言有双重意义，一种是字面上的意义，它适用于安提阿古四世，另一种是神秘的意义或寓言的意义，它与我们的主有关，而《启示录》也有双重意义，字面上的意义与异教的罗马有关，神秘的意义与更遥远的年代有关。但这种神秘的意义在应验之前是很难被发现的。

[121]

我赞成朱里厄先生的观点，即不应像某些诠释者（尤其是经院哲学家）所认为的那样把一载、两载、半载理解为三年半。

16. 莱布尼茨致恩斯特 [1] A 15; F 13; LA 13

[汉诺威，1686 年 8 月 12 日]

殿下大人：

我希望殿下您能拿到那本被遗忘已久的书，[2] 自您责备我之后，我一直在沃尔芬布特尔亲自为您找这本书。

我还冒昧地在那封信后添加了一封信以及其他一些作品，请您代为转交给阿尔诺先生。我希望，在他读过之后，他的洞察和真诚也许会使他完全赞成起初觉得奇怪的东西。既然他在看过我的第一次澄清之后就变温和了，那么他在看过我最近的这次澄清之后也许就会表示认可，因为在我看来，这次澄清清楚地解决了他所说的仍然困扰着他的种种疑惑。不管怎样，只要他认为这些观点即便可能是完全错误的，但却不包含任何直接与教会的定义相违背的东西，因此甚至在罗马天主教徒看来也是可以容忍的，我就心满意足了。因为殿下您比我更清楚地知道，有些错误是可以容忍的。即使有些错误的后果被认为会破坏信条，这些错误也不应该受到谴责，持有这些错误的人更不应该受到谴责，因为他不赞成这些后果。例如，托马斯主义者认为莫利纳主义者的假说破坏了上帝的完满，相反，莫利纳主义者认为托马斯主义者的预定破坏了人的自由。然而，由于教会在这个问题上还没有做出任何裁决，所以他们双方都不能被视为异教徒，他们双方的意见也不能被视为异端邪说。我认为我的各种主张也同样如此，而出于种种原因，我想知道阿尔诺先生现在是不是还不承认这一点。他很忙，他的时间对我来说太宝贵了，我不能坚持要求他应该花时间讨论问题本身，同时又要求他兼顾意见的真伪。但他很容易判断它们是否可以容忍，因为那只需要他确知它们是否与教会的某些定义相抵触。

[123]

17. 阿尔诺致莱布尼茨 **1** A 17; F 14; LA 14

[?]，[1686 年] 9 月 28 日

于 9 月 28 日　　　**【94】**

我想，先生，我可以利用您给我的自由，不勉强自己对您
的礼貌问候做出答复。所以我一直等到完成了一项那之前便着
手开始的工作，才决定给您回信。待您公正，我当然有收获，
因为没有什么比您接受我道歉的方式更礼貌、更友善的了。我
不需要您做那么多，就可以让自己下定决心诚实地向您坦白：
我对您解释一开始让我震惊的与个体自然物概念有关的东西的
方式很满意。因为一个正直的人，一旦认识到了真理，就应该
毫不犹豫地顺从真理。我尤其被这一推论 **L1** 所触动，即在每
一个肯定的真命题中，无论是必然的还是偶然的，全称的还是
单称的，属性的概念都以某种方式包含在主体的概念中，即谓
词在主词之中。

我现在唯一的困惑涉及事物的可能性，以及这种把上帝设
想为从祂同时看到、但却没有意愿创造的无限可能的宇宙中选
择了祂所创造的宇宙的方式。但是，由于这与个体自然物概念
完全无关，而且我必须过分地沉溺于思想，才能很好地传达我

L1 在 a 版中有一系列的评论，除了我特别提到的那一个之外，它们后来都被
划掉了。在第 94 页第 19 行"raison"的上面，莱布尼茨评论道：我预料到
了这一点，但别人不会注意到。

对它的看法，或更确切地说，才能很好地传达我在其他人的思想中所发现的令人反感的东西（因为他们的思想在我看来配不上上帝），所以，先生，请允许我不要就这一点对您说些什么了。**L2**

我更希望您能为我澄清您上一封书信中的两个问题，我认为它们值得考虑，但我却无法很好地理解它们。

【95】

[125]

通过"共存假说或实体之间彼此一致 **L3** 的假说"，您认为"灵魂与形体的结合"以及"一个心灵对另一个受造物的作用或反作用"都能得到解释。而我的第一个问题就是您所说的这个假说究竟是什么意思。因为我无法理解在解释这种思想——按照您的说法，它既不赞成那些认为灵魂物理地作用于形体和形体物理地作用于灵魂的人，也不赞成那些认为只有上帝是这些效果的物理原因，而灵魂和形体只是其偶然原因的人——时您所说的话。"上帝，"您说道，"一开始便以'祂通常不需要这些变化'这样一种方式创造了灵魂，灵魂所发生的一切都来自它自身的深处，它不需要随后适应形体，就像形体不需要随后适应灵魂一样。每一个都遵循它自身的法则，其中一个自由地行动，而另一个没得选择，它们在同一现象中走在了一起。"

L2 在第 94 页第 27—28 行 "bon ... vous" 的下面，莱布尼茨评论道：如能得到指导，我将不胜荣幸。

L3 在第 95 页第 1 行 "la ... l'accord" 的上面，莱布尼茨评论道：若能看看我寄去的摘要，那就再好不过了。

为了使您的思想变得更好理解，我们可以举一些例子。有人弄伤了我的手臂。就我的形体而言，这只是一种形体的运动，但我的灵魂立即就有了一种疼痛的感觉，而如果我的手臂没有受伤，我的灵魂是不会有这种疼痛的感觉的。有人问这种疼痛的原因是什么。您不会认为是我的形体对我的灵魂起了作用，或者说，是上帝在我的手臂受伤时立即在我的灵魂中产生了疼痛的感觉。**因此，您必定认为是灵魂本身产生了疼痛的感觉，这也必定就是您说"灵魂在形体出现某种情况时所发生的一切都来自它自身的深处"时所表达的意思。**圣奥古斯丁就持这种观点，因为他认为形体的疼痛不过就是灵魂因形体状况不佳而产生的悲痛。但我们该如何回应提出下述反对意见的那些人，即"难道灵魂感到悲痛之前，就必须先知道它的形体状态不佳，但我们看到的似乎却是疼痛使它知道它的形体状态不佳的"？**L4;2**

我们再来考虑一下另一个例子，即形体在我的灵魂出现某种情况时也有了某种运动。如果我想摘下我的帽子，我就会举起手臂。我手臂的这种向上运动不符合 **L5** 一般的运动定律。【96】那么原因是什么呢？是精气进入了某些神经，使它们膨胀起来。但这些精气并不是自己决定要进入这些神经的；它们没有

L4 在第 95 页第 24 行 "disposé" 的后面，莱布尼茨评论道：它只能混乱地知道这一点。灵魂的疼痛和形体状况不佳的倾向由于共存而同时出现。

L5 在第 95 页第 27 行 "point selon" 的上面，莱布尼茨评论道（后来未被划掉）：我想是的。

[127] 给自身一个让它们进入那些神经的运动。那么是谁给它们的？是上帝在我意愿举起手臂时 **L6** 给它们的吗？这是偶因论的拥护者所持的观点，但您似乎不赞成他们的观点。因此，那似乎就应该是我们的灵魂了。但您似乎也不持这种观点。因为那意味着灵魂对形体产生了物理作用。但在我看来，您认为一个实体不会对另一个实体产生物理作用。

我希望您澄清的第二点与您的下述说法有关："为了使形体或物质不是一个像彩虹那样的单纯现象，也不是一个像一堆石头那样由于偶性或通过聚集而结合在一起的存在者，它的本质就不可能在于广延，它里面必须有某种叫做实体形式的东西，这种实体形式在一定意义上相当于那种叫做灵魂的东西。"就此，我有诸多问题要问。

1. 我们的形体和我们的灵魂是两种截然不同的实体。**L7** 现在我无法想象，当除了广延之外，一种实体形式也被放入了形体之中时，**L8** 它们是两种不同的实体。因此，我看不出这种实体形式与我们叫做灵魂的东西有任何关系。

2. 形体的这种实体形式要么就是有广延的、可分的，要么

L6 在第 96 页第 3—4 行 "donné ... de ce que" 的上面，莱布尼茨评论道：这些膨胀起来的东西来自精气和神经本身的倾向。

L7 在第 96 页第 14 行 "nostre corps ... distinctes" 的下面，莱布尼茨评论道：只有当一个机器或其他聚集而成的存在者由于"实体"一词被滥用而被称作一个实体时，我才同意。

L8 在第 96 页第 15 行 "une ... l'etendue" 的上面，莱布尼茨评论道：灵魂本身就是这种实体形式。

就是无广延的、不可分的。**L9** 如果我们认为是后者，**3** 那么它似乎就会 **L10** 像我们的灵魂一样**不可毁灭**。而如果我们认为是前者，**4** 那么我们在使形体成为"由于自身的统一体"方面，似乎并没有因此比"它们的本质只在于广延"收获更多。因为正是广延的无限可分性使我们难以设想其统一性的，所以如果这种实体形式就像广延本身一样是可分的，它就不能弥补这一点。

3. 难道是一块大理石瓷砖的实体形式使它成为一体的吗？如果是这样，那么当［这块瓷砖］因为被一分为二而不再是一体的时，这种实体形式会变成什么？它湮灭了，还是变成了两个。如果实体形式不是一种存在方式，而是一种实体，那么前者就是不可想象的。我们也不能说它是一种存在方式或形态，因为"其形式是形态"的实体将必定是广延，而这显然不是您的观点。如果这种实体形式从一个变成了两个，那么为什么我们不能说只有广延而没有这种实体形式呢？

【97】

[129]

4. 您是否赋予了广延一种一般的实体形式，就像经院哲学家所承认的那样，即他们所谓的**形体性的形式**？或者说，您是否认为，有多少差异化的形体，就有多少不同的实体形式，当形体在种上不同时，实体形式在种上也不同？**5**

L9　在第96页第18—19行"non-etendue et indivisible"的下面，莱布尼茨评论道：《摄生法》这本书的作者（人们都认为是希波克拉底）、大阿尔伯特和培根索普的约翰不承认形式会生成和消亡。

L10　在第96页第19行"il ... seroit"的下面，莱布尼茨评论道：我们必须承认它就是不可毁灭的，也必须承认任何实体都只能通过创造而产生，通过湮灭而终结。

5.当人们说只有一个供我们繁衍生息的地球，只有一个照亮我们的太阳，**L11** 只有一个需许多时日方能绕地球一圈的月亮时，您把赋予地球、太阳、月亮的统一性置于何处？您是否相信，这使得地球(比如，由如此多的异质的部分组成的地球)有必要拥有一种适合于它并赋予它这种统一性的实体形式？但是并没有任何迹象表明您相信这一点。我认为，同样的话也适用于一棵树、一匹马，甚至适合于所有的混合物。例如，牛奶是由乳清、奶油和凝乳组成的，那么它有三种实体形式，还是只有一种实体形式？

6.最后，有人会说，如果人们对一些存在物缺乏清楚分明的观念，那么这些存在物就不值得一个哲学家承认，而人们对这些实体形式就缺乏清楚分明的观念。而且，在您看来，它们是不能用自身的效果来证明的，因为您承认，所有特殊的自然现象都必须用微粒哲学来解释，而用这些形式来说明便相当于什么都没说。

7.有些笛卡尔派成员，为了 **L12** 找到形体的统一性，他们否认物质无限可分，并［断言］不可分的原子必须被承认。但我认为您 **L13** 不会同意他们的观点。

L11 在第97第1—13行的左侧，莱布尼茨评论道：所有这些东西，比如，大理石瓷砖、地球、太阳，也许只是一堆石头而已。

L12 在第97第26行"Cartesiens qui pour"的上面，莱布尼茨评论道：(我想科尔德穆瓦先生就是这样)。

L13 在第97第28行"vous soiez"的上面，莱布尼茨评论道：我不会同意。

　　我认真研究了您的那篇小文章，觉得它很精妙。但您要当心，如果笛卡尔派无法答复您，那可能不算对他们不利，因为您似乎在其中预设了 **L14** 他们认为错误的东西，那便是"当一块石头下落时，它下落的时间越长，它给自身的速度就越大"。他们会说，它的速度是微粒给它的，**L15** 因为那些微粒在上升时会使得在其运动轨迹上遇到的一切事物下降，并将其部分运动传递给这些事物；因此如果形体 B（其重量四倍于形体 A）在下降 1 英尺时比下降 4 英尺的形体 A 拥有更大的速度，那也不必感到惊讶，因为推动 B 的诸微粒向它传递的运动与它的[质量]成正比。我并不坚持要您相信这个答复是正确的，**L16** 但我认为您至少应该自己去看看它是否达到了一些目的。如能知道笛卡尔派是怎样评价您的作品的，我会非常高兴。

　　我不知道您有没有研究过笛卡尔先生在他的信中关于他的一般机械原理所说的话。**6** 在我看来，当他想要证明为什么一个力在机械装置的帮助下可以举起两倍于或四倍于同样的力在没有机械装置的帮助下所举起的重物时，**他宣称他没有 L17 考**

L14　在第 98 第 1 行 "que ... supposiez" 的上面，莱布尼茨评论道：我没有这样的预设。

L15　在第 98 第 3 行 "des corpuscles" 的上面，莱布尼茨评论道（后来未被划掉）：我承认。

L16　在第 98 第 8 行 "sienne ... bonne" 的上面，莱布尼茨评论道：所有这一切都很好，但完全不能满足现在的预设，即它们就有这些速度，我们不用考虑这些形体是如何获得这些速度的。我要问的是它们的力是否相等。

L17　在第 98 第 14 行 "point" 的上面，莱布尼茨评论道：非常好。

173

虑速度。但我对此只有模糊的记忆。因为我从来没有专心研究过这些东西，只是在空闲的时候偶尔思考一下它们，而且我已经有二十多年没看过任何一本这方面的书了。

先生，我不希望您为了解决我向您提出的这两个疑问而放下您手上哪怕最不重要的事情。您有空时再考虑也不迟。

【99】　　您在巴黎设计的两个机器，一个用于算术（它比帕斯卡先生的那个机器给人的印象要好得多），另一个则是走得极准的表，我非常想知道它们是否已达到完美的程度。您忠实的阿尔诺。

18. 莱布尼茨致恩斯特 [1] A 26; F 15; LA 18

[汉诺威，1686 年 12 月 8 日]

近几周，我一直心烦意乱，以致未能抽出时间来履行殿下 【407】
您好心要求我承当的义务。[2] 因此我将您交给我的已批复的文 [133]
件退还给您，并以满腔的尊敬和爱戴之情向您表示感谢。今年
7 月 12 日与《国王关于所谓宗教改革的公告》[3] 相关的《对公
告的若干思考》(*Réflexions sur la Déclaration du Roy T. C.*) 无
疑是最重要的文件，我在其中没有看到任何没有被确凿证明的
内容。我在《公告》的第 1 条中注意到，禁止牧师，不仅包括
法国的牧师，甚至包括国外的牧师，进入法国，对违反者处以
极刑，而在英国，禁令只针对英国的神父。不久以前，我国有
一个年轻人，他作为他父亲的遗属，已经被接纳为牧师，获准
到荷兰和法国进行为期几个月的履行，根据该《公告》，这个
人将被处以极刑。有时牧师会被选来陪同贵族青年们旅行；这
些牧师可能会被定罪，并处于危险境地，甚至那些不把他们交
出来的法国人，根据第 2 条，也可能被关起来，男人将永远被
关在苦役牢里，女人将永远被关在修道院的监狱里。第 4 条把
随同大使和使节的外国牧师排除在外了，但上述情况不在此
列。第 5 条毫无疑问是任何人所能读到的最可怕的条文，甚至 【408】
如此笼统，以至于法官可以对它进行任何让他们觉得满意的延
伸：因为国王并不满足于禁止他的臣民举行任何宗教集会，对

175

违反者处以极刑，而且还绝对禁止一切无论多么私密的宗教活动。因此，一个朋友不可能在没有危险的情况下安慰一位垂死的朋友，或为他念祈祷文，或与他一起唱赞美诗，无论他们的关系有多好。但聚在一起纵情声色、唱淫荡的歌曲是没有危险的，而如果严格执行这一条款，法国的胡格诺派教徒将不敢阅读《日内瓦圣经》，不敢唱诵《诗篇》，不敢在早晨和晚上做祷告，也不敢在晚饭前或晚饭后做祷告，尤其是当其中的表述可能不会得到某些审慎的天主教徒完全认可时。父母将不敢按照他们的宗教方法教导他们的孩子《教义问答》和虔诚的原则；因为所有这一切都可以算作宗教活动，因此是该判极刑的；如若不然，该《公告》将需要另一份不那么严苛的《公告》。不过说实话，这似乎无论如何都无法让逃亡者回来，因为他们有理由担心他们回国后会受到类似于西班牙或葡萄牙针对那些已经改宗、但却仍有些许可疑的摩尔人或犹太人的宗教审判。据

[135] 说，日本人在禁止基督教之后，非常严格，以至于荷兰人为了生活在那里，不得不放弃任何外在的宗教标志。罗马的皇帝们不会禁止基督徒私下里从事宗教活动，但他们对主要宗教［公开的宗教活动］做了规定。在西班牙，他们对这两种情况都做了规定，而在法国，他们的做法则与罗马人的做法相反。至少根据《敕令》，胡格诺派教徒并没有直接被强制去做弥撒，但他们被禁止从事他们的宗教活动：不过，我知道这种做法远远超出了《敕令》的规定，而且胡格诺派教徒是被龙骑兵强制改变了信仰，这让那些立场坚定的人感到绝望；因此，除了死法

176

不那么严格之外，宗教裁判所的严苛在很大程度上又恢复了。

我记得对新枢机主教的谴责也在殿下您命我寄出的文件中，但我在我的材料中找了半天，现在还没有找到它；它不会不翼而飞，我稍后找到它，就把它寄出去；尽管如此，我还是谦卑地请求殿下您原谅我的过失。

我相信，法国人早就制定了构筑德国边境上的休宁根大桥的防御工事的时间表，他们很高兴地看到，和平给了他们一个完成这项任务的也好也不好的借口：我倾向于相信法国国王有时会受一些人驱使而做出这样的决断，这些人非常乐意看到战火重燃，并且他们会巧妙地利用那些莽夫散布的令人不快的谣言和言论来激怒一个嫉妒他的荣耀的君主。"纽伦堡勋章"就是其中一个可能产生非常坏影响的东西。皇帝太聪明了，不希望同时对付"两个敌人"**4**。"没出息的利奥波德前一段时间失去了布达"这个口号就显得有些矫揉造作，因为谁失去了布达又有什么区别呢？事实上，人们正在抓住机会嘲弄路易十四。此外，事实是，匈牙利国王路易失去的不是布达，而是他的生命。年迈的太阳王只会因其明显的影响而愈发遭到驳斥，也许没有教皇，我们早就看到了更大的影响。与其采取这些畸形的虚张声势，不如在公开的会议和大会这些可以采取行动的地方以积极而合理的方式与法国人展开对话。

【409】

目前汉诺威公国已经引进了许可证；其目的是只对消费征税，而不对商业征税，这样店主就不用付任何税费，只有顾客需要缴税。而如果没有拿到许可证，或在拿到之后没有带来接

[137]

受检查，那磨坊主就不能在他们的磨坊或他们的住处向他人供应面粉，裁缝就不能为他人裁剪衣服，鞋匠就不能为他人修补鞋子。汉诺威公国还对屠夫屠宰的动物、酒和盐这些主要商品进行了课税，税收大约是价格的十二分之一或十分之一。在我看来，有理由把对法国红酒的课税提高一倍，以便将其从汉诺威公国驱逐出去，因为目前下萨克森消费了大量的法国红酒。农民自己也越来越习惯喝法国红酒了，除了为自己在喝红酒上的勇猛感到自豪之外，他们还把喝红酒当成了家务事，因为这些人喜欢红酒对他们头脑的影响，喝红酒时，他们很快就能达到喝大量啤酒所无法达到的某种状态。然而，这却从我们公国榨取了大量的钱财，并对啤酒的酿造造成了很大的伤害。我们必须承认，这种课税方式有很多好处，但有两个最大的困难。其中一个困难是，大量的弄虚作假，这一方面是因为我们的公国不够封闭，有太多的邻国，其中有些邻国永远不会像我们这样，另一方面是因为需要大量的官员，而他们的工资却很低。另一个困难是，尽管这种课税方式目前对税款有用，但那些日复一日地生活而没有不动产的穷人将被赶出这个公国，这在许多方面都是有害的，因为人口是一个国家的力量，而减少人口总有一天会减少支持军队的税款。因为这些穷人付出的要比过去多得多，而市民和中产的农民却被轻易地放过了。这个公国的贵族在消费自己领地的商品时不纳税。如果对下等面粉的征税稍微降低一点，对中等面粉的征税比目前比例所允许的程度高一点，对上等面粉的征税更高一点，那么就可以为穷人提供

【410】

178

些许缓冲的空间。如果这里能像荷兰一样收获颇丰，那就是另一码事了，因为那样的话，人们就不会［离开了］。

大人，我冒昧地恳求殿下您，请您吩咐人把随函附上的那 **【128】** 些东西寄给阿尔诺先生；由于它们所讨论的是远离外部感官、依赖于纯粹智思的问题，即令人生畏的、最常被那些在日常事务上最机智和最优秀的人所鄙视的问题，所以我要在这里说一 **[139]** 些有利于这些沉思的话——但这并不是说我荒唐到想让殿下您用它们来消遣（因为这就像让一位军队将领学习代数一样不合理，尽管这门科学在与数学有关的一切方面都非常有用），而是为了让殿下您更好地判断对于那些珍视每一刻的人来说似乎不值得花费时间的这些思想的目的和用途。诚然，由于这些东西通常被经院哲学家所讨论，所以它们仅停留在了辩论、咬文嚼字和玩弄文字游戏的层次；但在这些贫瘠的岩石中却有金矿脉。事实上，我得说，思想是我们灵魂的主要职能，也是它永恒的职能。我们会永远思想，但我们却不会永远生活于此；这就是为什么使我们更有能力以更完满的方式思想最完满对象的东西自然使我们臻于完满。然而，我们目前的生活状态迫使我们产生了许多混乱的思想，而这些思想并没有使我们变得更加完满，比如，关于习俗、家谱、动词时态的知识，甚至是所有关于社会或自然事实的历史知识，虽然这些知识对于我们避免危险以及管理我们周围的人和物很有用。对于一个踏上旅途的旅行者来说，关于道路的知识是有用的，但是，与他将在自己 **【129】** 的祖国被委派的职务密切相关的知识则更加重要，而我们注定总有一天要过上一种精神生活，在这种生活中，脱离物质的实体要比形体更加占有我们。但为了更好地区分什么能启发心灵，什么只是盲目地引导心灵，这里还有一些来自各个行业的例子：如果一个工匠仅凭经验或根据传统知道，当直径为 7 英尺时，圆的周长略小于 22 英尺，或如果一个炮手从道听途说或经常测量中得知，以 45 度角被抛出的物体，被抛得最远，这只是一些零散和模糊的知识，只能让他们作为工匠课生，以及为他人服务。而关于能启发心灵的知识的例子则截然不同，也就是说，那些例子包含着原因或理由，比如，阿基米德就我刚才所说的第一种情况的定律给出了证明，伽利略则就第二种情况的定律给出了证明。总而言之，只有关于理性本身的知识，或关于必然真理和永恒真理的知识，尤其是关于那些最全面的、与至高无上者有着最密切关系的真理的知识，才能

[141] 使我们臻于完满。这种知识本身就是善的。其余的一切知识都只为金钱，人们只是因为生活需要，为使自己更有能力让自己的心灵臻于完满，才不得不学习的。然而，人类的纷扰和他们所谓的卖弄技艺的冲动，以及虚荣心常常使他们为了仆人而忘了主人，为了手段而忘了目的。正如诗人所说，"为了活着，失去了活着的理由"**5**，就像守财奴喜欢黄金甚于健康，尽管黄金只是用来为生活提供便利的。既然除了恩典之光，使我们的心灵臻于完满的是关于最伟大真理及其原因或理由的可证明的知识，那么我们必须承认，研究非物质实体，尤其是上帝和灵魂的形而上学或自然神学是一切知识中最重要的知识。如果

一个人不了解真正的实体概念，他就无法在这方面取得很大进展，我在上一封写给阿尔诺先生的信中已经对此做了解释，以至于他这样一个非常谨慎且起初对此感到震惊的人也承认了这一点。最后，这些沉思虽是给我们带来了令人惊讶的结论，但对于解除我们对上帝与受造物协作、祂的知识和预定、灵魂和形体的结合、恶的起源及其他诸如此类问题的最大疑虑却大有用处。我在这里并不想说这些原则在人文科学中有多么大的用途，但我至少可以说，再没有什么比这些原则更能提升我们心灵对上帝的认识和爱的了，不过前提是我们的本性在这方面也能帮助我们。我承认，如果没有恩典，这一切都不会有任何结果；我也承认，上帝将祂的恩典赐给那些从未向往过这些沉思的人。但上帝也希望我们能做我们该做的每一件事，并根据情况运用祂赋予人性的诸完满性。而且，既然祂创造我们只是为了让我们认识祂、爱祂，所以，除非我们在其他地方为公共事务和他人福祉而劳碌，否则我们在这方面的努力就是不够的，也无法更好地利用我们的时间和力量。

【130】

我听闻卡斯托里亚的主教已经过世；如果这是真的，殿下您肯定已经得知，甚至也知道谁是他的继承人。最后，据说兰斯的大主教，甚至梅嫩的主教已经失去了国王的宠信：他们确实不是在教会事务上无所不能的巴黎大主教尊敬的拉雪兹神父最好的朋友。

[143]   附录：恩斯特论莱布尼茨的哲学不足道 **6**

【407】   1686 年 10 月 21 日至 31 日，于莱茵费尔斯

先生：

　　我随函附上了一封阿尔诺先生的来信，我不知道由于什么原因疏忽大意，这封信已经在我这里待了十五天了。又因为我忙于太多的其他事务，所以我也没读过这封信；而且这些问题对我来说太过高深和思辨了。我还给您寄了一些其他作品，它们有可能激发您的好奇心。

　　对您永葆深情的恩斯特。

19. 莱布尼茨致阿尔诺 [1] A 24; F 16; LA 16

[汉诺威，1686 年 12 月 8 日]

共存假说是我所持的实体概念所带来的一个必然结论。因 【111】
为在我看来，一个实体的个体概念包含了将要发生在它身上
的一切；正是在这一点上，完全的存在者有别于不完全的存在
者。既然灵魂是一个个体实体，那么它的概念、观念、本质
或本性必定包含了将要发生在它身上的一切；上帝能完全看清
它，所以能在它身上看到它永世要做的一切或要承受的一切，
以及它将会拥有的所有思想。因此，既然我们的思想只是我们 【112】
灵魂的本性的结果，并且是凭借其概念的力量而从中产生出来
的，那么要求另一种特殊的实体对它产生影响就是毫无意义
的，更别说这种影响是绝对无法得到解释的了。诚然，当我们
有某些形体的运动时，我们就会产生某些思想，而当我们有某
些思想时，我们就会产生某些形体的运动，但这是因为每个实
体都以其自身的方式完全表达着宇宙，所以在形体上产生运动
的宇宙表达，也许对灵魂来说是一种痛苦。

但我们把活动归于那些其表达更加分明的实体，并把它称
作原因。比如，当一个形体漂浮在水中时，水的各个部分有无
限多种运动，这是必要的，这样这个形体离开的地方便总是可
以以最快的方式被填满。正因为如此，我们说这个形体是它们
的原因，因为通过它，[2] 我们可以清楚地解释正在发生的事情；

但如果我们考察一下运动中的物理的、实在的东西，那么根据该假说，我们同样可以假定，这个形体是静止的，其他一切事物都在运动，因为所有运动本身是一种相对的东西，即一种位置的变化，我们不能用精确的数学方法将这种位置的变化归因于任何事物，而只能将其归因于一个可以用来清楚地解释一切的形体。在现实中，如果我们把所有的小现象和大现象都考虑进来，那么只有一个假说可以清楚地解释整个现象。甚至可以这样［说］³，即尽管这个形体并不是这些结果的物理上的动力因，但它的观念至少可以说是它们的目的因，或如果您愿意这样说的话，它的观念在上帝的理智中是它们的模型因(exemplary cause)。⁴ 因为如果我们想探究运动中是否有某种实在的东西，我们不妨认为，上帝明确地意愿在宇宙中制造一切位置的变化，完全就像一艘船要通过在水中航行来制造这些运动一样。这一切变化难道不是真的会同样发生吗？——因为不可能举出任何真正的区别。因此，从精确的形而上学的角度来看，我们没有理由说，"船推动水，使之形成那么多的圆圈来填充船的位置"，而不说，"水受到推动，形成了所有那些圆圈，并推动船，使之发生相应的移动"；而如果不说上帝明确地意愿以如此和谐的方式制造如此多的运动，我们便无法对其做出解释，不过由于在细节上诉诸上帝是不合理的，所以我们只能诉诸船，虽然归根结底，不同实体的所有现象之所以一致，实际上只是因为它们都是同一原因的产物，也就是说，都是上帝的产物，上帝使每个个体实体都表达着上帝对整个宇宙的决断。

因此，出于同样的理由，我们把疼痛归因于形体的运动，因为这使得我们有可能得到某种分明的东西。这对我们获取或预防诸现象很有用。不过，我们不要提出没有必要的东西，我们只能思维，所以我们只能得到思想，我们的诸现象也只是思想。但由于并不是我们所有的思想都能有效地帮助我们获取其他具有某种性质的现象，而且由于我们不可能破解诸现象之间普遍联系的奥秘，所以我们必须通过经验来注意那些在其他时候为我们获取这些现象的东西。这时对我们感官的运用和所谓的外在活动就显得尤为重要。

共存假说，或实体之间彼此一致的假说，源于我的这一说法，即每个个体实体永远都包含着所有将发生在它身上的偶然事件，并以它自身的方式表达着整个宇宙，所以，形体上通过一种运动或位置的变化所表达的东西，也许在灵魂中通过一种疼痛来表达。既然疼痛只是思想，那么它们若是一种其本性在于思维的实体的结果，我们便不应感到惊讶。如果某些思想总是碰巧与某些运动联系在一起，那是因为上帝最初创造所有实体时就让它们以后的所有现象都彼此呼应，而不需要它们为了达到这个目的而彼此之间有这种甚至无法解释的物理影响。也许笛卡尔先生赞成这种共存假说而不是偶因假说，因为据我所知，他从未就此做出解释。 [147]

先生，您说道："圣奥古斯丁就持这种观点，因为他认为形体的疼痛不过就是灵魂因形体状况不佳而产生的悲痛。"这令我感到惊讶。这位伟人确实对种种事物有很深的洞察。不过，灵魂觉得它的形体状况不佳，并不是因为形体对灵魂产生了影响，也不是因为上帝的这一特殊行动，即祂将此事告知了灵魂，而是因为灵魂的本性就是要表达形体上发生的事情，灵**【114】** 魂从一开始就是这样被造出来的，所以思想的序列与运动的序列彼此一致。

　　同样的道理也适用于我手臂的向上运动。您问我是什么决定了精气以某种方式[5]进入神经；我的回答是，根据通常的运动规律，一方面是客观对象的物理作用，一方面是精气和神经本身的倾向。但根据事物的普遍一致性，只有当灵魂同时拥有我们习惯于将其视作形体动作之原因的意愿时，这整个倾向才会出现。因此，灵魂不会改变形体的秩序，形体也不会改变灵魂的秩序（这就是为什么我们不能用形式来解释自然现象）。而且一个灵魂也不会改变另一个灵魂的思想进程。一般来说，一个特殊的实体对另一个特殊的实体没有任何物理影响。这种影响也是毫无意义的，因为每一个实体都是一个完全的存在者，它自身足以根据它自身的本性决定将发生在它身上的一切。然而，我们有充分的理由说，我的意愿是我手臂运动的原因，我形体方面的关节松动是我疼痛的原因，因为一个实体分明地表达了另一个实体更混乱地表达的东西，而我们必须把相关活动归因于那种其表达更加分明的实体。更重要的是，因为这在实践中有助于我们获取现象。如果它不是一个物理动力因，我们可以说它是一个目的因，或最好说它是一个模型因，**[149]** 也就是说，当上帝要对事物的普遍序列做出决断时，上帝理智中对它所拥有的观念有助于上帝对那些特殊事件做出决断。

另一个困难要大得多，它涉及形体的实体形式和灵魂；而且我承认，我对此并不满意。首先，我们有必要确保形体是实体，而不仅仅是像彩虹这样的真正的现象。而一旦这一点被假定，我相信我们便可以由此推知，有形实体的本质并不在于广延或可分性。因为我认为，两个彼此相距很远的形体，例如两个三角形，实际上并不是一个实体。我们现在不妨假定，它们被放在一起，构成一个正方形。仅仅接触会使它们变成一个实体吗？我不这么认为。既然每一个有广延的物质团块都可以被认为是由两个或一千个其他物质团块组成的，接触只会产生广延，那么就永远不会有这样一个形体，使我们可以说，它是一个真正的实体。它将永远是一个由若干实体构成的聚合体。或更确切地说，它将永远不是一个实在的存在者，因为它的组成部分面临着同样的难题，而且因为我们永远得不到一个实在的存在者，聚集而成的存在者只具有其组成部分所具有的实在性。我们由此可以推知，如果一个形体有一个实体，那么它的实体必定是不可分的；我们究竟是把它叫做灵魂，还是叫做形式，对我来说没有任何区别。先生，您所津津乐道的一般意义上的个体实体概念最终被发现也是一样的东西。因为广延是一种属性，不能构成完全存在者；它不能产生任何活动或改变；它只表达现在的状态，而根本不像实体概念那样，必定表达将来的状态和过去的状态。当两个三角形被发现结合在一起时，我们无法得知结合是如何发生的。因为它可能以多种方式

【115】

187

发生，但任何可能有多个原因的事物从来都不是一个完全的存在者。

无论如何，我承认，您提到的许多问题都很难解决。我认为我必须指出，如果形体有实体形式，比如说，如果动物有灵魂，那么这些灵魂是不可分的。这也是圣托马斯的观点。这些灵魂因此便是不可毁灭的吗？我认为是这样的，而且根据列文虎克先生的观点，动物的每一次生成都只是生生不灭的动物的变形，因此我们有理由相信，死亡也只是另一种变形。但人的灵魂更加神圣。它不仅不可毁灭，而且始终认识它自己，并始终保持对它自身的意识。至于它的起源，我们或许可以说，只有当精液中的有生命的形体决定采取人形时，上帝才创造了它。当理性的灵魂占据了在变形之前曾赋予形体以生命的粗鄙的灵魂的位置时，究竟是粗鄙的灵魂被消灭了，还是上帝把粗鄙的灵魂变成了理性的灵魂，通过不寻常的影响赋予了粗鄙的灵魂以新的完满性，这是一个我还没有完全弄清楚的具体问题。

[151]

我不知道当灵魂或实体形式被放到一边时，形体是否还可以被称作实体。它很可能就是一台机器，是一个由若干实体构成的聚合体，所以如果有人问我，我如何看待一具尸体的形式或一块大理石瓷砖的形式，我会说它们也许是像一堆石头 **6** 那样聚集而成的东西，而不是实体。同样的话也可以用来说太阳、地球、机器；除了人之外，没有任何一种形体，我可以肯定它是一种实体，而不是一种由若干实体构成的聚合体，甚或

【116】

188

一种现象。尽管如此，在我看来，如果存在着有形实体，那人肯定不是唯一的，动物虽然缺乏意识，但它们很可能也有灵魂。

综上所述，尽管我承认对形式或灵魂的思考对研究特定事实的物理学来说毫无意义，就像几何学家不关心连续体的构成，物理学家也不关心究竟是一个球推动另一个球，还是上帝在推动一样，但它对形而上学来说却仍然很重要。不过，如果一个哲学家只是因为若不承认这些灵魂或形式就无法理解形体是实体，他便毫无道理地承认这些东西，那他也不配做一个哲学家。

20. 莱布尼茨致阿尔诺 [1] A 25; F 16; LA 17

汉诺威，1686 年 12 月 8 日

【117】　　　　　　　　1686 年 11 月 28 日至 12 月 8 日，于汉诺威

先生：

我发现您以异乎寻常的坦率和真诚向我所使用的推论做出了让步，我不能不认可这一点，也不能不为此感到惊讶。我曾怀疑从一般性的命题中得出的论点能否给您的心灵留下某种印象；但我也承认，很少有人能欣赏如此抽象的真理，也许只有您能如此轻易地觉察到它的力量。

我很希望从您关于事物的可能性的沉思中得到指导，因为
[153]　就这些沉思所讨论的是如何以配得上上帝的方式来谈论这些可能性而言，它们必然是深刻的，也是重要的。不过这要看您是否方便。至于您在我的信中发现的**两个**难题，一个是关于**共存假说**，或实体之间彼此一致的假说的，另一个是关于**有形实体的形式的本性**的，我承认它们都值得考虑，如果我能完全解决它们，我就会相信我能破译关于宇宙本性的最大秘密。而这项
【118】　事业是可以向前推进的。[2] 至于第一个难题，我觉得您已经很好地解释了您在我关于**共存假说**的思想中所发现的模糊之处；因为当灵魂在手臂受伤的同时感到疼痛时，我确实相信，如先生您所说的那样，灵魂本身会形成这种疼痛，这是它的状态或它的概念的一个自然而然的结果；让我吃惊的是，正如您所

190

观察到的那样，当圣奥古斯丁说灵魂在这种情况下所遭受的疼痛不过是伴随形体状况不佳而来的悲痛时，他似乎也意识到了同样的东西。的确，这位伟人的思想非常可靠、非常深刻。但是（有人会问）它是怎么知道形体这种状况不佳的倾向的？我的回答是，这不是因为形体对灵魂有任何物理作用，而是因为每一种实体的本性都承载着整个宇宙的一般表达，因为灵魂的本性尤其承载着对它的形体正在发生的事情的更分明的表达。这就是为什么它很自然地通过它自身的〔偶然事件〕来注意到和认识到它的形体的偶然事件。当形体让自身顺应灵魂的思想时，形体也是如此；当我想要举起我的手臂时，也正是我形体里的每一个部分都倾向于这个结果的时刻，因此形体根据它自身的法则运动，尽管正是因为上帝在决定宇宙中所有事物的这一序列时便已预先考虑到的事物之间奇妙而可靠的一致，这些法则才在意志有如此倾向的时候为得到该结果而起作用的。所有这一切都只是个体实体概念的种种结果，它的概念以这样一种方式，即以一个实体所能发生的一切都来自它自身的深处并 **【119】**且与另一个实体所能发生的一切相一致（尽管一个实体可以自由活动，而另一个实体没得选择）的方式，包含了它所有的现象。这种一致是就万物必然有一个作为其原因的至高无上的实体所能给出的最美妙的证明之一。

我希望自己也能就另一个涉及实体形式的问题给出如此简洁而明确的解释。

先生，您所指出的**第一个困难**是，我们的灵魂与我们的形 [155]

体是两种截然不同的实体，因此，灵魂似乎不是形体的实体形式。我的回答是，在我看来，如果脱离了灵魂，我们的形体本身，或尸体，只能在实体一词被滥用的意义上被称作实体，它们就会像一台机器或一堆石头一样，只是聚集而成的存在者。因为有规则的或无规则的排列对实体的统一性来说都毫无帮助。此外，上一届拉特兰大公会议宣布，灵魂确实是我们形体的实体形式。**3**

至于**第二个困难**，我赞成形体的实体形式是不可分割的；在我看来，这也是圣托马斯的观点。我也赞成，每一种实体形式，实际上也就是每一种实体，都是不可毁灭的，甚至也是不可生成的；这也是**大阿尔伯特**的观点，也是许多古人，尤其是《摄生法》这本书的作者（人们都认为是**希波克拉底**）的观点。因此，它们只能通过创造而产生。而且我强烈地倾向于认为，所有缺乏理性。不值得重新创造的动物的生成，只是另一个先

【120】 已存在的、但有时觉察不到的动物的变形，就像蚕等动物的变化一样：大自然习惯于在一些实例中透露它的秘密，在另一些实例中隐藏它的秘密。因此粗鄙的灵魂（the brute souls）**4** 应该都是在创世之初，在《创世纪》中提到的有繁衍能力的种子之后被创造出来的。但理性的灵魂是在其形体形成时才被创造出来的，它与我们所知道的其他灵魂完全不同，因为它能够反思，并且在很小的程度上模仿神性。

第三，我认为，一块大理石瓷砖就像是一堆石头，因此不能被称作单一实体，而是只能被称作由若干实体构成的集合。

因为不妨假定有两块石头，例如，大公的钻石，和大莫卧儿的钻石，有人可以为这两颗钻石指定一个共同的名称，并说它们是一对钻石，即使它们彼此相距甚远。但没有人会说这两颗钻石构成了一个实体。可以说，它们在这种情况下不可能形成一个实体。那么让它们彼此靠近，甚至让它们接触呢？它们也不会因此而变得更具有实体性的统一性。就算在它们接触之后，其他形体把它们衔接起来，以免它们分离，比如，把它们嵌入同一枚戒指中，所有这一切也都只会形成一个所谓的 [5] 偶然的统一体。因为它们似乎是偶然被迫走到一起的。因此我认为，一块大理石瓷砖不是一个完全的实体，就像一个包括其所有鱼在内的池塘里的水（即使这个池塘里的水与它里面的所有那些鱼都冻住了）不是一个完全的实体一样，或者说，就像一群羊（即使这群羊被系了一起，它们只能步调一致地移动，并且只要有人碰它们其中的一只，其他的都会咩咩地叫起来）不是一个完全的实体一样。一个实体和这样一个存在者之间的区别，就像一个人与一群人，比如，一个民族、一支军队、一个学会或一个大学之间的区别一样大，后者都是盖然的存在者，它们里面都存在着某种想象的东西，也就是说，某种依赖于我们心灵的虚构的东西。实体的统一性需要一种不可分的、不能以自然的方式被毁灭的完全的存在者，因为它的概念包含了将要发生在它身上的一切，那么这种统一性就既不能存在于形状中，也不能存在于运动中（正如我们可以证明的那样，两者都包含着某种想象的东西），而是存在于就像所谓的"我"一样

【121】

[157]

的灵魂或实体形式中。

只有这些才是真正完全的存在者，古人，尤其是柏拉图，早就认识到了这一点，因为他曾非常明确地指出仅物质不足以形成实体。而上面提到的"我"，或在每个个体实体中与之相当的东西，都不能通过诸部分的彼此靠近或分离而被造出或被毁坏，因为诸部分的靠近或分离与那制造实体的东西完全无关。我不能抽象地说，除了那些有生命的东西之外，是否还有真正的有形实体；但通过类比，至少灵魂可以给我们一些关于其他实体的知识。这一切可能都有助澄清**第四个困难**；因为我不为经院哲学家所谓的"形体性的形式"而烦恼，我将实体形式赋予了所有远非机械地结合在一起的有形实体。

但**第五**，如果我被特别问及我对太阳、地球、月亮、树以及类似的形体，甚至是动物的看法，我不能绝对地确定它们是有生命的，或者至少是实体，还是仅仅是机器或由若干实体构成的聚合体。但至少我可以说，如果不存在我所认为的有形实体，那么形体就会像彩虹一样，只能是真正的现象。因为不仅**连续体**可以被无限分割；物质的每一部分实际上都被分割成其他就像上述两颗钻石一样彼此不同的各个部分；而既然分割将永远持续下去，那么我们便永远不会得到某种可以说"这确实是一个存在者"的东西，除非我们发现了这样一些有生命的机器，其灵魂或实体形式构成了实体性统一体，它不依赖于那种由接触带来的外部结合。而如果没有，那么在可见的世界里，除了人之外，就不会有任何实体性的东西。

【122】

[159]

第六，由于我所给出的一般意义上的个体实体概念同真理概念一样清楚，所以有形实体的概念也将是清楚的，因而实体形式的概念也是清楚的。即使不是这样，我们也不得不承认许多东西，但关于它们的知识却并不十分清楚分明。我认为，广延概念就更不够清楚分明了：我们已经见证了连续体的构成所面临的那些不寻常的难题。我们甚至可以说，**形体没有固定且精确的形状，因为它的各个部分实际上还可以再分**。因此，如果形体中只有物质及其样态，那么毫无疑问，它将只是某种想象的东西，只是某种显象。尽管如此，当问题是解释大自然的特殊现象时，提及形体的统一性、概念或实体形式是毫无意义的，正如几何学家在着手解决某个问题时考察连续体的构成所面临的难题是毫无意义的一样。虽然这些东西本身仍然很重要，也值得考虑。但形体的所有现象都可以用机械学来解释，或用微粒哲学来解释，因为它们遵循某些与是否存在灵魂无关的机械原理。但归根结底，物理原理和机械原理本身不能仅仅通过广延的样态来解释，因为力的本性本就依赖其他别的东西。

最后，**第七点**，我记得，**科尔德穆瓦**先生在他的专著《论形体与心灵的区别》中为了挽救形体的实体性的统一性，认为自己必须承认原子或不可分的有广延的形体，以便找到某种不变的东西来构成一个单纯的存在者。但先生，您说得对，我不这么认为。科尔德穆瓦先生似乎已经认识到了某些真理，但却没有认识到什么才是真正的实体概念。但这却是最重要的知识 **【123】**

样类的关键所在。如果原子只包含一个具有无限硬度的有形状的物质团块（我认为，这样的原子与真空一样不符合神的智慧），那么它本身便无法包含它过去的和未来的所有状态，更不用说整个宇宙的状态了。

关于我就笛卡尔的运动量的原理所提出的异议，我来谈谈您的考量；先生，我赞成，一个重物速度的增加来自某种无形的流体的推动力，它就像一艘船，一开始风只是稍微推动船只，然后使船只行进的速度越来越快。不过，我的论证不依赖于任何假说。现在不用担心这个物体是如何获得它的速度的，我就这样接受了；我认为，一个一磅重的物体以两个单位的速度产生的力是一个两磅重的物体以一个单位的速度产生的力的两倍，因为它可以将同样的重量提升至两倍的高度。我认为，在分配相碰撞的物体之间的运动时，我们决不能像笛卡尔先生根据他的原理[6]所思考的那样，考虑的是运动的量，而应该考虑的是力的量；否则，我们就会获得永恒的机械运动。例如，我们不妨设，在正方形 LM 中，沿对角线 $_1A_2A$ 移动的物体 A 同时碰撞两个质量与它相等的物体 B 和 C，因此在碰撞的瞬间，这三个球的三个中心形成了一个等腰直角三角形，而这一切都发生在一个水平面内。现在我们不妨设，物体 A 在 $_2A$ 处碰撞后保持静止，并将它所有的力都给了物体 B 和 C；在这种情况下，B 将以 $_1B_2B$ 的速度和方向从 $_1B$ 移动到 $_2B$，C 则以 $_1C_2C$ 的速度和方向从 $_1C$ 移动到 $_2C$。换言之，如果 A 在碰撞前花了一秒的时间匀速从 $_1A$ 移动到了 $_2A$，那么在碰撞后，B

和 C 也将花一秒的时间分别移动到 $_2$B 和 $_2$C。这里的问题是，代表速度的 $_1$B$_2$B 或 $_1$C$_2$C 的长度是多少。我认为它必定等于 AL 或 AM 的长度，即正方形 LM 的边长。因为既然这些物体被假定是质量相等的，那么各个力便取决于这些物体为了获得这些速度而必须下降的各个高度，也就是说，取决于这些速度的平方。现在 $_1$B$_2$B 的平方和 $_1$C$_2$C 的平方加在一起等于 $_1$A$_2$A 的平方。因此，碰撞后的力与碰撞前的力一样大。但我们可以看到，运动的量增加了。因为这些物体的质量相等，所以我们可以通过它们的速度来估计。既然碰撞前，速度是 $_1$A$_2$A，而碰撞后，速度是 $_1$B$_2$B 加上 $_1$C$_2$C，并且 $_1$B$_2$B 加上 $_1$C$_2$C 大于 $_1$A$_2$A，因此按照笛卡尔先生的理论，为了保持相同的运动量，物体 B 必须仅从 $_1$B 移动到 β，物体 C 仅从 $_1$C 移动 ϰ，其中 $_1$Bβ 和 $_1$Cϰ 分别等于 $_1$A$_2$A 的一半。但如此一来，如果 $_1$Bβ 的平方加上 $_1$Cϰ 的平方小于 $_1$A$_2$A 的平方，那么这就意味着力已经损失了。反过来，我将证明以另一种方式可以通过碰撞获得力。因为按照笛卡尔先生的假说，以速度和方向 $_1$A$_2$A 移动的物体 A，将分别赋予处于静止的物体 B 和 C 以速度和方向 $_1$Bβ 和 $_1$Cϰ，并使其自身静止在它们所在的位置上，因此反过来，如果这两个分别以速度和方向 β$_1$B 和 ϰ$_1$C 移动的物体返回来碰撞在位置 $_2$A 处于静止的物体 A，并在碰撞后静止，那么它们必定使物体 A 以速度和方向 $_1$A$_2$A 移动。但那样的话，毫无疑问，可能就会出现永恒的运动。因为假设以速度 β$_1$B 移动的重一磅的物体 B 可以上升到一英尺的高度，物体 C 也同样

[163]

197

如此，因此在碰撞前，它们拥有一个能将两磅重的物体提升到一英尺高度的力，或一个能将一磅重的物体提升到两英尺高度的力。但在它们分别在位置 $_1B$ 和位置 $_1C$ 与静止于位置 $_2A$ 的重一磅的物体 A 碰撞后，物体 A 的速度翻了一倍（也就是说，速度 $_2A_1A$ 是速度 β_1B 或 $\varkappa_1C$ 的两倍），它将能将一磅重的物体提升到四英尺的高度。因为这些物体凭借其速度可以上升的高度是这些速度的平方。现在，如果我们可以通过这种方式获得两倍的力，那么我们也就发现了永恒的运动——然而，准确地说，力不可能凭空获得或失去，而推导出这种结果的定律是欠考虑的。

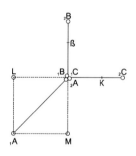

【125】　　　我在笛卡尔先生的信中找到了您告诉我的内容，即他在信中所说的，他在考虑普通动力的原因时，明显试图忽略速度，只考虑高度。如果他在阐述自己的物理原理时能记住这一点，也许他就可以避免自己在自然法则方面所犯的错误。但他却在本该保留速度的地方忽略了对速度的考虑，而在它会产生错误的地方保留了对速度的考虑。因为就我所谓的死力（如当一个

物体最开始有下降的冲动，但还没有从持续不断的运动中获得任何推动力时）而言，同样地，当两个物体似乎处于平衡时，速度就像空间一样；但当我们考虑具有某种推动力的物体的绝对力（这是确立运动定律所必需的）时，我们则必须根据原因或结果来进行估算，也就是说，根据其凭借这种速度所能上升的高度，或根据其为了获得这个速度而必须下降的高度来进行估算。如果有人想在这些情况下使用速度，那他就会凭空地失去或获得很多的力。除了高度，我们还可以假定一种弹力或其他的原因或结果，而它们实质上都是同一种东西，即速度的平方。 [165]

我在三四个月前出版的《文坛新志》中发现，来自巴黎的名叫卡特兰的神父（我不认识他）就我的异议 **7** 做出了答复。**8** 但问题是，他似乎并没有对这个难题进行太多的思考。为了极力反驳我，他给了我比我想要的还要多的东西，并且认为笛卡尔的原理仅适用于他所谓的"等时的力"的情况，正如我们在五种简单机械中所看到的那样，而这与笛卡尔先生的意图完全相反。此外，他认为，在我所提到的情况中，为什么两个物体中的一个相比于另一个尽管有着较小的运动的量，但它却与另一个有着相同的力，理由是这个物体由于从更高的地方下落，所以它下落的时间更长。如果这个理由很重要的话，那么他想要捍卫的笛卡尔的原理就会出于这个理由而被彻底摧毁。但这个理由是站不住脚的，因为这两个物体可能在相同时间内从不同的高度落下，这取决于它们下落时所依凭的平面的 【126】

倾斜程度，所以我的异议仍将完全成立。因此，我希望我的异议能够得到一位身为几何学家、精通此类问题的笛卡尔主义者的考察，**9** 并且我希望这位笛卡尔主义者说话要真诚，因为这位卡特兰神父的表述太过随意了。而我在这些恼人的琐事中找不到任何乐趣，不过，这不会妨碍我以一种完全友好的态度来纠正他。**10** 但如果他还是像第一次那样回复我，我将不再理会他，并且等待更合适的人来解决争端。先生，由于最有才干的笛卡尔主义者都是您的朋友，都尊敬您，所以如果有哪位先生受您的劝勉激励而动心，想把这个问题弄个水落石出，那么公众就会像我一样对您感激不尽。他会发现，我至少在提出自己的思想时是真诚的，在进入别人的思想时是谦和的。

【127】 这个国家的工匠都很懒惰，也没什么求知欲。不然，我的**计算器**早就造好了；我曾和一个我觉得合适的人讨论过这件事。但死神把他从我身边夺走了。然而如果弃之不顾，那就太可惜了。这就是为什么我要特意找一个还过得去的工匠来做这件事，这样一来，我也就可以完善我的**精密计时器**了。

[167] 最后，先生，由于我无限尊敬您，并对与您有关的事情抱有极大的兴趣，所以如果我能随时了解您的健康状况，以及您正在从事的、我自认为能认识到其价值的工作，我会非常高兴。

您最谦卑也最顺从的仆人，对您满腔感激之情的莱布尼茨。

21. 阿尔诺致莱布尼茨 **1** A 36; F 17; LA 19

[?]，1687 年 3 月 4 日

先生，自收到您的来信已过了很长时间，但在此期间，我有太多事情要处理，所以未能早点给您复信。

先生，我不太明白，您所说的"灵魂承载着对它的形体正在发生的事情的<u>更分明的表达</u>"是什么意思，以及当我的手指被扎了一下，怎么能在我的灵魂还没有因此而感到疼痛之前，就让它知道我的手指要被扎一下。这一更分明的表达以及诸如此类的东西，应该会让它知道我体内发生的无穷多的其他事情，但它却并不知道，比如，发生在消化吸收中的一切。

至于您所说的，虽然我的手臂在我想举起来的时候就会举起来，但那并不是因为我的灵魂引起了我的手臂的这种运动，而是因为"当我想要举起我的手臂时，也正是我形体里的每一 【152】 个部分都倾向于这个结果的时刻，因此形体根据它自身的法则运动，尽管正是因为上帝在决定宇宙中所有事物的这一序列时便已预先考虑到的事物之间奇妙而可靠的一致，这些法则才在意志有如此倾向的时候为得到该结果而起作用的"，在我看来，这和那些坚持认为我的意愿是我手臂运动的偶然原因，而上帝是其实在原因的人的说法是一样的。因为他们认为，上帝在每次我想举起手臂时并不是及时地通过一个新的意愿来使我举起手臂的，而是通过"祂借以意愿去做祂所预见到的一切为了使宇宙成为祂所认为的应有的样子而必须做的事情"的那种单一的永恒意愿的行为来使我举起手臂的。您所说的，当我想要举起我的手臂时，它运动的原因是"上帝在决定宇宙中所有事物的这一序列时便已预先考虑到的事物之间奇妙而可靠的一致"，难道这种原因不也是可以归结为那种单一的永恒意愿的行为吗？因为如若没有一个实在的原因，这种"上帝的考虑"是不可能使事情发生的；因此我们必须找到我的手臂运动的实在的原因。您不会认为那原因就是我的意愿。我也不认为您会相信，一个形体可以使其自身运动，或者说，另一个形体是其运动的实在的动力因。因此，剩下的就是，这种"上帝的考虑"才是我手臂运动的实在的动力因。现在您把这种"上帝的考虑"称作"祂的决断"，而决断和意愿是一回事，因此按照您的说法，每当我想要举起我的手臂时，上帝的意愿才是这种运动的实在的动力因。

至于第二个难题，我现在对您的观点的理解与我早先对您的观点的理解完全不同。因为我原以为您是这样推理的：形体 [2] 必须是真正的实体，而除非它们有真正的统一性，否则它们就不可能是真正的实体，但除非它们有实体形式，否则它们就不可能有真正的统一性，因此形体的本质不可能是广延，而是除了广延之外，每个形体都必须还要有一种实体形式。对此，我曾提出过反对意见，我认为一种可分的实体形式——正如在实体形式的坚决支持者看来，几乎所有的实体形式都是可分的——无法赋予一个形体以没有那实体形式便缺乏的统一性。

您赞成这一点，但您却坚持认为，每一种实体形式都是不可分的、不可毁灭的，也是不可生成的，因为它只能藉由真正的创造而产生。

由此可知，（1）每一种可以被如此分割，以致其每一个部分都保持与整体相同性质的形体，如金属、石块、木头、空气、水以及其他液体，都没有 **3** 实体形式。

（2）植物也没有，因为当一棵树的一部分被种在地里或被嫁接到另一棵树上时，它仍是一棵与以前相同种类的树。 【153】

（3）因此，只有动物才会有实体形式。那按照您的说法，只有动物才是真正的实体。

（4）然而，您对这一点并不太确定，以至于这使得您不能说动物是否拥有灵魂或实体形式，由此可知，在可感世界里，除了人之外，就不存在任何实体性的东西了，因为您认为，实体的统一性需要一种不可分的、不能以自然的方式被毁灭的完全的存在者，那这种统一性只能存在于就像所谓的"我"一样的灵魂或实体形式中。

（5）最终的结论就是，举凡其诸部分都只是机械地结合在一起的形体，皆不是实体，而只是机器或由若干实体构成的聚合体。 [171]

我就从最后一点谈起，但坦率地讲，这不过是一场语词之争。因为圣奥古斯丁毫不费力地认识到形体没有任何真正的统一性，因为统一性必定意味着不可分，而任何形体都不是不可分的。因此，除了心灵之外，任何东西都没有真正的统一性，就像没有真正的"我"一样。但您能从中得出什么结论呢？您可能会说，"没有灵魂或实体形式的形体中不存在任何实体性的东西。"为了使这个结论站得住脚，"实体"和"实体性的东西"必须事先用这些术语来定义：我把那拥有真正统一性的东西称作"实体"或"实体性的东西"。但由于这个定义尚未被接受，所以没有哪一位哲学家没有这样的权利说，"我把那不是一种存在样式或方式的东西称作实体"，也没有哪一位哲学家因此便不能认为，"一块大理石中不存在任何实体性的东西"是一种自相矛盾的说法，因为那块大理石不是另一个实体的存在方式，人们只能说它不是一个单一的实体，而是机械地结合在一起的若干实体。现在这位哲学家会说，"在由若干实体构成的事物中不存在任何实体性的东西，这在我看来是一个悖论"。他还可以补充说，他更加不理解您的这种说法，即"如果形体中只有物质及其样态，那么毫无疑问，它将只是某种想象的东西，只是某种显象"。因为您只把物质及其样态放入了一切没有灵魂或不可分的、不可毁灭的、不可生成的实体形式的东西中。而只有在动物身上，您才承认这类**形式**。因此，您将不得不说，大自然中其余的一切都"只是某种想象的东西，只是某种显象"，而且您将有更充分的理由对人类所有的劳动成果说同样的话。

【154】 我无法赞同后面这些命题。我也看不出相信"所有有形体

的自然物都只是'机器'和'由若干实体构成的聚合体'"**L1** 有什么困难，因为严格讲，这些部分中没有一个可以说是一个单一的实体。这仅表明有些东西非常值得注意，即正如圣奥古斯丁早已注意到的那样，思维实体或精神实体在这方面比广延实体或有形实体更出色，也就是说，只有精神实体才拥有真正的统一性和真正的"我"，而有形实体则没有。由此可知，我们不能基于"如果形体的本质是广延，它就没有真正的统一性"而用这一点来证明广延不是形体的本质，因为没有真正的统一性可能就是形体的本质，正如您所承认的所有那些没有与灵魂或实体形式结合在一起的事物都没有真正的统一性。

[173]

但是，先生，我不知道是什么使您相信在动物身上有这些在您看来必定"不可分的、不可毁灭的、不可生成的"灵魂或实体形式的。这并不是因为您认为这对于解释它们的行为是必要的，因为您明确地说："形体的所有现象都可以用机械学来解释，或用微粒哲学来解释，因为它们遵循某些与是否存在灵魂无关的机械原理。"这也不是因为动物的形体不只是机器或由若干实体构成的聚合体，必须具有真正的统一性。因为既然植物可能都是机器或由若干实体构成的聚合体，那么动物又有什么必要是别的呢？此外，我不觉得，当这些灵魂变得不可分割和不可毁灭时，我们很容易就能维持这种观点。因为当一条

L1 在第 154 页第 3 行 "aggregez des substances" 的后面，莱布尼茨加了一个旁注：如果存在着由若干实体构成的聚合体，那也必定存在着构成所有聚合体的真正实体。

蠕虫被切成两半，[它的] 每一个部分都像以前一样移动时，您会怎么看待它的灵魂呢？如果一场大火烧毁了一间饲养着十多万只蚕的房子，那么这十多万不可毁灭的灵魂将会怎样呢？它们能像我们的灵魂一样脱离所有物质而存活下来吗？再就是，摩西在止息一场瘟疫时所弄死的数百万只青蛙，以色列人在沙漠中杀死 **4** 的无数鹌鹑，以及在洪水中丧生的所有动物，它们的灵魂又会怎样呢？关于这些灵魂以何种方式存在于每一个受孕降生的动物之中，仍然存在其他的疑问。它们在精液中吗？它们在那里是不可分和不可毁灭的吗？那么当精子没有受孕而白白流掉时，情况会怎样呢？当雄性动物一生都不接触雌性动物时，情况又会怎样呢？这足以让我们对这些困难有所了解。

【155】　　现在我们只需谈一谈理性的灵魂所赋予的统一性。我认同，**5** 它有一种真正完满的统一性，有一个真正的"我"。我也认同，它以某种方式将这种统一性和这个"我"传递给由灵魂和形体构成的整体，即所谓的人。因为虽说这个整体不是不可毁灭的，因为当灵魂与形体分离时，它会消亡，但从"我们

[175]　无法设想半个人"这个意义上讲，它是不可分的。但是，当我们单独考虑形体时，由于我们的灵魂并没有向形体传达它的**不可毁灭性**，所以严格说来，我们也不会看到它向形体传达它真正的统一性或它的不可分割性。因为尽管形体与我们的灵魂结合在一起，但同样确定无疑的是，它的各个部分也只是机械地彼此结合在一起，所以它不是一个单一的有形实体，而是由若

干有形实体构成的聚合体。它与自然界中的所有其他形体一样都是可分的，这也是事实。由于可分性与真正的统一性截然对立。因此，它没有真正的统一性。但您却说，它通过我们的灵魂确实拥有统一性。换句话说，[形体]从属于那具有真正统一性的灵魂，但这种统一性不是形体的内在统一性，而是类似于由一个国王统治并构成一个王国的不同行省的统一性。

虽然只有在其中每一个都可以说"我"的理智自然物中才有真正的统一性，但仍有不同等级的不合乎惯常说法的统一性适用于形体。因为尽管没有一个形体就本身而言不是由若干实体构成的，但我们有理由认为，那些其各个部分为了同一目的而协同作用的形体，如一座房子或一块手表，就要比那些其⁶各个部分都只是彼此接触的形体，如一堆石头或一袋钱，更具有统一性，也只有后者才应该被称作**偶然的聚合体**。在自然界中，几乎所有我们称其为"一个事物"的形体，如一块金子、一颗恒星、一颗行星，都属于前一类形体，但这一点在有机体中，也就是说，在动物和植物中，表现得最为明显——不需要因此而赋予它们以灵魂（在我看来，您其实并没有赋予植物以灵魂）。因为一匹马或一颗橘子树有什么理由不能像一座⁷教堂或一块手表一样被视作一个完全的工件成品呢？它们被称为"一个事物"（它们具有统一性，但这种统一性，为了适合形体，必须⁸不同于那适合精神性的自然物的统一性），但其各部分只是机械地彼此结合在一起，它们因此只是机器，而这又有什么关系呢？成为如此美妙的机器，以至于只有上帝才能⁹创造它们，这难道不是它们所能拥有的最大的完满吗？因此，这样看来，我们的形体就其本身而言也是"一个事物"。它同那与它结合在一起并支配它的理智自然物的关系仍然可以为它增添某种统一性，但这并不是适合精神性的自然物的那种统一性。

【156】

[177]

先生，我向您坦白，我关于运动定律所持的观念不够简洁清晰，无法准确评判您向笛卡尔派提出的难题。回答您的是卡特兰神父，他很聪明，也是一位非常优秀的几何学家。自从离开巴黎后，我就不再与那里的哲学家保持联系了。但既然您已决定回应这位神父，并且他或许也想为自己的观点进行辩护，那么我们就有理由希望你们的这些文章能够澄清这个问题，以便使我们知道该如何解决。

先生，对于您渴望了解我的健康状况，我深表感谢。感谢上帝，就我这把年纪来说，我的健康状况已经算很好了。我只是在初冬时得了一次重感冒。很高兴看到您正在考虑完成您的计算器。如果这么好的一项发明被弃之不顾，那就太可惜了。**L2** 但我非常希望您在给深爱着您的君主的信中提到的那个想法最终付诸实践。因为在一切事中，智者最当谨慎、最不能拖延的应该是那与其得救相关的事。

您最谦卑也最顺从的仆人，阿尔诺。

L2 莱布尼茨在页边空白处给誊写员下了一个指令，他画了一条竖线并写道：以下内容不包括在内。

22. 莱布尼茨致阿尔诺 **1** A 41; F 18

[哥廷根，1687 年 4 月 30 日]

先生：　　　　　　　　　　　　　　　　　　　　　　　　　【166】

　　我的大部分观点在您看来 **2** 与其他人的观点并无太大不同，这让我感到非常高兴，我宁愿您认为我的观点只是在文字上与其他人的观点不同，而不是把它们当作新奇的东西来　　　　　　　　　　　　　　　　　　　　　　　　　【167】
看待。我甚至敢说，您会在我的观点中认识到一种中间立场，认识到我的目的不是毫无必要地推翻公认的观点，而是澄清它们。

　　我认为，我们的灵魂对整个宇宙以及过去、现在和未来的一切都有某种混乱的感觉，因为每个实体都表达着整个宇宙；并且由于从某种意义上说，它的整个本质仅在于这种对宇宙的表达，因此我们可以看出，正是通过表达的程度，它将它归于自身的现象与它归于那可以说它只是在远处看到的其他事物的现象区分了开来。当我们考虑到所有发生和呈现在灵魂面前的一切都只是灵魂先前的表达的结果，灵魂已经包含了它，我们就不会对手指要被扎一下或任何其他特殊现象的知觉是如何降　　　　　　　　　　　　　　　　　　　　　　　　　[179]
临于灵魂的感到困惑了，因为它们是灵魂的状态的结果，遵循着大千世界所遵循的同样的法则；不过，这些结果的影响仍然被称作强制性的，其实也正常，因为我们将我们无法从自己分明设想出来的事物中详细推演出来的东西归因于其他原因。因为我们的不完满只在于我们的表达混乱（只有上帝能分明地设想整个宇宙）；因此，我们必须从这一点来追溯所谓的"受动"、"依赖其他事物"或"被迫"的根源。

现在正如您在前几封信中已经承认的那样，我只把内在的活动和受动（根据形而上的严谨的说法）赋予被造实体（总是把普遍因先放到一边），如果一个事物的受动只能由另一个事物的活动来解释，就像我刚才提到的那样，那么我不明白，先生，您怎么能认为，在我看来，意愿是手臂运动的偶然原因，只有上帝才是其实在原因，因为依我看来，上帝既不是形体运动的原因，也不是心灵思想的原因，每一个偶然事件都是由于上帝在创造其主体时赋予它的状态而发生在它身上的，并且只是像实体本身依赖于上帝那样通过保存和持续创造而依赖于祂。但我终于明白了，您做出这个判断是因为您认为我不想说一个形体可以作为实在的动力因使自身移动；然而，我的回答是，运动被认为是一个有形实体的状态，用严格的形而上的语言来讲，它确实只能由作为其主体的有形实体引起，并且必然遵循我在前几封信中所确立的原则。当我在解释不同实体的现象之间的奇妙一致的过程中谈到上帝的意志时，我的意思是，上帝是它的原因，就像祂是胚胎形成的原因，也是自然界中所有其他美好事物——它们是上帝在创世之初放入实体中的状态的结果——的原因一样。如果偶因论的倡导者认为，上帝在形体中产生运动，就像祂在心灵中产生思想和意愿一样，那么我赞成他们，但我一直都认为他们在这一点上与我有很大的区别，他们不承认物质实体中有活动，无论是内在的还是流溢的，而我承认所有的受造物都有内在的活动，但没有其他活动。

至于不可生成、不可毁灭的实体形式，先生，我会通盘考虑您从我的解释中得出的结论，并尝试消除您的疑虑。我赞成第一个结论，即每个其各部分与整体有相同性质的形体都只是一个聚集而成的存在者，没有任何实体形式。至于第二个结论，我是有疑问的，因为尽管接穗能够产生一棵新树，但它里面可能包含着一个原本就被赋予生命的种子部分。至于第三个结论，即使植物只是聚集而成的存在者，我们也不能由此推知，只有动物是实体，因为可能有无限多的其他不为我们所知而又缺乏感觉能力的有形实体。至于第四个结论，的确，我没有那么大胆地分别断言这个或那个形体究竟是一个实体，还是只是一个机器。在我看来，我们仍然有理由相信，除了人类之外，在我们周围的自然界中，仍然存在着其他实体。而至于第五个结论，我不只是认为，仅以机械的方式结合在一起的事物是由若干实体构成的聚合体；我甚至认为，除非真正的实体进入它的构成，否则它就只是一种现象。同样，正如您正确判断的那样，我必须从最后一点开始澄清。

诚然，如果我唯一的根据是我违反惯常用法而编造的"实体"的定义，那么这也就是一场语词之争；我也承认，任何人都有权以这样一种方式来使用"实体"一词，即不仅一块大理石或一口时钟是一个实体，甚至彩虹也可以算作一个实体。尽

[181]

【169】

管在我看来，我通常的意思与谈及**由于自身的**事物与**由于偶性的**事物、实体形式与偶然形式的那些学派所介绍的意思一致；也正是在这个意义上，哲学家们不认为人造物和聚集而成的存在者具有实体形式（也就是，相当于灵魂的某种东西），我可不想与一个以其他方式使用这个术语的人就此对簿公堂。但抛开术语不谈，我把这个问题提升到了一个更高的层次，我相信，如果只有聚集而成的存在者，那其实也就没有实在的存在者。理由是，每个聚集而成的存在者都以被赋予了真正统一性的存在者为前提，因为它只能从构成它的那些存在者的实在性中获得它的实在性，所以如果构成它的每一个存在者也都是聚集而成的存在者，或者，我们必须再次为它的实在性寻求另一个根据，那么它将没有任何实在性。这里不可能存在无限倒退，就像在逻辑推理中不可能存在无限倒退一样；因此，如果

[183]　在形体中除了广延之外没有别的东西，那么在继续分解它们的过程中，人们必然会得到原子，就像伊壁鸠鲁或科尔德穆瓦的原子一样；或者形体必须由数学的点，也就是，没有部分的［点］所构成；或者最后我们不得不承认，形体只是现象，而在这些现象中，我们找不到任何实在的东西。我不相信这些原子存在于自然界中，更不相信形体可以由点构成，而您也同意这一点；因此，如果形体不仅仅是现象，那它就会还有实体形式。

【170】　　为了使这个推理更加清楚明白，我们不妨考虑一下两颗钻石，大公的钻石和大莫卧儿的钻石（我前面用过这个例子）。我相信大家都会同意，我们在心灵中用这两块彼此相距甚远、

被称为一对钻石的宝石构成的聚集而成的存在者不是一个实体，甚至也不是一个实在的存在者，尽管为了便于推理，我们的心灵把它视作一个存在者来给它命名。如果您同意这一点，我就再往前迈一步，从形而上的严格意义上讲，我认为，如果所假定的存在者彼此之间相距三千里格时不是一个实体，那么即使它们相距只有一英寸，甚至更短，也不会成为一个实体。既然在这里相距更远或更近都无关紧要，甚至有接触也是如此，所以我无法设想，两个无论彼此多么接近的形体 a 和 b 真能构成一个存在者；甚至有可能发生这样的情况，即 b 在接触 a 时仅与 a 一擦而过，并经过（b）继续向（(b)）移动。在这种情况下，我想知道，它们是否会像它们彼此挨在一起保持静止（这也许永远都不会发生）时那样构成一个实体。同样，即使在一个点上或一条线上的接触与在两个全等的表面上的接触一样有效，也还有无数其他类似的问题足以使我们明白，我们由此形成的统一性仅来自我们的观念。所以我认为，[这个例子] 就像那些关于热、颜色、幻日、抽象物、时间、数目、运动本身和形状，以及成千上万的其他东西的例子一样，它们在自然界中有其根据，但没有终极的实在性。

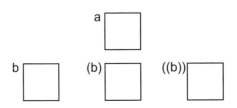

[185]

【171】

　　我将形状和运动与现象相提并论，也许有人会感到惊讶，但我不会收回这一点，因为就运动而言，很明显，由于它是一种接续的存在，它就像它所需要的时间一样，其各部分没有结合在一起，它就不可能存在。我承认，力，也就是，某种将引起变化的状态，存在于形体之中，但运动并不存在于形体之中。由于运动中明显而精确的东西是持续一段时间的环境变化，因此我们永远无法从中确定变化的主体，因为我们可以给出无数的同样令人满意的假定，我们可以将静止或运动以及这样那样的速度和方向时而归于这个事物，时而又归于那个事物；因此必定存在着其他实在的东西，它就是主体变化的原因——即存在于有形实体本身之中的力或活动，它是运动中所认识到的一切实在性的根据。否则，便不存在任何支持这一个系统而不是另外一个系统的可发现的理由，它们都将是错误的，也就是说，一切有可能都只是显象。

　　至于形状，我认为另一个悖论真实可靠，即不存在确切的实在的形状，我们在形体中永远都找不到球体、抛物线或任何其他完美的形状；因为我认为同样的道理既适用于大的形体，也适用于小的形体，所以假设有一个像伊壁鸠鲁的原子一样小的球体，如果我们假定那里有一个大小相称的小动物，那它便总是会在其中发现不平坦，而我们还可以以此类推，直至这个球体无限小。之所以出现这种情况，是因为物质实际上是无限分割的，每个粒子都是一个拥有无限多个受造物的世界。

　　所有这些考量都充分表明，广延不能构成形体的实体，因

214

为它的样态只是现象或抽象物；尽管大小、形状和运动为我们提供了比热和颜色更分明的概念，但它们仍是某种混乱的东西，只是显象。只有完全的存在者或实体，及其现在的状态，即过去、现在和未来的诸现象的表达，我才认为是纯粹实在的东西。

我还要再补充一点，那便是，为了说明广延物里面有什么，仅仅说它在诸部分之外还有诸部分是不够的。可以说有许多事物，每个事物中又有许多事物，但这并不能表明它们有什么共同之处，或这些事物具有什么本性。如果有人告诉我一磅是多少马克，一马克是多少盎司，一盎司是多少德拉克马，一德拉克马是多少格令等等，而不向我做出更多的解释，那么我将永远都不知道他的意思。复多性、广延和机器都包含并预设了存在、统一性、实体和力。

【172】

[187]

我再重申一遍，只要假定某些机械原理，一切现象都可以用机械论哲学来解释；但如果我们想完全弄明白这些原理，我们就不得不承认，在一个有形实体或一个实在形体中，除了广延的样态之外，还有别的东西。上帝的协助、运动传递的原因、连续体的构成以及诸如此类的一般性难题不应该进入具体问题的讨论。一个相信地球运动的哥白尼主义者，和一个相信受造物只是偶然原因的笛卡尔主义者，他们在日常对话中会像其他人一样交谈，甚至在涉及具体问题时也是如此。

我承认，我无法绝对地证明除了心灵之外，还有其他具有真正统一性的实体，因为形体有可能只是被安排好了的现象，但在我看来，这简直不合理，或者说，不符合上帝运作的完满性。因为每个实体在某种意义上都是宇宙的一种表达，而且它们不会互相妨碍，所以上帝就会创造出祂所能接受的尽可能多的实体；也许它们有无限多的我们所不知道的等级，在我看来 [3]，认为我们周围自然世界的全部生命和知觉都隶属于人类的那些人在形而上学方面知识有限，就像把世界封闭在一个球里的那些人在物理学方面知识有限一样。

【173】　　灵魂、形式或生命的复多性不应比受造物的复多性更使我们感到烦恼；正相反，这与造物主的伟大相一致。在一滴胡椒水中，我们可以看到其中有着数量惊人的动物。我们不妨假定它们都被赋予了不可毁灭的灵魂，那会有什么坏处呢？的确，一个人一瞬间便可以杀死上亿只这样的动物，也可以小心翼翼，避免烧毁或撕裂这些灵魂；既然人们愿意忍受不可毁灭的原子，他们为什么要对这些可怜而又无辜的灵魂动怒呢？那它们到哪里去了？我的答复是，它们从哪里来就会到哪里去。也许它们自创世之初就已经给某种形体赋予了生命，但那是一个非常小的形体，它逐渐长大，经历许多变化之后，最终出现在了一个更大的舞台上，在那里，它扮演着自身的角色，它在黑暗的小世界里和那些与之相称的受造物一起聚集力量，它在这些受造物中间仍旧既是主动的，也是被动的，并有某种知觉，

[189]　尽管它的知觉有可能直到它重新出现在事物序列中才会变得清楚分明。因为动物的每一次生成有可能只是生生不灭的动物的生长变化，所以我们有充分的理由相信，死亡也只不过是另一

种变化，是一种缩小，因此，可以这样说，所有动物在某种意义上都是不朽的。但人的［死亡］必定超越其他动物的死亡，因为他的知觉或表达超越了其他动物的知觉或表达。心灵遵循道德法则，而不是机械法则，上帝像君主那样而不是像工匠那样对待它们；祂在时机成熟时创造它们，并保护它们免受形体死后的变化的影响，因此它们总是在祂面前履行公民在祂作为君王的、由心灵组成的宇宙共和国中的职责，而这是需要记忆的。

至于那与灵魂分离的形体，或尸体，我承认，它只有机械的或表面上的统一性，但它仍有实在性，因为它无论有没有生命，都是由无限多的有生命的有形实体构成的。当一只虫子被切成两半时，整只虫子的灵魂（如果它有灵魂的话）肯定只保留在其中的一半中，即虫子生成前灵魂所处的那一半中，两部分所看到的运动证明不了什么相反的结论。虽然许多有生命的实体可以进入另一种动物机器的构成中，但我们无法想象，整体的灵魂或形式是由诸部分的形式构成的。

总之，我并不是说，在聚集而成的存在者中没有任何实体性的东西，而只是说，在除这些存在者之外便别无其他别的什么的事物中，没有任何实体性的东西。我也不是说，我承认实体形式只存在于动物身上，或者，自然界的其他事物都是想象的；但我敢肯定地说，每一个聚集而成的存在者就像彩虹一样，不是实体，而一块大理石的有形性只能证明这种现象具有可见性。

【174】

23. 莱布尼茨致阿尔诺 [1] A 42; F 18; LA 20

哥廷根，1687 年 4 月 30 日

【175】 　　　　　　　　　　　　1687 年 4 月 30 日，于哥廷根

先生：

　　您的来信对我大有裨益，而且显示了您的慷慨大方，我无权要求您回信，因此您的回信永远不会太迟。不管它们对我来说多么令人愉快，多么有用，但我考虑到您要忙于公益事业，

[191] 便抑制了自己的欲望。您的考量总是很有启发性，我将不揣冒昧地对它们逐一做出讨论。

　　我曾说过，在其他条件相同的情况下，灵魂更分明地表达属于它的形体的东西，因为它在某种意义上，尤其根据其他形体与它自身形体的关系，表达着整个宇宙，而我不认为我的这种说法有什么疑难之处。因为它不能均等地表达一切事物；否

【176】 则诸灵魂之间就没有区别了。但这并不意味着灵魂必定完全知觉到其形体各部分发生的一切，因为这些内在部分——就像外部事物一样无法得到均等表达——之间的关系也有程度之分。某物的遥远可以通过其他事物的渺小或缺陷来弥补；泰勒斯 [2] 看到了星空，但却没有看到他脚下的井。[3] 神经是比较容易被感知的部分，也许只有通过它们，我们才能知觉到其他部分；而这显然是因为神经或与之相关液体的运动能更好地模仿各种物理作用，并且不那么容易将其弄混乱。这样一来，灵魂更分

明的表达便对应着形体更分明的物理作用。从形而上学的角度讲，并不是神经作用于灵魂，或其他形体作用于神经，而是其中一个藉由一种自发的关系表象另一个的状态。同样，我们必须记住，我们的形体发生的事情太多了，以至于我们无法分别知觉到它们。但我们却能感觉到某种我们所习惯的结果；只是由于复多性，我们无法区分它们其中的内容，就像当我们从远处倾听大海的声音时，我们无法区分每一个波浪的声音，尽管每一个波浪都对我们的耳朵有影响。但当我们的形体发生重大变化时，我们会立即注意到它，而且相比那些并不伴有我们器官显著变化的外部变化，我们能更好地注意到它。

除非灵魂根据已经确立的原则知道或混乱地表达一切，否则我不敢说灵魂在感觉到疼痛之前就知道了手指要被扎一下。但灵魂先行对未来所具有的那种表达，虽说混乱和模糊，却是它将来所发生的事情的真正原因，也是它后来在这种模糊消除以后所拥有的那种更清楚的知觉的真正原因：未来状态是先前状态的结果。【177】

我曾说过，上帝以这种方式创造了宇宙，即灵魂和形体虽都各按其自身法则活动，但在现象上却彼此一致。先生，您认为，"这符合偶因论"。如果是这样的话，我就不会为此感到不安了，因为我乐于看到认同我的人。但据我粗略了解，您的理由是您假定我不会说一个形体能使自身运动。由于灵魂不是手臂运动的实在原因，形体也不是手臂运动的实在原因，所以其实在原因是上帝。但我有另一种看法，我认为，在所谓的**运动** [193]

的状态中，实在的东西完全来自有形实体，就像思想和意愿来自心灵一样。每一个实体中所发生的一切都是上帝创造它时赋予它的第一个状态的结果；撇开不寻常的协助不谈，上帝寻常的协助仅在于保持实体本身与它先前的状态以及〔这个状态〕所带来的种种变化相一致。然而，"一个形体推动另一个形体"的说法是完全正确的，也就是说，我们发现一个形体永远都不会开始具有某种倾向，但当另一个形体接触它时，它会根据我们在现象中所观察到的恒定的法则成比例地失去某种倾向。事实上，由于运动是真实存在的现象，而不是存在物，所以一种运动现象在我的心灵中便是另一种运动现象的直接结果，同样，在别人的心灵中也是如此。但一个实体的状态却不是另一个特殊实体的状态的直接结果。

【178】

我不敢断言植物没有灵魂，没有生命，也没有实体形式，因为尽管一棵树的一部分被种在地里或被嫁接到另一棵树上，可以长出一棵同种类的树，但它的种子部分有可能原本就包含了一株新的植物，就像动物的精液中可能存在着生生不灭的动物，它们虽说非常小，但却可以长成同类的动物一样。因此，我目前还不敢断言只有动物才有生命，才被赋予了实体形式。因为有形实体的形式可能有无限多的等级。

先生，您说，"那些主张偶因论，说我的意愿是我手臂运动的偶然原因，而上帝是其实在原因的人，认为上帝在每次我想举起手臂时并不是及时地通过一个新的意愿来使我举起手臂的，而是通过'祂借以意愿去做祂所预见的一切为了使宇宙成为祂所认为的应有的样子而必须做的事情'的那种单一的永恒意愿的行为来使我举起手臂的。"对此我的回答是，我们也可以基于同样的理由说，奇迹本身并不是出于上帝的新意愿，而是符合祂的总体计划；而我在前面的［信］中已经说过，上帝的每一个意愿都包含了祂所有其他的意愿，不过有一定的优先顺序。

如果我正确无误地理解了那些偶因论倡导者的观点，那么【179】我要说的是，他们确实引入了一种奇迹，一种持续不断的奇迹。因为在我看来，奇迹的概念并不意味着罕见。有人会告诉[195]我说，在这种情况下，上帝只是按照一般规则行事，因此没有奇迹。但我不赞同该结论，我相信，即使是就奇迹而言，上帝也可以为自己制定一般规则。例如，如果每当某件事发生时，上帝便下定决心立即施恩，或者采取其他类似的行动，那么这种行动尽管司空见惯，但仍是一个奇迹。我承认，偶因论倡导者也可以就这一术语给出另外一种定义。但在我看来，当使用奇迹这个术语时，它与通常的行动有着内在的区别，其区别在于行动的实体，而不在于是否经常性的重复（外在偶性）；确切地说，当上帝所做的事情超出了祂赋予受造物并保存在它们身上的力量时，祂便是在行奇迹。因此，如果运动的持续超出了形体的力，那么根据普遍接受的观念，我将不得不说，运动的持续是一个真正的奇迹；但我认为，根据上帝在有形实体的本性中设置和保存的法则，它拥有继续其变化的力量。为了使您更好地理解我的观点，我认为，心灵的各种活动根本不会改【180】

221

变形体的本性，形体的各种活动也不会改变心灵的本性，甚至上帝也不会在心灵和形体活动之际改变它们的本性，除非祂在行奇迹：在我看来，事物是以这样的方式被设计的，即除非形体根据自身的法则和力量准备去做某件事情，否则心灵永远都不会有效地意愿任何事情。因此，在我看来，人们不应该担心灵魂如何给予动物精气以某种运动或某种新的定势，因为实际上，灵魂从来都没有给予它们以任何东西，因为心灵和形体之间没 **4** 有任何关系，没有任何东西能够规定心灵要给予形体以什么样的速度，甚至也没有任何东西能够规定上帝在心灵出现某种情况时按照固定的法则要给予形体以什么样的速度；"灵魂对形体有实在影响和形体对灵魂有实在影响"的假说中存在的疑难同样出现在了偶因假说中，**反之亦然**——我们看不出任何规则之间的联系或任何规则的根据。如果有人就像笛卡尔先生所认为的那样想说，灵魂，或上帝在灵魂出现某种情况

【181】

时，只改变运动的趋向或定势，而不改变形体的力，因为在他看来，上帝不可能在任何时刻，在心灵每次有意愿时，都违背"必须保持相同的力"这条一般的自然法则，我的回答是，要解释灵魂的思想与形体趋向的路径和角度之间有什么联系仍然是非常困难的。此外，大自然中还有另外一条一般法则，这是

[197]

笛卡尔先生没有意识到的，但它同样很重要，即大自然始终保持着相同的总体趋向或定势。因为我发现，如果我们画一条直线，比如，一条自东向西穿过一个给定点的直线，我们计算世界上所有沿着与这条线平行的各直线接近或远离那给定点的形

体的所有趋向，那么所有向东之趋向的量的总和与所有向西之趋向的量的总和之差将永远是相同的；无论是在某些特定的形体(假定它们只在彼此间有交流）之间，还是就整个宇宙而言，情况都是如此，在宇宙中，差总是为零，因为宇宙中的一切都是完全均衡的，向东之趋向与向西之趋向是完全相等的。如果上帝做了违背这条规则的事，那就是一个奇迹。

【182】

因此，更加合理而且更加配得上上帝的假设是，祂最初以这样一种方式创造了世界机器，即祂在每时每刻都没有违背两大自然法则（也就是，力的法则和趋向的法则），而是除了在奇迹的情况下，完全遵循它们，各形体的发条会在灵魂有一个相配的意愿或思想时完全按照需要自行启动，而灵魂也只有在与形体先前的状态相一致时才有这种意愿或思想，这样，灵魂与形体机器及其各个组成部分的结合，以及两者之间的相互作用，只不过就是这种比任何其他假说都更能证明造物主之绝妙智慧的共存。

我们不能说这无论如何都是不可能的，也不能说上帝不是一个足够有能力的工匠，不能做到这一点，因此我们很容易断定，这个假说是最有可能的，因为它最简单，最美妙，也最容易理解，并且一举消除了所有的困难，更不用说犯罪分子的行为了，因为就这些行为来说，让上帝只通过单纯地保存被造的力来参与其中似乎更加合理。

最后，我想做一个类比，我会说，我所倡导的这种共存的情况，就像许多不同的乐队或唱诗班，他们各自演奏或演唱各

【183】

223

自的部分，而他们所处的位置使他们彼此看不见，甚至彼此也听不见，尽管如此，他们却能够通过遵循自己的乐谱而达到彼此完全一致，因此任何听到他们演奏或演唱的人都会发现他们之间有一种奇妙的和谐，这比他们之间有任何联系的情况更令人惊讶。甚至有可能出现这样的情况，即就两个唱诗班而言，站在其中一个唱诗班旁边的人会根据他所在的唱诗班的行为来判断另一个唱诗班在做什么，并因此而变得如此习以为常（特别是如果我们假定他能听到他所在的唱诗班的声音，但看不到它，能看到另一个唱诗班，但听不到它的声音），以至于当他的想象力开始发挥作用时，他不再会想到他所在的唱诗班，而只会想到另一个唱诗班，或仅将他所在的唱诗班当成另一个唱诗班的回声，而只将某些间奏曲归于他所在的唱诗班（因为在这些间奏曲中，他用来判断另一个唱诗班的交响乐规则没有出现），或者将他所在的唱诗班遵照他认为其他人都在模仿的某些计划（因为他在旋律的延续中发现了与它的关系）所演唱的某些乐章归于他自己的唱诗班，但并不知道另一个唱诗班的人也在按照他们自身的计划做着相应的事情。

[199]

然而，我决不反对把心灵称作形体运动的偶然原因，甚至在某种意义上称作形体运动的实在原因，因为就神的决断而言，上帝关于心灵所预见和预定的一切，是祂从一开始［借以］如此支配形体，以使它们按照祂赋予它们的法则和力相互作用的机缘；而且既然其中一个的状态是另一个的绝对可靠的结果，虽然往往是偶然的，甚至是自由的，所以可以说，上帝

【184】

根据实体的一般概念，建立了一种实在的联系，这种联系使它们能够完满地表达彼此，但它却不是直接的联系。

如果我所持的观点，即实体需要一种真正的统一性，只是建立在我违反惯常用法而编造的定义之上，如果我不是因此注意到和辨认出了一个不巧被别人忽略的概念，那么**这也就只是一场语词之争**。但我不仅对这个术语有着与普通哲学家大致相同的理解，因为我区分了**由于自身的统一性**和**由于偶性的统一性**，实体的形式和偶性的形式，不完满的复合物和完满的复合物，自然的复合物和人工的复合物，我还把问题提高到了一个更高的层次，并且撇开术语不谈，我相信，**如果只有聚集而成的存在者，那便不会有实在的存在者**；因为每一个聚集而成的存在者都预设了被赋予真正统一性的诸存在者，而这又是因为它只有从那些构成它的诸存在者中才能获得它的实在性；所以如果构成它的每一个存在者又是一个聚集而成的存在者，那么它便没有任何实在性；不然，我们就必须再次寻找其实在性的另一个根据，但以这种方式，即如果我们必须永远继续寻找下去，我们永远也不能找到这个根据。

先生，我赞成所有有形体的自然物都只是机器（它们通常是有生命的），但我不赞成"它们都只是由若干实体构成的聚合体"；因为如果存在着由若干实体构成的聚合体，那肯定也存在着使所有聚合体得以产生的真正的实体。因此，我们必然要么就得出某些作者所认为的构成广延的数学的点，要么就得出**伊壁鸠鲁**或**科尔德穆瓦**先生的原子（这些都是您和我所拒

【185】

[201]

225

绝的东西），要么我们就必须承认形体不存在任何实在性，要么我们就必须最终承认形体中存在着某些具有真正统一性的实体。

我曾在另一封信中说过，大公和大莫卧儿的钻石的组合可被称为一对钻石，但这只是一种理性的存在物，而如果它们彼此靠近，那将是一种想象或知觉的存在物，也就是说，一种现象。因为无论是接触，共同运动，还是朝同一目标共同行动，都与实体的统一性没有任何关系。

诚然，我们有时有更多的依据，有时则有更少的依据说"许多事物仿佛构成了一个单一事物"，这取决于这些事物之间的联系程度；但那不过是为了简化我们的思想，为了表象现象。构成一个聚集而成的存在者之本质的东西似乎也只是组成这一存在者的那些事物的一种存在方式。举例来讲，构成一支军队之本质的东西只是组成这支军队的人的一种存在方式。因此，这种存在方式以一种"其本质不是另一种实体的一种存在方式"的实体为先决条件。每台机器也以构成其部件的某种实体为先决条件，因此没有真正的统一性，便没有复多性。

【186】　简言之，我把这个只有通过加下划线才能捕获其差异性的同一性命题作为一个公理：**凡不是<u>一个</u>真正的存在者，也就不是一个真正的<u>存在者</u>**。我们往往都认为"一个"和"存在者"是可互换的。"存在者"是一码事，"若干存在者"是另一码事。但复数的存在者以单数的存在者为先决条件，若没有一个存在者，便没有若干存在者。还有什么比这更清楚的呢？

我不认为，在那些没有真正统一性的事物中，不存在任何实体性的东西，或者说，只有显象；因为我赞成这一说法，即作为它们的成分的事物在多大程度上拥有真正的统一性，它们就在多大程度上拥有实在性或实体性。

先生，您反对说，形体在本质上可能没有真正的统一性；但那样的话，形体在本质上将是一种被剥夺了所有实在性的现象，就像一个井然有序的梦一样。因为如果现象本身，如彩虹或一堆石头，不是由拥有真正统一性的存在者构成的，那它们就会完全是想象的。

您说，您看不出是什么原因使我承认这些实体形式，或更确切地说，这些被赋予真正统一性的有形实体；那原因就是，我认为没有真正的统一性便没有实在性，而且在我看来，单一实体概念包含着与聚集而成的存在者概念不相容的结论。我认为实体中存在着各种无法用广延、形状和运动来解释的性质，更何况形体没有精确和固定的形状，因为连续体实际上无限再分，而运动就其只是广延的样态和周围环境的改变而言，包含着某种想象的东西，所以，在那些变化的主体中，如果不求助于作为运动原因而存在于有形实体中的力，我们便无法确定它属于哪个主体。我承认，在解释特定现象时没必要提及这些实体和性质，也没必要探究上帝的协助、连续体的构成、充实空间以及大量其他诸如此类的东西。

我们可以用机械学来解释大自然的特殊事物（我承认这一点）；但我们要先承认或预设只有通过形而上学的推理才能先

[203]
【187】

227

天确立起来的机械原理本身，而只要我们把广延看作是构成形体的实体，并且我们被我们自己的幻想物所困扰，那么就连关于连续体的构成的难题也将永远无法得到解决。

我还认为，就像把世界限定在一个球内的那些人在物理学方面的知识有限一样，想要把真正的统一性或实体几乎只限定在人类身上的那些人在形而上学方面的知识也有限；而且，既**【188】** 然从某种意义上讲，真正的实体全都是对整个宇宙的表达，全都是对神的杰作的摹写，那么在这个宇宙中尽可能多地创造实体，并且根据更高的理由尽可能多地创造实体，这是符合上帝的杰作的伟大和美的（因为这些实体彼此并不妨碍）。

那种"仅把广延看作构成形体的实体"的假定破坏了所有这些奇妙的多样性。纯粹的物质团块（如果它有可能被设想出来的话）远低于一个根据其视角，根据其形体直接地或间接地从所有其他一切事物那里所获得物理作用——或确切地说，关系——来知觉和表象整个宇宙的实体，就像一具尸体远低于一个动物，或确切地说，一台机器远低于一个人一样。实际上，[205] 正因为如此，未来的轮廓才得以预先形成，过去的痕迹才得以永远在每个事物中保存下来，原因和结果才得以在最微小的细节上精确地相互表达，尽管每个结果都依赖于无限的原因，而每个原因都有无限的结果——如果形体的本质在于某种确定的形状、运动或广延的样态，这一切都将是不可能的。大自然中也不存在这样的东西；严格说来，凡是与广延密切相关的东西都是无定限的，我们赋予形体的只是一些现象和抽象物：这表明人们由于没有进行对于认识真正的原理和拥有一个正确的宇宙观来说极其必要的反思而在这些问题上犯了太多的错误。

灵魂（我并不总是把快乐或痛苦归因于它们）的复多性不 **【189】** 会给我们带来麻烦，就像伽森狄主义者那些与这些灵魂一样不可毁灭的原子的复多性不会给我们带来麻烦一样。相反，拥有许多这样的灵魂，乃是自然完满的表现，因为一个灵魂或一个有生命的实体要比一个没有变化或不可再分的原子完满得多，每一个有生命的事物都包含着一个充满多样性、但也有着真正统一性的世界。现在，经验支持有生命的事物的这种复多性。我们发现一滴胡椒水中有着数量惊人的动物；我们可以一次就将数以百万计的动物置于死地。现在，如果这些动物有灵魂，那么我们就必须说，这些灵魂(或者也可以说，这些动物本身)自创世起就已经有生命，并将一直活到世界终结，所以生成显然只是一种变化，一种生长，而死亡则只是另一种变化，一种缩小，这种缩小可以使动物回到由小受造物所组成的世界的某个偏僻之所，而在那里它在上帝召它回到舞台之前都只有较为有限的知觉。古人错误地承认灵魂的轮回，而不承认始终保持同一灵魂的同一动物的变形，承认轮回说，而不承认变形说。但心灵并不受这些剧烈变化的影响。上帝在适当的时候创造了它们，并藉由死亡将其与形体分离开来，因为它们必须始终保 **【190】** 持它们的道德品质和它们的记忆，以便成为这完全完满的、以上帝为其君主的、不能遗失其任何一个成员（即心灵，它们的法则高于形体的法则）的宇宙共和国的公民。

我承认，形体本身若没有灵魂，就会只有一种聚集体的统一性，而它所保留的实在性则来自构成它的那些保持着自身统一性的部分。然而，尽管一个灵魂可能拥有一个由诸灵魂本身赋予生命的诸部分构成的形体，但整体的灵魂或形式却并非因此就由诸部分的灵魂或形式构成。至于被切［成两半］的虫子［的灵魂］，这两部分不一定有生命，虽然它们仍有一些运动。至少整只虫子的灵魂只会留在其中的一个部分中；就像在虫子形成和成长过程中，灵魂从一开始就存在于某个已经有生命的部分，它在虫子毁灭后还将继续存在于某个仍然有生命的部分，而为使它不受那种撕裂或摧毁虫子形体的作用的影响，这个部分将总是尽可能小，不过，我们没必要像犹太人一样设想一块用于保存灵魂的坚硬无比的小骨头。**5**

[207]

【191】

我也认为偶然的统一性有若干等级：一个井井有条的社会比一个混乱的人群拥有更多的统一性，一个有机体或一台机器则比一个社会拥有更多的统一性。换言之，把它们看成一个单一的事物更恰当，因为其各成分之间的联系更密切。但归根结底，所有这些统一性都只有通过思想和显象，例如颜色和其他现象（仍被称为实在），才能得以实现。一堆石头或一块大理石的有形性并不比彩虹的可见性更能证明它拥有实体的实在性。而且由于没有什么东西坚固到没有一定程度的流动性，所以那块大理石也许就只是无数有生命的形体的堆积，或者像一个生满鱼的湖，尽管这些动物通常只有在部分腐烂的形体中才能被肉眼分辨出来。

因此，我们可以说，德谟克利特对这些复合物以及类似事物的评价非常正确，即它们只有根据意见、法规和约定才能存在。**6** 柏拉图对一切纯物质事物也持同样的态度。我们的心灵观察到或设想出了若干具有某些样式的实在实体；这些样式包含着与其他实体的关系，于是心灵乘机在思想中把它们联系了起来，并把所有这些东西合在了一起，用一个名称来表示，而这便于推理。但我们绝不能犯这样的错误，即用它们制造出许许多多实体或真正实在的存在者。只有那些专注于显象的人，或那些从心灵的所有抽象物中创造实在，并将数目、时间、地点、运动、形状以及可感质性看成是诸多独立存在者的人才会这样做。相反，我认为，要想重建哲学，并使其成为某种精确的东西，就必须承认那些被赋予真正统一性的实体或完全存在者，并承认它们有彼此相续的不同状态，而其余的一切都只是现象、抽象物或关系。

你永远也找不到任何通过聚集来制造一个真正实体的规定方式；也许有人会说，所有为了同一目的而一起作用的诸部分比彼此接触的诸部分更适合构成一个真正的实体。荷兰〔东〕印度公司的所有职员比一堆石头能更好地制造出一个实在的实体；但所谓的共同目的不就是我们心灵在不同事物中观察到的相似的东西，或活动和受动的次序吗？如果你认为接触更能带来统一性，那么你会发现其他的困难。或许固体的各部分只是由于周围形体的压力才结合在一起的，它们本身在它们所构成

[209]
【192】

实体中也许并不 **7** 比一堆沙子（即没有石灰的沙子 **8**）结合得更紧密。为什么众多相互交错形成一根链条的链环会比那些有让其彼此脱落的开口的链环更快地构成一个真正的实体呢？有可能链条的任何一个部分都没有接触，甚至没有扣住另外一个部分，尽管如此，它们仍如此紧密地连接在一起，以至于它们无法被分开，除非我们能以某种方式来把握它们（如下图所示）。在这种情况下，我们是否可以说，由这些东西构成的复合物是不是实体，我们似乎还不确定，而这有赖于那些想要将它们分离的人未来的巧思？心灵的虚构物无处不在，而只要你辨别不出什么才是真正的完全存在者或实体，你就找不到停靠的地方。**9**

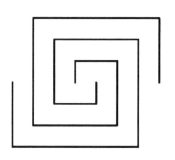

【193】 　　总而言之，任何主张都不应没有根据。因此，那些制造没有真正统一性的存在者和实体的人必须证明，除了我们刚才所说的，还有其他别的实在性，并说明它所包含的东西；我期待着一种能够包含所有这些事物的实体或存在者概念，但在那之后，如果人们不对他们希望赋予聚集而成的存在者的公民权给予非常精确的限制，幻日甚或梦境终将有一天也能声称自己是

这些事物中的一员。

我对这些问题进行了详尽阐述，以便您不仅可以评判我 [211]
的观点，而且还可以评判迫使我遵循这些观点的理由，我将
这些东西都交予您来评判，我知道您的评判素来公正谨慎。
同时，我也将您会在《文坛新志》中看到的一篇答复卡特兰
神父的文章交予您来评判。在看过您对他所作的那些评价之
后，我也觉得他是一位很有能力的人；但从他对惠更斯先生
和我的批评来看，他未免有些草率。[10] 我们想看看他接下来
会怎么回答。[L1, 11] 得知您非常健康，我很高兴，我衷心希望
您继续保持这种状态。

您最谦卑也最顺从的仆人，莱布尼茨。

L1 在 L 的不同位置，有下面两段话，它们是前面两句话的另一种说法，但被
划掉了：

既然您作证，我便不怀疑卡特兰神父有可取之处，但先生，他对惠更
斯先生的摆动中心定律所作的批评表明，他并没有充分研究惠更斯所处理
的问题，而且他一定没有充分地深入几何学的内部。不过，如果我能在他
身上发现先生您在我们的讨论中所表现出的洞察他人意思的能力和承认他
人意思的诚意，那么我将乐意与他一起澄清运动问题。但我认为，找一个
像您这般公正的人，并不比找一个像您这般对各种事情都有了解的人容易
多少。

我承认，卡特兰神父的推理方式令我大为惊讶。先生，既然您说卡
特兰神父是一位优秀的几何学家，我相信他应该确实如此，但当我研究
他对我的理由提出的反驳时，我没有发现这一点，而当我研究他对惠更
斯先生所作的批评时，我就更没有发现这一点了。他那有点令人震惊的
表达方式确实让我非常反感，但除此之外，如果我觉得他是一个愿意参
与讨论的人，而且在讨论中没有失礼之处，我会更加令人满意地澄清这
个问题。

附言：对于您在信中所提到的其他一些问题，我留待下一次再谈。

24. 莱布尼茨致阿尔诺[1] A 51; F 19; LA 21

汉诺威，1687 年 8 月 1 日

1687 年 7 月 22 日至 8 月 1 日，于汉诺威 【219】

听闻殿下恩斯特说您身体非常健康，我非常高兴。我衷心
希望能经常听到这样的消息，希望您的身体像您那心灵（我们 [213]
都很清楚您的心灵到底多么有力量）一样，不觉得自己上了年
纪。毫无疑问，我注意到了这一点，而且**我敢说，在我目前所
认识的人中，没人**能像您那样对我的沉思做出更可靠、更深刻
而且更真诚的判断。

我不想再麻烦您了，但由于前几封信的主题是仅次于那些
宗教主题的最重要的主题之一，而且它实际上与那些宗教主题
有着密切的联系，所以我承认，我希望能够再次领略您的智
慧，或至少了解您对我最新的澄清的看法。因为您若觉得其中
似乎有点道理，那将证明我是对的；而如果您仍对它们持有异
议，那将使我更加小心行事，并要求我将来有一天重新审视这
个问题。

最近，尊敬的**马勒伯朗士**神父，而是不是**卡特兰**先生，在
《文坛新志》上对我所提出的异议做出了回应。[2] 他似乎承认，
他所提出的自然法则或运动定律可能难以维系。但他认为，这
是因为他把它们都建立在了自然界中所不存在的无限硬这一基
础之上。相反，我相信即使存在无限硬，这些规则也无法得到

【220】 更好的维系；笛卡尔先生和他本人都没有考虑到，当运动、不等量和弹性被假定为无限小或无限大——在这种情况下，运动（无限小）变成了静止，不等量（无限小）变成了等量，弹性（无限快）则变成了极硬——时，关于这些东西所言说的一切也必须得到证实，这是他们的推理的一个缺陷。就像当抛物线被设想为其另一焦点在无限远处的椭圆时，几何学家关于椭圆所证明的一切都为抛物线所证实。奇怪的是，笛卡尔先生几乎所有的运动定律都违背了这一原则，而我认为这一原则不仅在物理学中是绝对正确的，而且在几何学中也是绝对正确的，因为造物主就像一个完满的几何学家一样。倘若我对尊敬的马勒伯朗士神父做出回应，[3] 那我会首先提请他注意这条极为有用、但据我所知却几乎仍未被普遍考虑的原则。

但我耽误您太多时间了，而且这个话题并不值得您关注。您最谦卑也最顺从的仆人，对您满腔热忱和热情的莱布尼茨。[4]

25. 阿尔诺致莱布尼茨 [1] A 52; F 20; LA 22 　　[215]

1687 年 8 月 28 日

于 8 月 28 日　【221】

我必须首先就迟迟未回复您 4 月 3 日 [2] 的来信请求您的原谅。自那时，我害了几场大病，还有几件事要做，而且我在处理这些抽象的问题上有些吃力。正因为如此 [3]，我恳请您接受我只能简要地谈一谈我对您上一封来信中的新内容的看法。

1. 当您说"灵魂更分明地表达属于它的形体的东西，因为它在某种意义上表达着整个宇宙"时，我不明白您所说的"表达"一词是什么意思。因为如果您所谓的"表达"是指某种思想或某种知识，那么我不同意说，我的灵魂对淋巴管中淋巴液的运动比对土星的卫星的运动有更多的思想和知识。而如果您所谓的"表达"既不是思想，也不是知识，我就不知道它是什么了。所以这对我解决我向您提出的难题毫无用处，当有人趁我睡着扎我时，我的灵魂怎么能给自己一种疼痛的感觉，因为那需要它已经知道我被扎了，它只有通过它所感受到的疼痛才能获得这种知识。

2. 关于偶因论哲学的这种推理：[只要我意愿我的手臂运动，它就会运动。既然灵魂不是手臂运动的实在原因，形体也　【222】不是手臂运动的实在原因，所以其实在原因就是上帝。] [4] 您说，这要预设形体无法使它自身运动，这不是您的思想，您认

237

为存在于所谓运动状态中的实在的东西来自有形实体，就像思想和意愿来自心灵一样。

但一个没有任何运动的形体可以给予自身某种运动，这对我来说似乎很难理解。如果这一点被承认，那么关于上帝存在的一种证明，即第一推动者必然存在，便被破坏了。

此外，即使一个形体可以通过自身给予自身以运动，那也不会使我的 **5** 手臂在我意愿它运动时便能运动。因为既然它缺乏知识，它怎么能知道我什么时候意愿它运动呢？

3. 您认为，我们必须承认那些不可分割的、不可毁灭的实体形式存在于所有动物中，甚至有可能存在于植物中，因为否则，物质（您认为，它不是由原子或数学的点构成的，而是无限可分的 **6**）就不会是一个**由于自身的**统一体 **7**，而只是一个偶然的聚合体。关于这些实体形式，我还有很多话要说：

（1）我曾回答您道，物质是所有存在者中最不完满的，它就像圣奥古斯丁所相信的那样，没有真正的严格意义上的统一性，永远都是若干存在者，而不是严格意义上的一个存在者，这对物质来说或许是本质性的。这并不比您所承认的物质的无限可分性更难理解。

您却回答说，这是不可能的，因为如果没有一个存在者，便不可能有若干存在者。

但是，既然除了占不到千万分之一的有生命的形体之外，所有在您看来没有实体形式的其他形体都必然是若干存在者，而不是严格意义上的一个存在者，您怎么能运用科尔德穆瓦先

[217]

生可能信以为真、但在您看来必然为假的这一推理呢？因此，在没有严格意义上的一个存在者的情况下，有若干存在者，这并不是不可能的。

（2）我不觉得实体形式能解决这个难题。因为被称作"一个存在者"的那个东西的属性，按照您在形而上的严格意义上所理解的那样，对于那所谓的"一个存在者"来说必定是本质性的和内在的。因此，如果一团物质不是一个存在者，而是若干存在者，我便无法设想，确实区别于一团物质、只能赋予这团物质以一个外在名称的实体形式，如何能使这团物质不再是若干存在者，并通过一个内在名称使它成为一个存在者。我很清楚这可能是称其为一个存在者的理由，当然，这里的"一个"这个词不是从这种形而上的严格意义上来理解的。但为了将"一个"这个词赋予无限多的无生命的形体，我们并不需要这些实体形式。难道"有**一个**太阳"，"有**一个**我们赖以生存的地球"等等，这样的说法不妥当吗？因此，我们不太清楚，是否有必要承认这些实体形式，以赋予形体一种真正的统一性（否则形体便没有任何真正的统一性）。

【223】

（3）您承认，这些实体形式 **L1** 只存在于有生命的形体之中。既然没有什么有生命的形体不是有机的，而且也没有什么有机体不是若干存在者。因此，您的实体形式不但不能阻止与它们相结合的诸形体是若干存在者，而且［那些形体］还必须

L1 在第 223 页第 6 行 "n'admettez ... que" 的上面，莱布尼茨加了一个旁注：我不记得自己说过这样的话。

是若干存在者，才能与它们相结合。

[219]　　　（4）我对动物的实体形式或灵魂没有清楚的观念。您肯定是把它们当成了实体，因为您称它们为实体性的，并说只有实体才是真正实在的存在者，而您首先把这些实体形式放在了这些存在者当中。现在我只熟悉两种实体，即形体和心灵。如果有人坚持认为存在其他实体，那么他们就需要根据您在书信中用作结论的那条原理，即"任何主张都不应没有根据"，向我们展示证据。那么假设这些实体形式是形体或心灵，如果它们是形体，它们必定是有广延的，因此必定是可分的，而且是无限可分的。由此可知，它们不是一个存在者，而是就像它们赋予其生命的形体一样，是若干存在者，因此，它们无法赋予一种真正的统一性。但如果它们是心灵，它们的本质应该就是思想，因为这是我们藉"心灵"一词所设想到的。现在我很难理解这一点，即牡蛎能思想，蠕虫也能思想。此外，既然您在那封信中说您不确定植物是否有灵魂、生命或实体形式，那您必定也不确定植物是否能思想，因为它们如果有实体形式的话，它们的实体形式由于不会有广延，不会是一种形体，那便必定是一种心灵，也就是，一种能思的实体。

　　　（5）在我看来，动物的这些实体形式或灵魂的不可毁灭性似乎更加站不住脚。我曾经问过您：当这些动物死后或被杀后，比如，当毛毛虫被烧死后，它们的灵魂会怎样？您答复说："它还将继续存在于每只毛毛虫形体的仍然有生命的那一

【224】　小部分中，而为使它不受那种撕裂或摧毁这些毛毛虫形体的

大火的作用的影响，这个部分将总是尽可能小。"也正因为如此，您才会说："古人错误地承认灵魂的轮回，而不承认始终保持同一灵魂的同一动物的变形。"再也没有比这更微妙的解决这个问题的办法了。但先生，请仔细考虑一下我接下来要说的。当一只蚕蛾产卵时，根据您的说法，每一个卵都有一个蚕的灵魂，所以五到六个月之后，小蚕就会从它们中孵化出来。现在，如果一百只蚕被焚烧了，根据您的说法，也会有一百只蚕的灵魂存在于同等数量的一小块一小块的灰烬中。但一方面，我不知道您能否让人相信，每只蚕在被焚烧之后仍然是同一种动物，仍然保持着同一个灵魂，而这个灵魂与曾是其形体一小部分的一小团灰烬结合在一起；另一方面，如果是这样的话，为什么蚕不是从这些灰烬中孵化出来，而是从卵中孵化出来呢？ [221]

（6）而这种困难在那些更确定的只有两性结合才能出生的动物身上似乎就更加明显了。例如，我要问，亚伯拉罕用来替代他儿子以撒献为燔祭的那只公羊的灵魂后来怎样了？您不会说它进入了另一只公羊的胚胎中。因为这将是您所谴责的古人的轮回说。相反，您会回应我说，它留在这只已化为灰烬的公羊的一小团形体中，这样一来，所发生的便只是"始终保持同一灵魂的同一动物的变形"。根据您的实体形式假说，这种说法可以颇合情理地用在一只会变成蝴蝶的毛毛虫身上，因为蝴蝶和毛毛虫一样，也是一个有机体，因此可以被认为是一个与毛毛虫同一的动物，因为它保留了毛毛虫的许多部分，这些部分没有任何改变，而其余的部分也只是改变了它们的形状。但由于公羊的灵魂本来要缩进的那化为灰烬的部分不是有机的了，不能被视作一个动物了，所以当公羊的灵魂与它相结合时，它不能构成一个动物，更不能构成一只公羊，就像公羊的灵魂所必定构成的那样。那么公羊的灵魂在这灰烬里会怎样呢？因为灵魂不可能脱离灰烬而去别的地方，因为那将是您所谴责的灵魂的轮回。无数的其他灵魂也是如此，因为如果它们与无机的物质部分相结合，它们不会构成动物，而且据我们观察，根据自然界确立的规律，它们也不能成为动物。因此，这无数的灵魂与那些不会有生命的形体相结合将产生无数的怪物。

【225】　　不久前，我在六月份的《文坛新志》上看到了卡特兰神父对您的答复的回应。[8] 他所讲的那些东西在我看来似乎很清楚。但他有可能并没有完全理解您的思想。所以我期待着您接下来对他的回应。

　　您最谦卑也最顺从的仆人，阿尔诺。

242

26. 阿尔诺致恩斯特 [1] A 53; F 21; LA 23

[?]，[1687 年] 8 月 31 日

于 8 月 31 日　【226】

大人，兹奉上莱布尼茨先生上一封信的复信，他那封信是去年四月由殿下您寄给我的，但我一直未能及早做出答复。[223] 我恳请您把问候语写上去，因为我不知道他的头衔。如果您对它 [2] 稍加浏览，您就会发现他关于物理学有很多非常奇怪的、似乎站不住脚的观点。而我一直都在尝试以一种不会伤害他的方式告诉他我对这些观点的看法。如果他至少能暂时终止这类思辨，投身于他所能从事的最伟大的事业，即根据他几年前写给殿下您的信，选择真正的宗教信仰，那将会好得多。除非他为得救恩而下定决心，否则我担心死亡会突然降临在他身上。

尼古拉先生反对朱里厄先生的教会新制度的书 [3] 已经付梓出版。我们预计五六天后就能从巴黎运来。我们会通过科隆邮政马车将它与其他一些殿下您喜欢看的书一起寄来。

27. 恩斯特致莱布尼茨 [1] A 52; F 22; LA 24

[卡塞尔，1687 年 9 月初，大概是 9 月 11 日]

【227】 亲爱的莱布尼茨先生：

他说得很对，因为即使新教徒有成千上万的人分不清左右，与智者相比只能算动物，而且实质上只是信奉异端邪说，我们也肯定不能这样说您，因为您有那么多的智慧，但对您来说，如果除了我之外没有别人的话，那么为了可以让您放弃教会分裂活动，也为了向您展示最终要展示的东西，我已经做了所能做的一切。您真的相信（我只说这一条）基督如此建立了他的教会，以至于一个人认为是白色的东西，另一个人却认为是黑色的，并且基督为了教会事工，以一种如此矛盾的方式建立了他的教会，以至于我们和新教徒由于不同的信仰在这件事上争执不休？例如，我们认为你们所有的牧师都是普通信徒，都是教会事工的僭取者，我不知道你们对我们的神父有什么看法，因为我们的神父与你们的牧师就这一条持完全对立的观点。哦，我亲爱的莱布尼茨先生，请不要这样错过恩典的时机，今天如果您听到了主的声音，就不要硬着心了。[2] 基督和彼列不能走到一起，天主教徒和新教徒也不能走到一起，如果您不成为天主教徒，我便不会对您的救赎抱有任何希望。

附言：　　　　　　　　　　　　　　　　　　　　　　　　　　　【444】

一个人从上帝那里得到的天赋和智慧越多，他就越要按照　　　[225]
理性本身的命令为此而向上帝负责。就我自身对您的了解，您
肯定是一个很少探听撒旦奥秘的人，我的意思是，您凭借自己
的良好判断和经验，很少注意到这个新教团体的弱点、荒谬和
矛盾，这个团体内部分裂成了如此多的持不同意见的教派，它
们不能代表唯一的或真正的教会，尤其是与我们和东正教相比，
就更不能代表了。因此，我恳求您趁现在赶快逃离像可拉、大
坍、亚比兰这类人的帐棚，免得在他们违背了真正的教会事工
时与他们一同消灭。**3** 我恳求您不要理会尘世的和世俗的得失，
把荣耀归给神，归给祂的教会的真理和圣洁，让您的灵魂得安
息，**4** 否则您的灵魂将缺少最重要的东西，即灵魂的得救。

28. 莱布尼茨致恩斯特或阿尔诺 [1] A 40; F 23; LA 25

[汉诺威，1687 年 9 月底或 10 月初；也有可能是 1687
年 4 月 30 日]

【164】　　在宗教问题上（既然您触碰了这根弦），有一些我所认识
的人（因为我不想跟您谈论我自己），他们并没有远离罗马天
主教会的立场，他们觉得特伦托大公会议的定义非常合理并且
符合圣经和教皇的规定，认为罗马神学体系比新教神学体系更
【165】有条理，也承认其教义并不妨碍他们。妨碍他们的首先是他们
认为被天主教所容忍的一些非常严重和过于普遍的滥用宗教仪
式的行为，尤其是在敬拜方面；他们担心要承诺认可它们，或
者起码要承诺不敢对它们吹毛求疵；他们担心因此会引起那些
认为他们没有良心和那些因为他们的示范（尽管被误解）而倾
向于不虔敬的人的诽谤；他们甚至不确定自己能否与那些从事
某些令其无法忍受的事务的人一起交流；他们认为，在这种情
况下，不离开一个教会比加入一个教会更可原谅。

　　其次，即使没有这个障碍，他们觉得自己也被特伦托大公
[227]　会议的咒诅所妨碍；他们很难接受那些对他们来说过于死板而
且毫无必要的谴责；他们认为，这与博爱背道而驰，并且会制
造或煽动分裂。

　　然而，这些人却认为他们是真正的天主教徒，就像那些因
误用天国钥匙而被不公正地逐出教会的人一样，因为他们持守

天主教的教义，而且还希望得到外部的交流——其他人却对此设置了障碍，或阻止他们。

一位著名的天主教神学家，在其他许多人的支持下，提出了一种权宜之计。他一直都认为，"如果一个新教徒只受到特伦托大公会议的咒诅甚至某些定义的妨碍，便怀疑这个会议是否真的是全基督教的，而准备服从一个真正的会议，并因此接受天主教会的基本原则，这样他所犯的就不是法令上的错误，而是事实上的错误，那么我认为，这样一个人可以在不提及特伦托大公会议的情况下被教会所接纳，因为这个会议还没有被每个人所接受，而且教皇庇护四世的声明[2]只适用于神职人员或教士们，更何况我不相信特伦托大公会议已经进入了每个被法国教会所接纳的人的信仰声明。"但我不确定这种权宜之计是否会得到认可。

【166】

29. 莱布尼茨致阿尔诺 **1** A 56; F 24

[汉诺威，1687 年 9 月底或 10 月初]

【230】 先生：

对您仍然存在的疑问做出回应在我看来并不困难，依我看来，之所以产生这些疑问只是因为一个人无论多么有能力，如果他被其他事务严重分心，那么在讨论一个抽象问题时，他便很难立即进入一种新的思想。

【231】 1. 当关于一个事物所能言说的东西与关于另一个事物所能言说的东西之间有一种恒常的、规定的关系时，一个事物就**表达了**另一个事物。因此，透视图表达了它的平面图。表达是一个属，感觉和思想是它的种。在感觉中，那些可分的或物质的东西都能在一个不可分的或非物质的东西，也就是说，在一个实体或被赋予真正统一性的、被称作灵魂的存在者中被表达。思想这个概念

[229] 还要求存在着一种意识，而这种意识是属于理性灵魂的。**L1**

L1 这段话的草稿（被划掉了）：

　　1. 当关于一个事物所能言说的东西与关于另一个事物所能言说的东西之间有一种恒常的、规定的关系时，一个事物就表达了另一个事物；因此，透视图表达了它的平面图，每一个结果都表达了它的原因，反之亦然，而有感觉的灵魂表达了它所知觉到的东西。所有的思想都是一种表达，所有的感觉也都是有广延而可分的东西在无广延而不可分的东西中的一种表达，也就是，在作为真正一体的事物的实体中的一种表达，但如果这种表达缺乏意识，那就不是我们所谓的思想。我们还必须区分混乱的和分明的表达或思想。我的灵魂总是直接以表达最微小原子的运动的方式被触动，

我说我们的灵魂能知觉到（虽说只是混乱地）在我们血管中循环的体液运动，对此我们不必感到惊讶，因为我必须同样知觉到拍打海岸的每一个波浪的运动，才能知觉到它们汇聚在一起的结果，也就是，在海边听到的巨大声响。由于我们习惯了我们体液的这种内在运动，所以只有在发生变化时，我们才能通过实际的反思知觉到它。此外，由于我们仅根据其他形体与我们形体的关系来知觉它们，那么我有理由说，同等情况下，灵魂能更分明地表达属于它的形体的东西，也就是说，它更容易受到发生在它的形体上的变化的影响。而为了解释清楚我为何认为灵魂是这些感觉的原因，我们不妨假设：

| 形体在时刻 A 的状态 | 灵魂在时刻 A 的状态 |
| 形体在下一个时刻 B 的状态 | 灵魂在时刻 B 的状态 |

正如形体在时刻 B 的状态是形体在时刻 A 的状态的结果，所以灵魂的状态 B 是同一个灵魂的前一个状态 A 的结果，并且是根据它自身的法则而发生在它身上的，就好像一个灵魂假装世界上只有上帝和它——这一切都遵循我们在前几封信中关于一般 【232】

就像我听到了拍打海岸的每一个波浪的运动所发出的声响，否则我不会听到所有那些波浪汇聚在一起的结果，也就是，巨大的声响。我们混乱的感觉，如颜色等，是表象的结果所产生的效果，而这种效果只能是混乱的，因为它既不会出现在我们形体中，也不会出现在整个宇宙中，它不是［……］的结果……

[231]　实体所确立的并得到您认可的内容。由于灵魂的状态是对世界相应状态的表达，而被扎构成了形体在时刻 B 的状态一部分，那么对被扎的表象也将构成灵魂在时刻 [B] 的状态的一部分。而且，就像一个运动是由另一个运动产生的一样，一个表象也是由另一个表象产生的。因此，当关系法则要求灵魂更分明地表达其形体各部分更显著的变化时，它确实应该知觉到被扎。灵魂确实并不总能分明地知觉到被扎的原因，但这是因为由这些原因引起的形体部分的变化(如当大头针只靠近皮肤时)还不够大。此外，我们的灵魂只会对不同于其他现象的更加单一的现象进行反思，当它平等地思考所有现象时，它便不能分明地思考任何东西。所以我看不出人们在这里还能发现什么困难。

2. 先生，这样您就可以明白，当我说一个有形实体赋予它自身以运动时，我的意思是什么了，因为每个实体的每一个当前状态都是其先前状态的直接结果。诚然，一个没有任何运动的形体不可能赋予它自身以任何运动，但我也认为，根本就没有这样的形体，而且严格来说，当发生碰撞时，形体并不是由其他形体所推动的，而是由它们自身的运动或作为它们内部诸部分的一种运动的弹性所推动的。您也许会告诉我说，上帝能使一个形体处于完全静止的状态，但我会回答说，如果这样的话，这个形体不可能是一个实体。先生，您还可以看到，我的推理与第一推动者存在的证明并不矛盾。我的手移动，并不是因为它知道我意愿它移动，而是因为除非我在我的手的发条根据这个结果的需要正好要变松弛时意愿它移动，否则我不能意愿它顺利地移动。由于实体之间的对应关系，尤其是灵魂和那些构成其形体的实体之间的对应关系，一个总是伴随着另一个，但每一个都在其自身内部有其直接原因。

至于在我看来不可生成的和不可毁灭的实体形式或灵魂，您说，（1）根据圣奥古斯丁的观点，物质不是一个存在者，而是若干存在者。非常好！这也是为什么柏拉图认为物质（因为它有别于它里面真正一体的东西）就像彩虹一样，是一种现象。先生，您感到惊讶的是，我居然根据那主张原子构成一切的科尔德穆瓦先生可能接受的实体所必需的、但照我看来却只存在于据您所说占不到千万分之一的有生命的事物中的统一性来进行这一推理。但是，先生，我也正是从这里才看到，我还没有把我的意思解释清楚——否则您就不会觉得我的假说有什么不妥了。我所认为的灵魂的数量比科尔德穆瓦先生所认为的原子的数量多得多，他认为原子的数量是有限的，而我认为灵魂的数量是完全无限的，而且既然物质是无限可分的，我们便不能指定它的任何一个部分，说它小到它里面没有任何有生命的形体，或至少是被赋予一种使它具有真正统一性的实体形式的形体。**L2**

【233】

[233]

L2 下一段话开头部分草稿（被划掉了）：

（2）我同意，从形而上的严格意义上讲，一团物质无论被赋予了什么灵魂，它永远不会成为一个存在者，但灵魂是一个真正的存在者。物质通常被认为是没有灵魂的、可分的物质团块，只是一种现象。在这个意义上，太阳的统一性与彩虹或军队的统一性没什么不同。但是，如果自然界没有其他统一性，那就只会有现象而没有实体。但如果不把物质看成物质团块或广延，而是把它看成实体原始的受动的力量，那物质就会像实体本身一样不可分割。

至于（2）和（3），我同意，从形而上的严格意义上讲，一团物质无论被赋予了什么灵魂，它本身永远不会成为一个真正的存在者；同样从您理解它的方式来看，即作为一个由那些仅有物质团块和广延的部分构成的有广延的物质团块，它也不**【234】** 是实体，而只是类似于空间、时间和运动的纯粹的现象。我们还可以从广延需要某种形状这一事实断定这种物质团块缺乏实在性，正如我在上一封［信］中已详加说明的那样，我认为自然界中没有精确的、固定的形状。由于每一部分实际上都被分割成其他部分，所以我们无法像有原子那样找出任何确定的表面，如果 **2** 我们把形体的物质看作是构成物质团块的诸实体的集合，那每一部分对于实体来说都不是必不可少的，我们就可以依次失去我们的形体的所有部分。然而，在形体当前的状态下，当前的这些部分对于它来说都是必不可少的，并构成它的**直接的必要条件**，因此它们构成一个整体，而这个整体又具有真正的统一性。因为这就是当我先前极其严格地考察整体和部分的一般意义时所发现的一切。我们还可以给出另一个关于物质的定义，它很符合经院哲学的意思，但不符合一般用法。根据这种解释，物质虽是可分性原则，不过不比形式更可分。但这只是语词之争。

[235]　　至于（4），先生您说，没有根据，我们就不能承认任何东西，因此我们不能承认这些灵魂或实体形式。但我认为我可以想象，没有它们，形体只会是纯粹的现象。因此，我提出这些主张并非没有根据。另外，如果只赋予我们称之为人体的这个

单一物质团块以一个没有广延的实体，而在其余的事物中没有
任何东西与之相对应，这不符合事物的和谐。既然除了人之
外，还有不可分的实体（事实上，所有实体都是如此），那么
说这些实体必然是心灵，它们必定能思想，就是在毫无根据地
提出某些主张，即使我们只能设想形体和心灵，这种推论也是
不成立的。不过，就我而言，我相信我能以我之前据以解释实
体、您想必也据以设想实体的方式来设想一个实体，而无需将
思想附加到它身上。现在我们可以由这个概念推知，完全纯粹
的有广延的物质团块无法构成任何实体。此外，我同意马勒伯
朗士神父的看法，我们对思想没有分明的观念，就像我们对颜
色没有分明的观念一样。因此，只有通过混乱的感觉，我们才
会对它有某种概念；如果说我们对其他某种实体没有这样一个
清楚的概念或感觉，那是因为我们还没有能力去经验它，而只
有通过经验混乱但清楚的概念。因此，必须提供这样一种推
证，它能够证明每个感觉都是一个思想，也就是说，一个可分
的事物在一个不可分的事物中的每一个不同的表象或表达都包
含着一个意识。尽管如此，我并没有断言，所有实体形式都是
灵魂，所有有形实体都有生命和感觉，因为我还没有对这一点
进行足够充分的思考，也没有对自然进行足够充分的研究，因
此无法通过比较它们的器官和运作来区分各种形式的等级。马
尔比基先生根据大量类比，坚定地倾向于认为植物可以与动物
归为同一属。

　　至于（5），如果一个人一旦同意在人的灵魂之外还有其他

的灵魂或隐德莱希，他就不能怀疑它们的不可毁灭性。早前从实体概念中产生的几点一般性考量让我得出了这一结论。除了通过创造或湮灭，任何实体都不能生成或消亡。撇开推理不谈，经验充分表明，每一种动物，即使是小到无法察觉的动物，很可能都已经是有机的了。更何况许多有为之士，尤其是施旺麦丹先生和列文虎克先生（他们在这些问题上比其他人更有价值），都倾向于这种观点。很难用经验来证明，动物的灵魂并没有因为死亡而消亡，而是始终待在一个微小的有机体里。这就是为什么我们很难说服普通人相信所有这一切，这也是为什么我们只应与受过良好教育的人探讨它；但那些愿意沉思的人不会觉得其中有什么荒谬之处——相反，没有什么比相信"不会生成的东西也就不会消亡"更加自然的了。当一个人认识到所有的生成都只是一个动物的增大时，他就会很容易相信，消灭或死亡也只是一个动物的缩小，这个动物仍然活着，仍然是有生命的和有机的。生成以自然的方式一点点向前发展，但死亡只一跃，便向后跳得非常远，由于它通常以一种太过强烈的方式发生，这使我们无法知觉到这种退化的细节。我不知道这些小动物是否会以它们最初的形式或其他形式再次登场，但我清楚地看到，它们超出了通常的生成的边界。这并不妨碍我相信，随着时间的推移，它们将获得比它们最初时更大的完满性。许多人说植物可以从类似植物的灰烬中生长出来，但我不敢相信这种说法，而且我也不愿利用可疑的经验。

至于（6），对所有这一切所能提到的困难，往往只是建立

【236】
[237]

在我们想象力的偏见之上，因为每一团物质实际上都被无限分割，不难设想，被烧毁的那公羊的灵魂为了不暴露在火中，仍待在一个非常小的有机体中，而这种保存在我看来是万无一失的。确知这种动物是否应该被称为公羊，就像确知飞蛾是不是蚕一样，对事情没有任何影响。这个曾经是公羊的小动物有可能被别的动物所吸收，甚至构成其肉或血的一部分，但它永远是另一个动物。最后，我一直都在小心翼翼地避免说，被烧毁或以其他方式被毁灭的形体的灵魂与并非有机或有生命的形体结合在一起，因为那无疑会产生怪物。【237】

我还没有看到卡特兰神父对我的回复。[3] 如果我看到他指出了我需要澄清的地方，我会尽力让他满意。

最后，用几句话来总结一下我的思想，我认为，每个实体在其概念中都包含其过去和未来的所有状态，甚至根据它的视角来表达整个宇宙，因为没有任何一个事物与其他事物相距如此遥远，以至于它们之间没有任何交流。而如果它有一个形体，那么这种交流将根据它与其更直接表达的自身形体各部分之间的关系来进行。因此，在上帝的协助加到了它身上的条件下，它所发生的一切无不藉由它自身的概念从它深处而来，但它能知觉到其他事物，从而自然地表达它们，因为它最初就是以这样一种方式被造出来的，即它此后可以表达它们并让自身顺应它们，而一个实体对另一个实体的作用其本质便在于这一要求。至于有形实体，我认为，当我们只考虑物质团块中可分的东西时，物质团块便是纯粹的现象；从形而上的严格意义上 [239]

讲，每个实体都具有真正的统一性；并且它是不可分的、不可
生成的和不可毁灭的。我还指出，所有物质都必须充满有生命
的或至少是活着的实体，或者有某种与之接近的东西；生成和
消灭只是从小到大与从大到小的变形；在任何一团物质中，都
存在着一个拥有无数有机的、堆积在一起的受造物的世界。最
后，我强调，上帝的杰作比人们普遍认为的要伟大得多，要杰
出得多，要数量庞大得多，要更有秩序得多，而机器或有机
体，即秩序，对它们来说，甚至对它们最小的部分来说，都是
必不可少的。所以，我认为，没有一种假说能比我们的假说更
好地展示这一点，即按照我们的假说，到处都是以其自身方式
【238】　表象上帝的完满性和宇宙的美的实体，没有任何东西是空的、
荒芜的、贫瘠的，也没有任何东西是没有知觉的。但那些能反
思和认识真理的灵魂更能模仿上帝，并且在宇宙中以一种完全
特殊的方式被看待，因为它们能够与神相交，并构成一个以上
帝为君主的完美城邦。这就是为什么它们的保存伴有对惩罚和
奖赏的记忆。就它们而言，遵守的是正义法则，而不是运动法
则，尽管这两种法则都要被遵守，并且形体为精神服务。

30. 莱布尼茨致阿尔诺 [1] A 57; F 24; LA 26

汉诺威，1687 年 10 月 19 日

1687 年 10 月 9 日至 19 日，于汉诺威 【239】
先生：

由于我会始终高度重视您的判断，所以当您能够了解相关主题时，我便想在这里做出努力，试图使我持有的观点在您看来是重要的，即使不是确定无疑的，那至少也是站得住脚的。因为回答您仍然存在的疑问对我而言并不困难，在我看来，之所以产生这些疑问只是因为一个人无论多么有能力，如果他有先入之见和分心之事，那么在讨论一个脱离感官的问题时，他便很难立即进入一种新的思想，因为在这个问题上，图形、模型和想象都无法帮助我们。 【240】

[241]

我曾说过，既然灵魂根据其他形体与其自身形体的关系在某种意义上自然地表达整个宇宙，并因此更直接地表达属于其形体各部分的东西，那么它就必定凭借这种对它来说必不可少的关系法则以一种特定的方式表达其形体各部分的某些不寻常的运动，当它感受到疼痛时就会出现这种情况。您就此回答说，您不明白我所说的"表达"一词是什么意思；如果所谓的"表达"，我指的是一种思想，您不同意说，灵魂对淋巴管中淋巴液的运动比对土星的卫星的运动有更多的思想和知识，而如果我指的是其他您不知道的东西，您说，您就不知道它是

什么了；因此（假定我无法清楚地解释它）这个术语对于说明
灵魂怎么能给自己一种疼痛的感觉是没有用的，因为灵魂要想
给自己一种疼痛的感觉（如您所主张的那样），它就必须已经
知道我被扎了，而它只有通过它所感受到的疼痛才能获得这种
知识。作为答复，我将解释一下这个您认为晦涩难懂的术语，
并将它运用于您所提到的困难。用我的话来说，当关于一个事
物所能言说的东西与关于另一个事物所能言说的东西之间有一
种恒常的、规定的关系时，一个事物就**表达了**另一个事物。因
此，透视图表达了它的平面图。表达为一切形式所共有，它是
一个属，天然知觉、动物感觉和智性认识是它的种。在天然知
觉和动物感觉中，那些可分的、物质的、散布在若干存在者中
【241】的东西都能在一个单一不可分的存在者或被赋予真正统一性的
实体中被表达或表象，而在理性灵魂中，这种表象伴有意识，
因此被称为**思想**。之所以会出现这种表达，是因为每个实体与
所有其他实体都有一种交感关系，并都能接受与整个宇宙所发
生的最小变化相对应的成比例的变化，尽管根据其他形体及其
活动与我们的形体及其活动是有着更多的关系，还是有着更少
的关系，这种变化会更加明显或不那么明显。我相信笛卡尔先
生本人也会同意这一点，因为他无疑会同意，由于所有物质都
具有连续性和可分性，所以最小的运动也会将其影响延伸至相
邻的形体，并从这个相邻的形体延伸至其相邻的形体，以此类
[243]推，直至无限远，但影响会成比例的减小；因此，我们的形体
必定以某种方式受到所有其他形体变化的影响。既然我们形体

的所有运动都对应着我们灵魂某种或多或少有些混乱的知觉或思想，所以灵魂也会对宇宙中的所有运动有某种思想，并且在我看来，其他灵魂或实体也会分别对它们有某种知觉或表达。我们确实不能分明地知觉到我们形体的所有运动，例如，淋巴液的运动，但是，举个我之前用过的例子，这就像我必须知觉到拍打海岸的每一个波浪的微小运动，才能知觉到它们汇聚在一起的结果，也就是，在海边听到的巨大声响。因此，我们也能感受到我们内部发生的所有运动的某种混乱的结果，但由于我们习惯了这种内在的运动，所以只有在发生相当大的变化时，比如在发病时，我们才能通过反思分明地知觉到它。医生们应该更仔细地区分我们对自身形体的这些混乱感觉。既然我们只通过其他形体与我们形体的关系来知觉它们，那么我有理由说，灵魂能更好地表达属于我们形体的东西，所以土星或木星的卫星只能通过我们眼睛中发生的运动来认识。我相信笛卡尔派会同意我的所有观点，但不包括这一观点，即我假定在我们周围还有其他灵魂或实体形式，我认为这些灵魂或实体形式的表达或知觉低于思想，而笛卡尔派不认为动物有感觉，并且不承认在人之外还有其他别的实体形式。这与我们这里所讨论的"疼痛的原因"这个问题无关。因此，现在的问题是要弄清楚灵魂是怎么知觉到它的形体的运动的，因为我们无法解释有广延的物质团块的作用通过什么渠道传递给一个不可分的存在者。普通的笛卡尔主义者都承认他们无法解释这种结合；偶因论的作者认为这是一个需要**救急神**出面才能解开的结；**2** 至于

【242】

【243】 我，我则通过一般的实体或完全存在者的概念以一种自然的方式来解释这种结合，这个概念意味着灵魂现在的状态始终是它先前状态的自然结果，因为每个灵魂的本性都是要表达宇宙。它最初就是以这样一种方式被造出来的，即凭借其本性的固有法则，它必定与诸形体中，尤其是它自身形体中发生的事情相

[245] 一致；因此，人们就不必再惊讶于灵魂在形体被扎时自己给了自己一个对被扎的表象了。而为了解释清楚这个问题，我们不妨假设：

形体在时刻 A 的状态	灵魂在时刻 A 的状态
形体在下一个时刻 B 的状态	灵魂在时刻 B 的状态
[被扎]	[疼痛] **3**

根据一般的实体概念，正如形体在时刻 B 的状态是形体在时刻 A 的状态的结果，所以灵魂的状态 B 是同一灵魂前一个状态 A 的结果；由于灵魂的状态自然地和本质上就是对世界相应状态的表达，尤其是对当时它们所固有的形体的表达；因此，既然被扎构成了形体在时刻 B 的状态一部分，那么对被扎的表象或表达，即疼痛，也将构成灵魂在时刻 B 的状态的一部分。因为就像一个运动是由另一个运动产生的一样，所以在其本性在于表象的实体中，一个表象也是由另一个表象产生的。因此，当关系法则要求灵魂更分明地表达其形体各部分更显著的变化时，它的确应该知觉到被扎。事实

上，当被扎的原因和未来疼痛的原因仍然潜藏在状态 A 的 【244】
表象中时，例如，当一个人在睡觉或出于其他情况没有看到
大头针向他刺了过来时，灵魂并不总能分明地知觉到这些
原因，但这是因为大头针的运动在那时产生的物理作用太小
了，虽然我们已经在某种程度上被我们灵魂中的所有这些运
动和表象所触动，并因此在我们内部有了对被扎的原因的表
象或表达，也有了对被扎的表象的原因，也就是，疼痛的原
因的表象或表达，但只有在它们变得显著时，我们才能将它
们与其他许多思想和运动区分开来。我们的灵魂只会对不同
于其他现象的更加单一的现象进行反思，当它平等地思考所
有现象时，它便不能分明地思考任何东西。除此之外，只要
人们不否认上帝最初便能创造出这样的实体，让它们由于自
身本性而此后与所有其他实体的现象相一致，我便无法猜测
他们在哪里还能发现任何困难的影子。由于否认这种可能性
是没有道理的，而且既然数学家们都用机器来表示诸天的运
动（比如，"诸天的规律、自然的秩序、诸神的法令，叙拉 [247]
古的一位老人精确地再现了这一切"，[4] 今天我们可以比那个
时代的阿基米德做得更好），那无限超越他们的上帝为什么就
不能最初便创造出具有表象性的实体，让它们按照自身的法
则，基于思想和表象的自然变化来表达形体将要发生的一切 【245】
呢？——在我看来，这不仅很容易设想，也配得上上帝，配得
上宇宙的美，而且在某种程度上是必然的，因为所有实体之间
必定有一种和谐，有一种联系，所有实体都必定在其自身中

表达同一个宇宙和作为普遍因的造物主的意志，以及祂为使它们以可能的最好的方式彼此顺应而建立的法令或法则。因此，不同实体之间的这种彼此对应（从形而上的严格意义上讲，它们不能相互作用，但它们却彼此一致，就好像它们相互作用似的）**是上帝存在的最强有力的证明之一**，或者是共同原因（每个结果都必定始终根据它的视角和能力来表达该原因）存在的最强有力的证明之一。否则，不同心灵的诸现象就不会彼此一致，就会有像实体一样多的系统；或者，即使它们有时确实彼此一致，那也是纯属巧合。我们关于时间和空间所拥有的整个概念就建立在这种一致之上，但如果我必须彻底解释与我们的主题有关的一切，我大概永远不会完成。不过，我宁愿让您觉得我啰嗦，也不愿让您觉得我讲得还不够充分。

再来谈谈您的其他疑问，先生，既然实体的每个当前状态都是其先前状态的结果，那么我相信现在您应该明白，当我说一个有形实体赋予它自身以运动，或者更确切地说，什么是每时每刻运动中实在的东西时，我的意思是什么了，因为运动是一种现象，它需要别的现象。确实，一个没有任何运动，或更确切地说，没有任何活动或变化倾向的形体，不可能赋予它自身以任何运动；但我认为，根本就没有这样的形体。**L1** 您会告

【246】

L1 在 L 中，在第 245 页第 20 行至 246 页第 4 行 "[aussi...rencontre]" 的左侧，莱布尼茨加了一个旁注：[删除]。[方括号内的文字没有出现在 C¹ 或 C² 中，因此也没有出现在信件本身中。我在英译本的附录一中给出了这些文字。]

诉我说，上帝能使一个形体处于完全静止的状态，但我的回
答是，上帝也能使它化为乌有，这个被剥夺了活动和受动的
形体不可能是一个实体，或者至少我可以这样断言，即如果 [249]
上帝曾经让一个形体处于完全静止（这只能通过奇迹来完成），
那就需要一个新的奇迹才能让它运动起来。此外，您还可以
看到，我的观点证实了而不是破坏了第一推动者存在的证明。
对运动的开端、运动的法则和各种运动之间的一致性加以说
明依然有必要。但如果不求助于上帝，我们无法做到这一点。
我的手移动，并不是因为我意愿它移动（因为我很可能会意
愿一座山移动，但如果我没有一种行神迹的信心，那是不会
实现的），而是因为除非我在我的手的发条根据这个结果的需
要正好要变松弛时意愿它移动，否则我不能意愿它顺利地移
动，而由于我的灵魂的激情与我的形体的运动相一致，所以
这种情况就更加容易发生了。由于上述所确立的对应关系，
一个总是伴随着另一个，但每一个都在其自身内部有其直接
原因。

我谈到了形式或灵魂，认为它们是不可分的和不可毁灭
的。我不是第一个持这种观点的人。巴门尼德（柏拉图谈到他 【247】
时肃然起敬）和麦里梭都坚持认为，除非在现象中，否则便没
有生成和消灭；亚里士多德在《论天》第三卷第2章中证明了
这一点。《摄生法》第一卷的作者（被认为是希波克拉底）明
确指出，动物不可能完全重新产生，也不可能完全毁灭。大阿
尔伯特和培根索普的约翰似乎一直认为，实体形式自始至终都

隐藏在物质之中。**L2** 费尔内尔认为它们从天国降临，那些将它们从世界灵魂中分离出来的人就更不必说了。他们只看到了真理的一部分，没有更进一步：他们中有一些人相信轮回，另一些人则相信灵魂转移，没有考虑过已成形的动物的轮回和变形。其他一些无法以任何方式解释形式起源的人则一直认为它们源于一种真正的创造，而我只承认这种在时间序列中的创造与理性灵魂有关，并认为所有不能思想的形式都是与世界一起被创造出来的，就像原子论者关于他们的原子所坚持认为的那

[251]

样。他们认为这种创造每天都会在最小的蠕虫产生时发生。菲洛波努斯这位古代的亚里士多德著作注释家在其反对普罗克洛斯的书 **5** 中表达了这种观点，而加布里埃尔·比尔似乎也持这种观点。在我看来，圣托马斯认为动物的灵魂是不可分的，而我们的笛卡尔派则走得更远，因为他们坚持认为，每个真正的实体形式和灵魂都必须是不可毁灭的和不可生成的。正因为如此，他们不认为动物有某种灵魂，尽管笛卡尔先生在一封写给摩尔先生的信 **6** 中声明，他并不想断言它们没有灵魂。既然人

【248】

们没有对那些引入永恒不灭的原子的人提出任何异议，那为什

L2 在 L 中，在第 247 页第 3 行至第 5 行 "qu'un animal...ciel, pour ne" 的左侧，莱布尼茨加了一个旁注，但后来划掉了：各种形式在整个创世过程中不断涌现，参见 [Gabriel] Biel *Collectorium circa quattuor libros Sententiarum* [English trans. *Commentary on the Sentences*] II dist. 1 qu. 1；[Jean] Bodin *Methodus ad facilem historiarum cognitionem* [English trans. *Method for the Easy Comprehension of History*] ch. 8；[Nicolaus] Taurellus *De Rerum aeternitate* part 2 p.397 and part 4 p.671。

么我说不可分割性符合灵魂的本性（因为当我们把笛卡尔派关于实体和灵魂的观点与所有人关于动物灵魂的观点结合在一起时，我们必然得出这个结论），人们就认为奇怪呢？动物有感觉这种观点一直为所有人所接受，也为天主教徒所接受，我们很难从人类那里夺走这种观点。现在假设这是真的，那么我所持的关于这些灵魂的观点就不仅根据笛卡尔派的看法是必然的，对道德和宗教来说也是重要的，因为它可以摧毁许多有才智之人所倾向的、作为阿威罗伊门徒的意大利哲学家们在世界各地所传播的一个危险观点，即当动物死后，诸特殊灵魂就会回归世界灵魂。这与我对个体实体的本性所作的论证是相悖的，并且无法被分明地设想出来，因为每个个体实体一旦开始存在，就必定始终独立地持续存在。

正因为如此，我所提出的这些真理很重要，所有那些承认动物有灵魂的人都应该赞同它们，其余的人至少不应该觉得它们奇怪。

谈到您关于这种不可毁灭性所产生的疑惑：

1.我一直认为，我们必须承认在诸形体中有某种真正单一的存在者——正如圣奥古斯丁遵循柏拉图的观点所正确指出的那样，物质和有广延的物质团块本身不过是若干存在者。现在我断定，如果没有一个真正的存在者，就不会有若干存在物，而且所有的复多性都以统一性为先决条件。您以多种方式对此做出了回应，但并没有触及无可反驳的论证本身，因为您只提出了一些针对个人而非理据的异议和疑难，试图表明我所说的不足以解决您所提到的困难；首先您感到惊讶的是，既然除了占不到千万分之一的有生命的形体之外，所有其他形体都必然是若干存在者，我怎么能运用这一在主张原子构成一切的科尔德穆瓦先生看来显而易见、但在我看来必然为假（正如您所判断的那样）的推理，所以您所提到的困难还会再次出现。但是，先生，这说明我还没有把我的意思解释清楚，没能让您理解我的假说。因为我不仅不记得自己曾说过，除了灵魂之外，没有任何其他实体形式，而且我也决不认为，有生命的形体只占所有形体的一小部分。因为恰恰相反，我认为一切事物都充满了有生命的形体，我所认为的灵魂的数量比科尔德穆瓦先生所认为的原子的数量多得多，他认为原子的数量是有限的，而我认为灵魂的数量，或至少形式的数量，是完全无限的，而且既然物质是无限可分的，我们便不能指定它的任何一个部分，说它小到它里面没有任何有生命的形体，或至少是被赋予形式的形体，也就是，有形实体。

2. 至于您所提到的另一个困难，即与物质结合在一起的灵魂并不能使物质成为**一个**真正的存在者，因为物质本身不是**一个**真正的存在者，而灵魂如您所认为的那样也只赋予了它一个外在的名称，我的答复是，这种物质所从属的有生命的实体才是一个真正的存在者，而作为物质团块的物质本身只是纯粹的现象，或有其根据的显象，空间和时间也是如此。它甚至没有精确的、固定的性质，使它可以算作一个确定的存在者，正如

我在上一封［信］中已经暗示过的那样，因为严格地讲，由于

物质实际上被无限分割，所以形状本身，作为有界的有广延的物质团块的本质，在本性上从来就不是精确的、确定的。无论是在小的部分中，还是在大的部分中，从来都不存在一个没有不均之处的球，从来都不存在一条没有混杂着曲线的直线，也从来都不存在一条没有其他曲线混入其间的具有某种有限性的曲线，所以形状，不仅不是形体的构成要素，甚至也不是思想之外完全实在的、确定的性质，而且我们永远无法像有原子那样给任何形体指定一个精确的表面。对于大小和运动，我们也可以这样说，即这些性质或属性就像颜色和声音一样，都带有现象的性质，尽管它们包含着更多分明的知识，但它们也经不起刨根问底，因此，仅由这些性质构成的、没有实体形式的有广延的物质团块不是有形实体，而是就像彩虹一样，是一种完全纯粹的现象。所以哲学家们已经认识到，正是形式赋予了物质以确定的存在，而那些没有注意到这一点的人，一旦进入连续体的构成的迷宫，将永远无法逃脱。只有不可分的实体及其 [255] 不同的状态才是绝对实在的。这一点也正是巴门尼德和柏拉图等古人所正确认识到的。最后，我赞成"一个"这个名称可以用来指一个由无生命的诸形体构成的集合，尽管没有实体形式将它们联系在一起，就像我可以说，"这是一道彩虹"，"这是一群羊"；但这只是现象或思想的统一，它对于现象中实在的东西来说是不够的。

3.您不满我只承认有生命的形体拥有实体形式（但我并不 【251】 记得自己曾经这样说过），并认为既然所有有机体都是若干存在者，形式或灵魂远不能使其成为一个存在者，因此也将需要若干存在者，才能使形体有生命。我的答复是，假设动物或其他有形实体身上有灵魂或实体形式，我们一定会在这一点上关于它们得出与我们关于人得出的推论一样的推论，人是一种被赋予真正统一性的存在者，他的灵魂将这种统一性赋予了他，尽管他的形体的物质团块分为器官、血管、体液、精气，而这些部分无疑也充满了无限多的其他被赋予其自身形式的有形实体。由于第三个异议与前一个异议基本相符，所以对前一个异议的解答也适用于它。

4. 您认为把灵魂赋予动物是没有根据的，并且您认为如果有灵魂的话，那灵魂就是心灵，也就是，思维实体，因为我们只熟悉形体和心灵，对另外的实体一无所知。但要说牡蛎能思想，蠕虫也能思想，这让人难以置信。您的这个异议同样也适用于所有其他非笛卡尔派的人，但是，我们不仅必须相信，人类并非毫无缘由地总是倾向于认为动物有感觉，而且我还相信，我已经证明了每个实体都是不可分的，因此每个有形实体必定有一个灵魂，或至少是一种与灵魂有着某种类似之处的形式，否则，形体将只是现象。

【252】

断言每个不可分的实体（也就是我所说的一般实体）都是心灵，并且必定思想，在我看来，这比保留形式更大胆，也更缺乏根据。我们只知道五种感觉，以及一定数量的金属。难道我们可以由此得出结论说，世界上没有任何其他别的东西？更有可能的是，除了那些能思的形式之外，热爱多样性的自然也产生了其他形式。如果我能证明除圆锥曲线之外没有其他二次曲线，那也是因为我对这些线有一个能使我对它们做出精确划分的分明的观念；但是，由于我们对思想没有分明的观念，无法证明不可分实体的概念与思维实体的概念是相同的，所以我们没有理由断言这一点。我同意我们关于思想的观念是清楚的，但并不是所有清楚的东西都是分明的。我们只有通过内感觉才能认识到思想（正如马勒伯朗士神父已经注意到的那样），而我们只能通过感觉认识到我们所经验到的东西；由于我们还没有经验到其他实体形式的功能，所以我们不应该惊讶于我们对它们没有清楚的观念，即使我们同意存在这样的形式，我们也不必对它们有清楚的观念。试图利用无论多么清楚但却混乱的观念来证明某种东西不可能存在，这是一种滥用。而如果我只考虑分明的观念，那么在我看来，我们似乎可以设想，可分的或分散成若干存在者的现象可以在单一不可分的存在者中被表达或表象，而这足以使我们设想出一种实体形式，又不必将思想或反思加到这种表象上。我希望能够解释其他没有思想的非物质的表达的差异或程度，以便在简单有形实体（即那些有生命的实体）和动物能够被区分的限度内将它们区分开来，但我还没有对这一点进行足够的思考，也没有对自然进行足够的研究，因此无法通过比较其器官和运作来对各种形式做出判断。马尔比基先生根据大量的解剖类比，坚定地倾向于认为植物可以与动物归为同一属，它们是不完满的动物。

[257]

【253】

5. 现在就剩下去解决您针对实体形式的不可毁灭性所提到

的困难了，首先，我很惊讶，您怎么会觉得这一点很奇怪，站不住脚，因为根据您自己的观点，所有那些赋予动物以灵魂和感觉的人都必须坚持这种不可毁灭性。所谓的困难只是想象力的偏见，它可能会使普通人感到沮丧，但对能够沉思的心灵没有任何影响。所以我相信在这一点上我很容易就能让您满足。那些认为在最微小的一滴水中存在着无限多小动物（就像列文虎克先生的实验所表明的那样）的人，那些认为"物质中到处都是有生命的实体"并不奇怪的人，也会觉得"灰烬本身有某种有生命的东西，火可以使动物变小，而不是完全毁灭它"并不奇怪。对一条毛毛虫或蚕所能言说的，同样也可以用来言说一百条乃至一千条毛毛虫或蚕；但这并不意味着，我们应该看到蚕从灰烬中重生。这或许不符合大自然的秩序。我知道许多人会断言，"种子"仍留在灰烬中，这样植物就能从灰烬中重生，但我不愿利用可疑的经验。这些被一种由毁灭所产生的收缩的更大形体所包裹的小有机体是否完全超出了生成的边界，它们是否会在特定时间再次登场，那是我无法确定的。这些都是大自然的秘密，人们应该承认自己对它们一无所知。

　　6.您提到，只是从表面现象来看，仅根据想象，就我们所看到的仅由两性交媾而诞生的较大的动物来说，困难更大，但其实，就最小的昆虫来说，困难也并不小。前段时间我了解到，列文虎克先生的观点与我的观点非常接近，因为他认为即使是最大的动物也是通过某种变形而诞生的；我不敢接受或反对他的观点的具体细节，但我认为他的观点大体上是正确的，

【254】

[259]

【255】

270

而另一位伟大的观察家和解剖学家施旺麦丹先生也充分表明他也倾向于这种观点。现在，在这些问题上，这些先生们的判断与其他许多人的判断一样有价值。诚然，我没有注意到他们从自己的观点出发进一步说，消灭和死亡本身如我所认为的那样也是缺乏理性灵魂的有生命之物的一种变形，但我认为，如果有人向他们讲起这种观点，他们是不会觉得荒谬的，因为没有什么比相信没有开始的东西也就不会消灭更加自然的了。当一个人认识到所有生成都只是已成形的动物的增大和发育时，他就会很容易相信，消灭或死亡也只是一个动物的缩小，也就是说，它被包裹了起来，但这个动物仍然存活，仍然是有生命的、有机的。诚然，要想通过具体经验来使人们接受关于消灭的说法并不像通过具体经验来使人们接受关于生成的说法那么容易，但其原因是显而易见的，那是因为生成以自然的方式 **7**一点点向前发展，使我们有时间去观察；但死亡向后跳得太远了，只一跃，就返回到了对我们来说太过细小的诸部分，因为它通常以一种过于强烈的方式发生，这使我们无法知觉到这种退化的细节。然而，睡眠（死的形象），出神，蚕葬在茧中（可算作死亡），溺水的苍蝇通过覆盖一层干粉死而复生（如果没有干粉的帮助，它们将永远死去），**8** 冬天芦苇丛里被发现没有任何生命迹象的燕子死而复生，那些被冻死、被淹死、被勒死但却被救过来（关于这一点，一位有良好判断力的德国人不久前写了一篇文章，**9** 他在文中列举了他本人所了解到的一些例子后，劝告那些抢救溺水者的人要比平常做出更多的努力来

[261]

【256】

271

救活他们，并规定了救活他们的方法）的人的经历，所有这些都能证实我的观点，即这些不同状态只是在程度上不同，而如果一个人对其他类型的死亡无能为力，那要么是因为他不知道该怎么做，要么是因为即使他知道该怎么做，但我们的手、我们的器械以及我们的治疗措施却无法达到想要的效果，尤其是当分解首先发生在太过细小的部分时。因此，当我们有了一些类同情况，甚至有了一些确凿的证据来证明相反的情况时，我们就不能停留在普通人可能拥有的生与死的概念上。因为我相信我已经充分表明，如果存在着有形实体，那就必定存在着实体形式，而且一旦我们承认这些形式或灵魂，我们就必须承认它们的不可生成性和不可毁灭性。在此之后，设想有生命的形体的变形就会比设想灵魂从一个形体转移到另一形体要合理得多，人们对后者所持的那种非常古老的信念显然只是源于人们对变形的误解。说动物的灵魂在没有形体的情况下依然存在，或说它们隐藏在一个并非有机的形体中——这些说法听起来让人觉得很不自然。亚伯拉罕用来替代他儿子以撒献为燔祭的那只公羊的形体收缩后产生的动物是否应该被称作公羊是一个语词问题，这多少有点像蝴蝶是否可以被称作蚕。关于化为灰烬的公羊，您所发现的困难之所以出现，只是因为我没有充分

【257】 解释清楚自己的观点，因为您认为在这些灰烬中没有任何有机体，这让您有权说，这无限多的没有有机体的灵魂简直就是怪物，而我则认为，没有有生命的形体自然就没有灵魂，没有器官自然就没有有生命的形体，但在我看来，无论是灰烬，还是

272

其他物质团块，都不能完全不包含有机体。

至于心灵，也就是，能够认识上帝和发现永恒真理的思维实体，我认为上帝用来支配它们的法则不同于祂用来支配其他实体的法则。因为，尽管所有实体形式都表达整个宇宙，但我们却可以说，粗鄙的实体表达的是世界而不是上帝，而心灵表达的则是上帝而不是世界。所以上帝根据物质性的力或运动传递的法则来支配粗鄙的实体，但祂却根据精神性的正义法则来支配心灵，这是其他法则所不能胜任的。正因为如此，粗鄙的实体可以被称作物质实体，因为就它们而言，上帝所谨守的是工匠或机械师的经纶，但就心灵而言，上帝所履行的是比工匠或机械师崇高万倍的君主或立法者的职能。因为就这些物质实体而言，上帝只是就一切事物而言的上帝，即存在者的普遍创造者，所以就心灵而言，祂承当另一种角色，据此人们认为祂被赋予了意志和道德品质，因为祂本身就是一个心灵，就像我们中的一员一样，可以与我们建立社会联系，而祂是这种社会联系的头。这位至高无上的君主统治下的这个普遍的心灵共和国或社会，是宇宙中最崇高的部分，由这位伟大的神治下的诸多小神组成。因为可以说，受造的灵与上帝只是多与少的区别，有限与无限的区别。因此我们完全可以断言，创造整个宇宙只是为了给这座上帝之城增添点缀和幸福。这就是为什么一切事物以这样一种方式被安排：力的诸法则，或各种纯物质的法则，在整个宇宙中共同作用，以执行正义的法则或爱的法则；这就是为什么没有什么能伤害到上帝手中的灵魂；这就是

[263]

【258】

为什么一切事物都必须为那些爱祂的人带来最大的善。这就是为什么，既然灵必须保持他们的人格和他们的道德品质，以便上帝之城不会失去任何人，他们就必须尤其保留一种他们所有的道德、痛苦和惩罚所依赖的记忆、意识或认识到自身之所是的能力，因此，他们必须免于那种使他们完全不认识自己并将他们在道德上变成另一个人的宇宙剧烈变化的影响；然而，粗鄙的实体只要仅在形而上的严格意义上仍然是同一个体，这就足够了，虽然它们由于也没有意识或反思而可能受到一切可以想象的变化的影响。至于人死后的灵魂的状态的详细情况，以及它如何摆脱事物的混乱，只有启示能具体地指示我们；理

[265]
【259】

性的管辖范围并没有延伸至那么远。**L3** 也许还有另一种反对我的理由，因为我认为上帝把灵魂赋予了所有能拥有灵魂的自然机器，我之所以这样认为的理由是，既然灵魂彼此不妨碍，也不占有任何空间，鉴于拥有灵魂更完满，并且上帝以最完满的方式做每一件事，所以祂就有可能赋予那些自然机器以灵魂；因为我还认为形式之间没有任何真空，就像形体之间没有任何真空一样。因此，同样可以这样说，即上帝必定也赋予所有有生命的实体以有理性或能反思的灵魂。但我的答复是，高于物

L3 在 L 中，第 258 页第 24 行至第 259 页第 11 行的草稿（但后来被划掉了）是这样写的：[前面的句子残缺不全]也许有人会说，心灵彼此不妨碍，并且既然上帝以最完满的方式做每一件事，那么祂就会把心灵赋予所有有生命的实体，但我们只能由此推知，祂将赋予它们以适合其器官的灵魂，高于物质自然之法则的那些法则，即正义之法则，阻止了祂赋予它们以意识或思想，因为宇宙的秩序不允许上帝对它们谨守正义。

质自然之法则的那些法则，即正义之法则，是反对这一点的；既然宇宙的秩序不允许上帝对它们谨守正义，那么就有必要至少不让不公正降临到它们身上；这就是为什么它们被造得不能进行反思，不能有意识，因此也就不受幸福和痛苦的影响。

　　先生，此刻我相信，您解释过的那些困难，或至少您谈到 **【260】** 过的那些困难，甚至那些我认为您仍有可能提出的困难，我一个不落地全都做了回答；的确，这使得这封信显得有些冗长，但对我来说，用更少的语词来表达同样的意思会比较困难，而且有可能会带来含混之处。此刻我相信，您会觉得我的观点彼此之间，以及我的观点与大家公认的观点之间都非常紧密地联系在一起。我并没有推翻定论，而是对它们做了解释，并把它们推得更远了。如果您哪天有时间回顾一下我们就实体概念最终所确立的内容，您也许就会发现，倘若同意了我的这些前提，那就得同意接下来我的所有其他内容。尽管如此，我还是试图以它能够自圆其说的方式来写这封信。这些问题还是可以被分开讨论的；因为那些不愿意承认动物有灵魂或其他地方有实体形式的人仍然可以接受我解释心灵与形体的结合的方式，以及我关于真正的实体所说的一切——那就让他们在没有这样的形式或任何有真正统一性的东西的情况下通过点或原子（如果他们觉得这样可以的话）尽其所能地保全物质和有形实体的 **[267]** 实在性，甚至任由其悬而不决，因为我们可以在自认为合适的 **【261】** 地方限制研究。但是，如果我们想要拥有关于宇宙和上帝的杰作的完满性的真观念（它们还可以为我们提供关于上帝和我们灵魂的最可靠的论据），我们就不应再坚持走这样一条坦途。

奇怪的是，卡特兰神父完全偏离了我的意思，先生，您对他的回应表示怀疑是有道理的。他提出了三个命题，并说我在其中发现了矛盾，**10** 但我在其中并没有发现任何矛盾，事实上，我正是用这些命题来证明笛卡尔原理的荒谬的。与那些只从表面上看问题的人打交道就是这样。如果这种情况都发生在了数学问题上，那我们还能在形而上学和道德问题上期待什么呢？这就是为什么我很高兴能找到您这样一位不仅谨慎而且公正的评论家。为了公众的利益，也为了我自身的利益，我祝愿您长命百岁。

您最谦卑也最顺从的仆人，由衷热爱您的莱布尼茨。

附言：我附上了我对卡特兰先生的答复，它也许会被收录于《文坛新志》。**L4;11**

L4 在 L 中，第 261 页第 15—21 行的草稿（即第 261 页第 5—14 行，它没有被划掉，而是被保留了下来）是这样写的：

我在六月份的《文坛新志》上看到了卡特兰先生的评论，我觉得，当您说他有可能没有理解我的意思时，您已经猜到了事情的进展。遗憾的是，他对我的意思理解得如此之差。他提出了三个命题，并说我发现了它们之间的矛盾，他打算证明它们并使它们协调一致；然而，我非但没有发现它们之间有丝毫的困难或矛盾，反而通过把它们结合在一起，可以说，我已经证明了笛卡尔原理是错的。与那些草率看待问题的人打交道就是这样。好在他已经如此清楚地表明了他的毛病出在了哪里，否则我们还要费些口舌。上帝保佑我们不受这样的对手的伤害；在道德或形而上学方面，尤其是在神学方面，我们没办法摆脱这样的争端。

31. 莱布尼茨致阿尔诺 [1] A58

[汉诺威，1687 年 10 月 19 日]

先生：

【262】

这是对您上次所提出的异议的答复。我相信我已经完全打
消了您的疑虑，您之所以产生这些疑虑主要是因为我还没有充
分清楚地解释自己的观点。我在很多地方都是引用您的原话，

[269]

而这让我的答复显得有些冗长。我希望您至少能意识到我没有
回避您提出的异议。由于很久以前我便弄清了所有这一切，并
且可以这样说，我已经预料到了大部分的困难，所以我并没有
在它们上面耗费太多的时间。先生，我这样说，是为了不让您
觉得我过分地专注于这些问题，而忽略了其他必要的任务。这
一年来，我一直都在忙着查阅档案和旧文件。这与对自然的研
究几乎没有什么关系。

我发现了那位生活在圣徒亨利皇帝时代的梅泽堡主教蒂特
马尔不同版本的《编年史》[2] 中所缺失的大量附录；我还发现
了一处非常值得注意的古迹，它证明了以前我们的大主教选举
人实际上应该是枢机主教。我很惊讶，这样重要的权利竟被剥
夺了。更别提我在法理学上的沉思了，在这方面，我打算将来
有一天写一本书，介绍关于证据和标示的理论，最重要的是说
明应该如何估计可能性的程度，我不会像亚里士多德和某些仅
根据权威来规定它的决疑者那样讨论它；相反，我会像那些用

几何学的方法描述**概率**的人那样讨论它。

【263】　　但我不知道我是否曾对您谈起过我从青年时代就有的一个计划，我一直致力于这个计划，即制定一套新的符号语言，而通过这套语言，一切推理都可以被简化为一种计算。我已经写了一些与之相关的令人惊讶的文章，我认为它不仅在几何学中会取得成功，在形而上学和道德中也会取得成功。但在几何学中，我要告诉您的是，我形成了一种完全不同于代数的计算方法，相对于代数，它有着巨大的优势。因为我在这种微积分中使用的字母对我来说表示的不是量而是点，它恰当而直接地表达的不是量而是位相。[3] 然而，在把图形化为代数计算时，我们要把位相转化为数字，等到我们找到了解或等式，我们又要把数字转化为位相，我们通常远离作图，因为我们藉由代数在某种程度上迫使自然将一切都简化为算术，从而失去了几何本身所能提供的优势。因此，代数常常使我们走很多弯路。而且，以往的几何分析通常都以《几何原本》为前提，因此没有像我的几何分析那样将解决方案进行到底，用微积分来证明《几何原本》；而且在计算的过程中，我每时每刻都能展示我是

[271]　　在探求图形还是在探求运动，就好像我在绘制许许多多如这些符号所描画和描绘的线，在制作许许多多如这些符号所描画和描绘的模型。如果我找到了一个解，这个作图就可以用这些线和模型来呈现。因为这是引导想象力的真正方法，所以我认为我们只有以这种方式才能进入自然形体的内部结构。

　　我使用的不是等式和比例，而是全等、规定和相似。我为

自己制定了新的公理。例如：如果相似事物的诸规定都是一致的，那么它们本身也是全等的。关于相似，我有一个能像几何学家那样理解它的令人满意的定义，因此我从一开始就证明了这一点，即只要假定每个三角形的角之和都是一样的，也就是，等于两个直角之和，那么，倘若两个三角形的对应角相等，它们的对应边成比例；如果欧几里得在他的第一卷中就证明了这一点，他就能在一开始便从中推出这一他推迟到第六卷才得出的命题。但最主要的是，我的微积分的运算能展示运动和相位，可以这么说，用它可以准确地表达非常复杂的机械及其所有功能。简言之，这是一件令人惊讶的事情，我相信没有人会想到这一点。

【264】

对于字母表示大小的普通分析，我也做出了很大的改进。因为我用到了指数本身是未知数的方程，比如，当我说 $x^x+x=30$，因为 $3^3+3=27+3=30$。此外，我还用这些方程来表达适合于化圆为方作图的线。我还有其他的方程，即我所谓的微分方程，我就此在莱比锡的《教师学报》上发表了一篇文章，[4] 在那篇文章中，我用一个方程表示摆线的本质，并在这个方程的基础上用微积分证明了它所有的属性。并且我从这种计算方法中推导出了一种求切线法，它远优于所有其他的求切线法，甚至是斯卢修斯先生（M. Slusius）和许德先生的求切线法，因为无理数和分数并不妨碍我，相反，他们却必须先把这些无理数和分数去掉，但这却常常使得计算变得太过冗长。现在，只能用我所介绍的这种非凡的计算方法来表达的线就是我所说的"超越的"线，因为我们不可能用某次幂的方程来表达它们的本质。正是通过这些线，我们才能作图解决那些不属于任何明确次幂的问题，例如，$x^x+x=20$，或者说，一个数 x 加上它自身的 x 次幂等于 20，求该数。这个数不仅不是有理数，甚至也不是代数数，也就是说，它不能用任何次幂的任何方程来表示，但它可以通过使用笛卡尔先生称之为"机械"线条而我称之为"几何"线条的那些线的几何作图来给出。它们之所以是超越的，是因为它们既可以通过点而被精确地绘制出来，也可以通过适合于它们的运动而被精确地绘制出来。

[273]

我最近在我的文件中发现了一封惠更斯先生的来信，[5] 信中，他认可我的算术求积法，并且不否认，如果把整个级数都计算出来的话，它是准确的。所以我相信，他在内心深处是不会否认您给我的那份坚实可靠的荣誉的。我不知道是否还能找到更简单的表达式。不过，我把这种求积法称为"算术的"，因为它没有给出精确的作图，而只是给出了一种启发心智的知识或表达式。

【265】

在随信附上的对卡特兰先生的答复中，我又加了一个非常简单的机械学问题，但一般的分析学家仍很难得出它的最终结论。所需要的线不是超越的，但一开始人们还不知道它是不是超越的，如果没有一种至少接近我的方法（我在莱比锡的《教师学报》中已经给出了它的基本原理）[6] 的方法，那么人们必须非常有能力，才能解决这个问题。我们很快将会看到卡特兰先生是否敢于尝试去解答，以及他是否很容易就找到能为他提供解决办法的人。不过，像惠更斯先生、许德先生、斯卢修斯先生这样的主要几何学家除外，因为他们比那些认为分析的全部秘密在于巴多林所教授的方法或马勒伯朗士神父所出版的《数学原理》**7**的人知道得多一些。要么我大错特错，要么笛卡尔派的人今天无论是在物理学方面还是在几何学方面都没有取得任何进展，因为他们对自己的导师——他无疑是一位伟人，但他在几何学和物理学方面还远没有到达他自诩的那种程度——的著作稍有了解之后，便自以为掌握了所有这两方面的知识。些许的怠惰和虚荣与这种错误的判断混在了一起，它们会对科学的进步造成极大的伤害。我无限敬重笛卡尔先生，也许比他的门徒更了解他受人敬重的原因，但时间教会了我们如何走得更远，他自己也不隐瞒他没有把自己的方法或最大的努力公之于众的事实。正因为如此，如果那些对他的贡献感到满意的人把这些科学作为自己的职业并觉得应该深化它们，那他们就大错特错了。只需要一个像我所提出的问题一样的问题就能让他们幡然悔悟。为了把这些先生从如此妨碍科学发展的昏睡中唤醒，我对他们伟大的自然法则提出了异议。卡特兰先生是来为它辩护的，但他还没有领会到或假装没有注意到我所提出的异议的力量，尽管我所提出的异议是如此的简单。 **【266】**

先生，如果您能抽出一点时间，慎重地评价一下我所提出的异议，我会非常高兴，我很乐意把它交由您来评判。出于对真理的热爱，我甚至不揣冒昧地恳请您这样做，因为我知道您很容易就能理解它，而且这个问题非常重要。 **[275]**

32. 莱布尼茨致阿尔诺 **1** A59; F 25

[汉诺威，1687 年 10 月 19 日]

【267】 先生：

随函附上对您上次所提出的异议的答复，但由于我想认真地解释一下自己的观点，并且我不想对您的疑问有任何保留，所以这个答复显得有些冗长。我在很多地方引入了您的原话，而这进一步增加了它的长度。由于很久以前我便弄清了所有这一切，并且可以这样说，我已经预料到了大部分的异议，所以我几乎没有花任何心思，而只是把我的想法写在了纸上，然后又读了一遍。先生，我提到这一点，是为了不让您觉得我只一门心思地想着这些问题，而忽略了其他必要的关切。我走到这一步，您责无旁贷，因为既然您向我提出了这些异议和问题，那么为了从您的智慧中获益，也为了让您知道我有着不向您隐瞒任何东西的诚意，我就想回答它们。

【268】 我现在正忙着研究布伦瑞克王室的家族史；今年夏天我已经看了很多档案，接下来我还会到德国南部，去寻访历史古迹。但这并不妨碍我想了解您方便时就我的澄清和我随信附上的对卡特兰神父的答复 **2** 所发表的看法。我之所以附上这份答复，是因为它篇幅短小，而且在我看来，是可证明的，只需耗费您非常少的精力。因为我们可以证明，物体下落时所获得

的速度与其下落高度的平方根成正比。**L1** 现在，如果我们能抽掉外部阻力，那么物体就能精确地重新上升到它开始下落时的高度；所以，如果这位卡特兰先生直到现在还没有弄清楚这一点，那就不能指望他来澄清这个问题了。我希望您能认真地考虑一下；您也许会发现，如此容易推翻的东西却被预设为一个不容置疑的原则。**L2**

[277]

L1 第 268 页第 13—15 行的草稿（部分被划掉了）是这样写的：因为我们可以证明，物体从一定高度下落所获得的速度正比于这些高度的平方根。[被划掉：因此，如果我们假定物体重新上升，] 那么物体可能重新上升到的高度正比于 [被划掉：这些高度的平方根]。

L2 第 268 页第 9—19 行的草稿（即第 267 页第 20 行至第 268 页第 8 行）是这样写的：

我在六月份的《文坛新志》上看到了卡特兰先生的评论，我觉得，当您说他有可能没有理解我的意思时，您已经猜到了事情的进展。遗憾的是，他对我的意思理解得如此之差。我随信附上我的答复，让您过目，而它也许会刊登在《文坛新志》上。所以，我们要重新开始，因为我在答复他最初的回应时犯了一个错误；我应该简单地说，它根本就没有触及到我的反对意见，并像我现在所作的那样为他指定需要回应的地方。与那些不寻根究源的人打交道就是这样。上帝保佑我们不受这样的对手的伤害；但在道德或形而上学方面，尤其是在神学和法理学方面，我们没办法摆脱这样的争端。我在答复中还加了一个机械学问题，它可以被归结为几何学问题，但必须运用巧妙的办法，我很快就会看到卡特兰先生是否敢于尝试去解答。在我看来，他还不是最强的对手。我甚至惊讶地发现，在如此之多的笛卡尔主义者中，效仿笛卡尔先生试图向更深处推进的人少之又少。

33. 莱布尼茨致阿尔诺 [1] A 60; F 26; LA 27

纽伦堡 [?]，1688 年 1 月 14 日

【272】 1688 年 1 月 4 日至 14 日，于纽伦堡先生：

也许您应该看到了我在九月份的《文坛新志》上对卡特兰神父的答复。[2] 奇怪的是，许多人回应的并不是别人对他们所言说的东西，而是他们自己所想象的东西。这就是卡特兰神父到目前为止所做的一切。正因为如此，我必须硬生生地打断他，并把他引回到最初提出的异议上来。为了能说点有用的话，我提出了一个我早已做出解答的问题，**惠更斯**先生在十月份的《文坛新志》中给出了它的解决办法。[3] 我并没有期待从惠更斯那里得到这个解决办法。我原本是想让卡特兰先生或他的朋友们感到些许不安，并让他们研究一下普通分析是否能像人们想象的那样走得那么远。但惠更斯先生认为这个问题值得他亲自去解决。所以说，我们本来有可能是要花很长时间来等待卡特兰神父给出解决办法的。不过，不管怎样，我们很快就能看到他会对此说些什么。

[279]
【273】 此外，我衷心希望您闲暇时花半个小时来思考我对笛卡尔派所提出的异议。您的智慧和您的真诚本身使我确信，我能让您看到疑难，让您认识到疑难之所在。整个讨论并不算长，但

【274】 这个问题不仅在机械学中关系重大，而且在形而上学中也是如

284

此。因为撇开力，运动本身是相对的，并且运动的主体是无法确定的。而力是实在的、绝对的，这就是为什么大自然保持力的量不变，而不是保持运动的量不变。与此同时，我们还可以推知，大自然中除了广延和运动外，还有别的东西，除非一切力或力量被拒绝给予事物，但这样就会使事物从它们之所是的实体变成样式，并使人们不自觉地陷入**斯宾诺莎**的危险观点，即认为一切事物都只是上帝的样式。

不过，我不认为，从形而上的严格意义上讲，一个被造的实体有能力以通常所理解的方式，即通过某种令人费解的实在影响，作用于另一个实体；但以这样一种必须被理解为保全公认说法的方式，我们也可以说，一个实体作用于另一个实体。

我们很快也将看到尊敬的**马勒伯朗士**神父是否能对我的回应[4]做出答复，我在回应中提到了另一个在几何学和机械学中都很有用的一般原理，它推翻了笛卡尔的运动定律，也推翻了马勒伯朗士的运动定律，以及他在给卡特兰神父的信（刊登在了《文坛新志》上）[5]中所作的辩解。

将来有一天，我若有足够多的闲暇时间，我想完成对普遍符号语言或通用计算方式的沉思，因为它们不仅对数学有用，对其他学科也有用。在这方面，我已经写了一些不错的文章。关于同时存在、规定性（或唯一性）、相似、一般关系、力量或原因、实体，我提出了一些颇值得注意的定义、公理、定理和问题；并且无论在哪里，我都像使用代数式或使用数字那样，以一种精确而严谨的方式使用字母。

【275】

如果采用这种方法，那我们就有了一种最终可以终结争议和纠纷的办法，那便是"让我们算一算"。我们也可以用它来写一些道德方面的文章，我已经用它写了一些法理学方面的文章。而且，据我所知，没有哪个作家的风格比那些其作品片段载于《法学汇编》（*Digestes*）的古代法学家的风格更接近几何学家的了。在推测的情况下，至少可以根据给定的内容来确定什么东西才应该被认为是最可能的和最肯定的。

[281] 　　最后，我祈祷上帝保佑您长命百岁，那样我们就能常常从您的智慧中获益。

　　您最谦卑也最顺从的仆人，由衷热爱您的莱布尼茨。

34. 阿尔诺致恩斯特 **1**

[？，1688 年 3 月 15 日]

大人，如果我觉得这样做问心无愧的话，我很乐意听从殿
下您的建议，不对那位耶稣会士的新书 **2** 做出任何回应。但我
不认为我能做到这一点。请殿下允许我简单地指出个中原因。

根据教父们的说法，当一个人被指控为异端时，是不允
许保持沉默的。而他们在那本书的很多地方就是这么指控我
们的。

他们声称，关键是要知道真正的信仰，即救赎的基础，站
在哪一边，并且要准确地判断它不是在造谣和恶意中被找到
的。所以如果我们不回应他们在各处对我们的指控，即控诉我
们**心怀恶意**，控诉我们**造谣污蔑**，我们就会让世人相信我们没
有**真正的信仰**。

如果他们同意针对那些不利于他们的言论为自己辩护，那
么裁决就可以交由公众来做出。而既然他们用书的最后一章来
证明他们应该为名誉遭到诽谤而得到应有的道歉，他们还通过
人们对哈扎特神父和《对詹森派的正当偏见》的作者 **3** 的评论
来证实他们的名誉确实遭到了诽谤，那么我们就有必要去说，
要么我们为诽谤他们的名誉而道歉，如果这是他们应得的，要
么我们就要表明这不是他们应得的。在这种情况下，沉默只能
换来公愤。

【85】   他们自己也同意，关于共和国的老话，即"为了共和国的利益，我们要把恶人公诸于世"，更适合于用来说教会，因此，公众需要了解耶稣会士和他们的对手的真面目，免得自己被这一方或另一方所误导。所以，如果不做好对这场辩论的指导，我们就没有尽到对公众和教会的责任。我们在这场辩论中决心真诚地探究究竟谁对谁错。

    我深信，教会最大的罪恶之一就是近五十年来耶稣会士借助在不同国家不时被翻印的各种中伤他人的作品所散布的流言

[283] 蜚语，或借助用来警告所有那些信靠他们的人的秘密的恶意八卦来诋毁主教、教牧、学者、僧侣等所有那些为灵魂得好处而做最扎实工作的人。现在，通过比较人们对耶稣会士的评价和耶稣会士对他们的对手的评价，通过给一方以公道并要求另一方讲公道，以便一旦所有的事情都得到适当的澄清，便没有人会再被误导，上帝提供了一个纠正这种罪恶的机会。刚刚发生的事情表明，有必要结束这样一个巨大的丑闻。谁能想象出比用虚构的詹森学派来诋毁这样一位善良的教皇的举动，并将他**赐予**枢机主教勒卡缪（Cardinal Le Camus）以**恩宠**，即把这样一位杰出人物安置在罗马教廷枢机院里视作可耻行为更大的丑闻？

    殿下大人，我希望您能接受我这里所提到的个中原因，并且希望您能重视它们，而不是担心这些争议可能引起的丑闻，因为如果我不写，就会有更多的丑闻。但如果您真诚地告诉我您的想法，我决不会有任何异议。我甚至感激您，因为您已经

好心好意地向我保证，即使您劝我不要回应，那也不是为了耶稣会士，而是为了救我们自己，因为他们太过强大了，他们会通过报复我们让我们为此而后悔。这些东西不可能让我踌躇不前。如果一个人的眼睛只盯着上帝和他的责任，他就不会害怕人类。漫长的经历让我觉得那些在其他人看来可能很严重的事情根本不算什么。因为我觉得自己在四十四年多的时间里（如果您不把中间"教会和平"的八、九年算在内的话）和现在差不多处于同样的状态，我一直都在检验大卫关于上帝对那些敬畏袖的人施以恩惠所说的那条真理："Thou shalt hide them in the secret of thy face, from the disturbance of men. Thou shalt protect them in thy tabernacle from the contradiction of tongues" **4**（你必把他们藏在你面前的隐密处，免得遇见人的计谋；你必暗暗地保守他们在亭子里，免受口舌的争闹）。 【86】

殿下，我寄给您的第四期的《法律简报》将向您展示一些令人惊讶的关于上帝已应许袖的仆人免受其害的那种口舌争闹的例子。您读过它之后，您就会清楚我所能告诉您的一切。您的阿尔诺。

附言：我现在肩负着太多的职责，无法对莱布尼茨先生做出回应，因为我目前不适合去思考他对我说的那些抽象的问题。如果殿下您下次有机会给他写信，请代我向他致歉。阿尔诺。

[285] ## 35. 莱布尼茨致恩斯特 [1] A 61

维也纳，1688 年 5 月 20 日

【277】　……兹寄上尊敬的约伯特神父的信，上面注有"已批复"的字样；我看到，在将阿尔诺先生视作异端时，除了那区区的五个主张之外，他并没有什么可责备阿尔诺的。[2] 但鉴于阿尔诺先生二三十年以来一直否定他们，他还想怎样？更不必说，正如审查员们的不同观点所清楚表明的那样，这五个主张中潜藏着许多模棱两可的东西了。正因为如此，我可以不无厚道地想象出那些尊敬的耶稣会神父们将可能把无法轻易否认的东西归咎于他，比如，相信痛悔是必要的。我很乐意承认，殿下您远比我更了解耶稣会士与詹森派信徒之间的争端，有很多争端我可能都不知道。此外，即使阿尔诺先生在这五个主张被谴责之前曾多次在被谴责的意义上极力强调这些主张，这也绝不能使他成为异端，因为谁也不能否认他在这些主张遭到谴责之后便否认了它们，更不用说，根据法国神职人员的原则，仅教皇谴责这五个主张并不能使其成为异端，教会为此需要召开一次大公会议，或者说，需要有一个被广泛接受的惯例。

　　我可以很容易就能想象得到，阿尔诺先生除了通过与我争论抽象问题来消遣之外，还有许多其他的事情要做，但如果我此刻能知道，尽管他可能仍旧不同意我的观点，但他已经不再像他一开始在正确理解它之前所相信的那样，觉得我的观点中有任何不好的地方，我会感到欣慰；而如果他能好心地向殿下或向我解释一下他在这些问题上的立场，我则会心满意足……

36. 莱布尼茨致恩斯特 **1** A 62

[维也纳，1688 年 7 月 9 日]

殿下大人：

【181】　……我在关于果阿宗教裁判所的论著 **2** 中注意到，本书的作者在离开宗教裁判所时被要求宣誓他不会透露所发生的一切，但一些开明人士都认定，人们没必要履行这种非正义的、被迫立下的誓言。我所谓的开明人士指的是决疑者。从这本书可以看出，如果天主教没有能够防止分裂的领袖和联络人，那么法国人就会被葡萄牙人视作异教徒，就像加尔文派被路德教徒视作异教徒一样，

[287]　并且我们可以非常确定地说，如果在果阿，某个普通人或地位不高的人写了类似出自枢机主教勒卡缪或莫城主教之手的信函或书籍，那么他们就会把他送到宗教裁判所。

【278】　我承认，我从未享受过某些神秘主义者早在莫利诺之前就引入的那种寂静或无为和纯粹被动的状态。这些东西都是那些没有充分考虑人类心灵本质的人的幻想。问题是，古代神秘主义者安于这种理论，而莫林诺（如果我们相信那些指控他的文献 **3** 的话）却从这种理论中得出了相当错误和非常危险的具有实践意义的结论；但是，既然枢机主教佩特鲁奇不承认这些结论，而且他的主张（尽管是错误的）还得到了一些严肃作家的支持，我不明白为什么教皇会像杜布瓦先生所希望的

那样要求他收回自己的言论。我们没有权利谴责所有的错误，也没有权利强迫人们永远否认它们。例如，我不赞成马勒伯朗士神父的偶因论，即形体没有力量，它们的状态只是变化的偶然原因，只有上帝每时每刻推动着它们；但我不希望他为此被送入宗教裁判所，被迫收回自己的观点，尽管这些观点可能会带来不幸的后果。我们在让别人收回自己的言论时必须非常谨慎，以免迫使任何人违背良心行事。任何谎言如果假定为真，都能证明上帝不存在。但这并不意味着每个犯错的人都是无神论者。

  我不参与涉及耶稣会士或那些被称作詹森派的信徒的个人事务。到处都是人的事，而人容易自以为是。尽管如此，如果说耶稣会士在某些活动中犯了更大的错，那可能是因为他们更强大，有更多的手段来执行和维护他们的计划。在其他条件相同的情况下，我们总是会发现那些拥有更多权力的人更容易犯罪。任何几何定理都不如这个命题确定。不过，我还是很惊讶，他们竟拖了这么长时间才对很久以前出版的《实用伦理学》（*Morale pratique*）做出回应。与其得出并不总是有益的解释，不如把所有这些东西都默默地埋葬。与其在某些观点上为自己辩护，而在另一些观点上却被说服，不如保留挑战一切的权利。如果某个修会中有自私自利的、野心勃勃的、报复心强的人，这不会损害它的声誉和它的机构的圣洁，就像过去对伯尔尼的多明我会士提起的诉讼不会损害基督教中如此显赫的修会一样。【279】

[289]　　如果说詹森派与许多加尔文派在有关恩典的问题上意见一致，我们不应感到惊讶，因为有些博学的天主教徒已经认识到，多特会议在这个问题上的教义与圣托马斯的教义相去不远，不应受到谴责。关于詹森派是否应该被判定为异端这一问题的讨论似乎给了莫利纳派这样一个绝好的机会，使他们可以说自己不能被指责为接近异端；但他们的对手不同意这一点，并指责他们是伯拉纠派或半伯拉纠派。

　　我并不是要把笛卡尔关于物质本质的观点归诸于通常自称詹森派的人，就像与殿下您通信的那个人所认为的那样。然而，不可否认的是，许多最知名的人士都接受这种观点，耶稣会士把它当成了他们的一个议题，似乎这种观点与真实临在相悖。

　　殿下您曾说过，在德国，没有一个主教在布道。然而，我在维也纳发现了两个布道的人，即科洛尼奇的枢机主教和他的继任者，即之前蒂纳的主教，现在维也纳新城的主教，诚然，他们也只有在大型节日时才会这样做。

【280】　　说到维也纳新城的主教先生，他早些时候在汉诺威和其他地方便已为后来我们的聚会做好了铺陈，我有幸在维也纳新城见到了他，他待我很客气。他给我看了一些真实的文件，证明教皇、枢机主教、耶稣会总会长、圣宫的神学大师以及其他完全了解他的谈判和计划的人已经批准了这些文件。我想他的目标无疑是让新教徒有朝一日接受特伦托大公会议，但他是根据大众的情绪和理解一步一步来的。事实上，如果我们适当地考

虑这个会议，我们就会发现几乎所有段落都有一个为讲道理的新教徒所能接受的解释。殿下您可以通过我所举的关于"意图对圣礼的有效性来说是必要的"例子来判断这一点，尽管我曾怀疑我的解释是否能被接受，但阿尔诺先生的认可（他甚至提到了巴黎大学的观点），使我有理由希望在其他事情上也能得到类似的认可。最能反映维也纳新城主教先生对他那值得称赞的意图心怀诚意的是，现在他有了一座漂亮的主教宫殿，他在那里可以像任何人一样心满意足地生活，但他依旧热情不减，准备一有成果就恢复他的谈判……

附言：当殿下您给罗马写信时，最好是试探一下那些最杰出的枢机主教们的意见，看看他们是否愿意解除先前发表的谴责哥白尼关于地球运动的观点的临时敕令。因为这个假说现在已经得到了来自新发现的诸理由的证实，以至于最伟大的天文学家几乎不再对它有任何怀疑。一些非常有才智的耶稣会士（如查莱斯神父）曾公开宣称，很难找到另一个可以如此容易、如此自然、如此完全地解释一切事物的假说了。不难看出，除了谴责之外，没有什么能阻止人们公开屈服于它。小兄弟会的梅森神父和耶稣会的法布里神父在他们的著作中认识到并教导说，这种禁令只是暂时的，因为当时的人们还没有得到更好的指导，而为了预防后来伽利略传播的这一学说在懦弱者的心中引起反感，这种禁令被认为是合适的。此时此刻，人们已经从那种震惊中充分恢复了过来，每个有理智的人都欣然承认，即

[291]

【281】

295

使哥白尼的假说千真万确，圣经也不会受到伤害。如果约书亚是阿里斯塔克或哥白尼的学生，他仍然会这样说话，否则他就会让他的听众和贤哲感到震惊。所有的哥白尼主义者在日常生活中交谈时，甚至在科学不容置疑的情况下彼此交谈时，总是说太阳升起或落下，他们从来都不这样说地球。这些术语是用来描述现象而不是原因的。对于天主教会来说，重要的是把属于哲学家的合理的自由留给他们。对哥白尼的谴责所造成的伤害大到了令人难以置信的程度。因为姑且不说法国最博学的人，即使是英国、荷兰和整个北方最有学问的人也几乎都相信这种假说是正确的，他们都认为这种谴责是一种不公正的束缚；而且，当他们看到天主教徒甚至耶稣会士中最伟大的数学家都清楚地意识到了这种学说无可比拟的好处，但仍被迫拒绝它时，他们不知道该说些什么，并不禁怀疑这些数学家缺乏真诚，这使他们对天主教会产生了不好的印象。事实上，没有什么比这样一种约束更违背坚定而又丰富的心灵的了。圣奥古斯丁曾在一些优秀篇目中指出，滥用圣经和教会的权威来转移人们对哲学真理的关注乃是亵渎它们，其他人对他的这些篇目进行了整理出版。如果罗马宣布，所有那些想要坚持哥白尼假说为真的人都必须同时声明圣经不可能不这么说并且它并没有背离对语词的正确使用，那么也许就有办法找到一些权宜之计。

[293]　即使教众在事实没有得到充分澄清的情况下，改变或缓和对过往之事因惊讶而产生的指责，这也不会损害其权威，更不会损害教会的权威，因为教会的神圣性没有因此而受损。任何一个

教会法庭都会不时地改革自身的典章，而且既然教皇们在拒绝相对立的事物上曾采取过同样的步骤，我认为没必要对类似的问题如此谨慎。我认为这种简单性会产生很好的效果，并且会产生比人们所能想象到的更多的成果。虽然这个问题不在一般人所触及的范围内，但它却与最有学识的人和最杰出的心灵密切相关。现在，虽然有能力的人的数量不大，但他们的权威性和榜样作用却对其他人有很大的影响。

【282】

37. 莱布尼茨致阿尔诺 **1** A 78; F 27; LA 28

威尼斯，1690 年 3 月 23 日

【310】 致阿尔诺先生

先生：

谨遵殿下的命令，我为展开历史调查，进行了一次长途旅行，现在就要回国了，我在调查中发现了一些公文、头衔和不容置疑的证据，它们可以证明布伦瑞克和埃斯特这两个贵族世家有着共同的血统，尤斯特尔（Justel）、杜·孔日（du Cange）等先生以及其他人有充分的理由对此表示怀疑，因为研究埃斯特家族的史学家们在这方面存在着矛盾和谬误，完全混淆了时代和人物。

现在我想重新集中精力，回到原来的道路上来。两年前，就在我临行前，您写信给我，我现在就像那时一样冒昧地想了【311】 解一下您的健康状况，想让您知道您那崇高品德一直萦绕在我心间。

当我在罗马时，我看到了对一种归咎于您或您的朋友的新的异端邪说 **2** 的公开谴责。后来我看到了尊敬的马比昂（Mabillon）神父写给我的一位朋友的信，他在信中指出，尊敬的勒·泰利埃（Le Tellier）神父针对《耶稣会士的实用伦理学》（*Morale pratique des Jésuites*）完成的那部为传教士辩护的著作 **3** 使许多人对这些神父们有了好感，但他听说您已经对此做了回应，并且据说您用几何学摧毁了这位神父的诸理由。所有这一切让我断定您仍然有能力为公众服务，我祈求上帝保佑您能长久如此。

诚然，这是我的私心，但这种私心是值得称许的，它能使我学习，无论是与其他阅读您的作品的人一起学习，还是在您的评判的指导下自己学习，但前提是您所享有的那点闲暇时光使我有机会再次受益。 [295]

因为这次旅行使我的心灵在一定程度上摆脱了日常事务，我与许多有能力的人就科学和知识的问题进行了交谈，感到很满意，我还向一些人传达了我个人的想法，您知道，这是为了从他们的质疑和疑难中获益，他们中有些人对通常的学说并不满意，却从我的某些观点中获得了非凡的满足感；这促使我把它们写了下来，以便更容易交流，也许哪一天我会印一些副本（上面不写我的名字），仅送给朋友们，让他们对其做出评判。我希望您能首先审视一番我的观点，我为此对它们做了这样一个简单概括：

形体是一个由若干实体构成的聚合体，确切说，不是一个 【312】实体。因此，形体的每一处都必定有若干不可分的、不可生成的、不可毁灭的、具有某种与灵魂相对应的东西的实体。所有这些实体无论是过去还是将来都总是结合在一起，形成各种可变形的有机体。这些实体中的每一个在其本性中都包含着持续不断的一系列它自身活动的法则，以及已经发生和将要发生在它身上的一切。除了对上帝的依赖之外，它所有的活动都来自它自身的深处。每一个实体都表达着整个宇宙，但有的实体比其他实体表达得更分明，每一个实体根据它自身的视角，都特别关注某些事物。灵魂与形体的结合，甚至一个实体对另一个实体的作用，其本质仅在于最初创造的秩序所明确确立的完满的相互一致，凭借这种一致，每个实体都遵循它自身的法则，从而获得其他实体所需要的东西，因此，一个实体的活动跟随或伴随另一个实体的活动或变化。能够反思和认识永恒真理与上帝的那些精神实体或灵魂有许多特权，这使它们免于形体剧烈变化的影响。就它们而言，道德法则必定与物理法则结合在一起；万物主要是为它们而造。它们共同组成了宇宙共和国，而上帝是其君主。这座上帝之城奉行完满的公义和政体，在这里，没有不受惩罚的恶行，也没有不得到相应回报的善举。我们对事物了解得越多，就会觉得它们越美，越符合一个智者的

[297]

【313】

意愿。我们必须永远满足于过去的秩序，因为它符合上帝那由结果可知的绝对意志；但我们必须努力使那种取决于我们的未来符合上帝的假设意志或祂的诫命；装点我们的斯巴达，[4] 努力做善事，而不是在成功还未到来时为所有一切而烦恼；坚信上帝会找到最适合的使情况变得更好的时机。那些不满足于事物秩序的人不能吹嘘说自己爱上帝。正义不过是智者的施舍。施舍是一种普遍的仁爱，智者为了获得最大的善，按照理性的尺度来实施这种施舍。智慧是关于极乐的知识，或者是关于获得持久满足的方法的知识，而这种满足的本质在于不断地向更大的完满前进，或至少在单一程度的完满中变化。

300

就物理学而言，我们必须认识到，力的本性完全不同于运动的本性，因为运动是一种相对的东西。但我们必须通过效果的量来衡量这种力。存在着一种绝对的力，一种直接力（directive force），和一种间接力（respective force）。这些力中的每一种都以同等的程度保存在宇宙中，或保存在彼此没有交流的每一台机器中；后两种力合在一起构成了第一种力，也就是，绝对的力。但宇宙不能保持相同的运动的量，因为我已经证明，如若不然，永恒运动就会完全成为现实，结果就会比它的原因更强大。

不久前，我在莱比锡的《教师学报》上发表了一篇物理学论文，**5** 旨在探讨星体运动的物理原因。我假定了这一基本原理，即流体中沿曲线或其速度不断变化的固体的每一个运动都来自流体本身的运动。我从中得出了这一结论，即星体有着易弯曲的、充满流体的轨道。我证明了一个重要的一般性命题，即每一个以调和循环的方式（也就是，当到中心的距离是等差数列时，速度是调和数列，或与距离成反比）运动、同时还有一个离心运动（也就是，由重力或浮力造成的相对于同一中心的运动，无论这种引力或斥力可能遵循什么定律）的形体，都将必然以开普勒在行星那里所观察到的方式沿着所扫过的面积与时间成正比的轨迹运动。然后，考虑到观察结果，即这种运动是椭圆的，我发现离心运动（星体的这种运动与它的调和循环结合在一起，可以使其沿椭圆形的轨迹移动）的定律一定是这样的，即引力与距离的平方成反比，也就是说，与来自太阳

【314】

[299]

的光照成正比。

【315】　　　我就不对您讲我的增量或差分运算了，我用它给出了切线，而没有去消除无理数和分数，即使其中包含着未知数，并且我还用它分析了求面积和超越的问题。我也不对您讲我的一种全新的分析了，它适用于几何，并且完全不同于代数。我还有一些没来得及成文的东西，那就更不必对您讲了。我希望能用几句话来解释这一切，以便您能就它们发表一些将对我大有裨益的看法。真希望我对您的判断有多尊重，您就有多闲暇。但您的时间太宝贵了，我的信也已经很冗长了。正因为如此，我就写到这里吧！

　　　您最谦卑也最顺从的仆人，由衷热爱您的莱布尼茨。

1690 年 3 月 23 日，于威尼斯

注　释

第 1 封

1　文献：

L^1：寄出信件的节选：LBr 16, fol. 46–47。

L^2：部分信件内容的草稿：LBr 16, fol. 46–47。

阿尔诺对第 1 封信的回复是接下来的第 2 封信，即 1686 年 3 月 13 日写给恩斯特的那封信。第 1 封信分为两部分。L^1 是莱布尼茨寄出信件第一部分的节选；L^2 是信件第二部分的草稿。显然，这个节选后来被附在了草稿上。第二部分是莱布尼茨《形而上学谈》各节的摘要。它与《形而上学谈》草稿中所载的早期版本略有不同（A VI, 4, no. 306，其中还列出了两个草稿之间的差异）。莱布尼茨后来对 L^2 做了 10 处修改；参见英译本附录三。

2　1846 年，《形而上学谈》由格罗提芬（Carl L. Grotefend）首次出版。勒・罗伊（Le Roy, 286）提供了一个很好的例子，证明阿尔诺从未见过完整的《形而上学谈》。第 14 封信在末尾，即从第 83 页

303

第 9 行开始，增加了一段，这段话再次提到了《形而上学谈》第 17 节的主旨。这段话在莱布尼茨的两份草稿中都没有出现。莱布尼茨认为有必要以第 17 节的摘要来结束他的书信这一事实，以及他在前一句中提到仅寄给阿尔诺一份"摘要"这一事实，证明阿尔诺没有见过完整的文本。

第 2 封

1 文献：

a：寄出信件：19723, fol. 182–183（我们的文本）。

C：寄出信件的节选：LBr 16, fol. 48。

第 2 封信回答了第 1 封信，写于 1686 年 4 月 12 日的第 4 和 5 封信又回答了第 2 封信。恩斯特让他的誊写员从阿尔诺的来信中节选了部分内容，然后将该节选寄给了莱布尼茨。所以莱布尼茨只收到了节选，而且誊录过程出现了严重的错误。我们既有 a，即阿尔诺让他的誊写员撰写的书信的手稿，也有 C，即恩斯特的誊写员给出的节选。阿尔诺的手稿是誊写员的手稿的基础。它们在一个关键点上不同，由于信很短，我们将其全部呈现了出来。

C 是恩斯特的誊写员给出的、恩斯特寄给莱布尼茨的节选，其中包含了各种各样的错误，比如，包括但不限于遗漏了在我们下面的文本中用星号标记出来的第 9 页第 7—8 行的 "ou de ne pas creer Adam, mais supposant qu'il l'ait voulu créer" 这句话。有人删掉了第 9 页第 22 行处的 "methaphisiques" 中的第一个 "h"，但我们可以想象得到，这里的所有错误都出现在了莱布尼茨收到的节选中，虽然它们可能都是誊写员造成的，而不是阿尔诺造成的。我猜想莱布尼茨收到的节选包含了誊写员写在 C 上的标题。

2 阿尔诺的感冒让他头脑发昏。他的意思是这样的：因此，假定上帝有意愿创造亚当，那么祂对于这一切而言并不自由，就如同假定祂有意愿创造我，祂便没了不去创造任何具有思想能力的自然物的自由。莱布尼茨理解他的意思。

3 关于第 9 页第 28 行的拉丁文，参见 Augustine, *Sex quaestiones contra Paganos*, Epistola 102.38: "Sunt enim innumerabiles, quae non sunt finiendae ante fidem ne finiatur vita sine fide"。

后面的两段仅出现在了 a 中。这也是恩斯特的誊写员将 C 标记为节选的原因。

第 3 封

1 文献：

L：被划掉的初步研究：LBr 16, fol. 51。

第 3 封信是第 4 封信的初步研究，后来被划掉了。我在它上面给出了第 4 封信的日期。

2 第 13 页第 25—26 行 的 原 文 是 "desavantageuses vont trop viste"；莱布尼茨后来在 "desavantageuses" 后面写上了 "ne"，并划掉了 "vont trop"，因此造成了混乱。

第 4 封

1 文献：

L：草稿：LBr 16, fol. 49–50。

C：寄出信件的副本：fonds Amersfoort 2668, fol. 3–8（我们的基

础文本）。

P¹：寄出信件的副本（遗失）的印刷稿：von Rommel 2, 80–87。

P²：寄出信件的副本（遗失）的印刷稿：Foucher de Careil, pp. 214–221。

第 4 封信回答了第 2 封信，第 8 封信（1686 年 5 月 13 日阿尔诺致莱布尼茨）又回答了第 4 封信。我们通过 C、P¹ 和 P² 给出了它的地点和日期。在第 5 封信，也就是他的附信中，莱布尼茨恳请恩斯特把这封信寄给阿尔诺。在三天后写的第 6 封信中，莱布尼茨恳请恩斯特修改倒数第二段的最后三句话（第 21 页第 1—5 行）；这个请求显然来得太晚了。实际寄出的信件在第 15 页第 3 行、第 16 页第 10 行、第 17 页第 3 行、第 17 页第 4 行、第 18 页第 8 行和第 18 页第 18 行与草稿 L 有着显著的差异。详见英译本附录一和附录二。

2　要了解莱布尼茨在这一点上到底有多么乐观，我们可以先看看 C 的编者杜·帕克，他在第 17 页第 2 行处写了这样一个旁注："M. Leibnitz n'a pas reussi à bien restituer la copie defectueuse. Il faut lire ainsi: Si cela est, Dieu a eté libre de créer ou de ne pas créer Adam, mais supposant qu'il l'ait voulu créer, tout ce qui est etc. Voy. la lett. de M. Arn. au Pr. Ern. du 13. mars 1686.（lett. 552.）"（莱布尼茨先生实际上并没有成功地恢复有缺陷的副本。它应该是这样的：……参见 1686 年 3 月 13 日阿尔诺先生致恩斯特……）。在那封信中，正如我们从第 2 封信的巴黎手稿 a（参见 Arnauld, *Lettres* II, 646）中所知道的那样，阿尔诺最初写道：

[369]

Si cela est, Dieu a esté libre de creer, ou de ne pas creer Adam, mais supposant qu'il l'ait voulu créer, tout ce qui est depuis arrivé au genre

306

humain, et qui luy arrivera a jamais, a dû et doit arriver par une ne-
cessité plus que fatale. [9 7–9]

但在他为了让恩斯特将节选转交给莱布尼茨而把信寄给恩斯特之后，
恩斯特的誊写员把缺失了十四个字的信寄给了莱布尼茨：

Si cela est, Dieu a esté libre de créer tout ce qui est depuis arrivé au
genre humain, et qui luy arrivera à jamais, a dû et doit arriver par une
necessité plus que fatale.

（"莱布尼茨发现了一处誊写错误，只能对阿尔诺的意图加以猜测，结
果猜错了"，参见 Sleigh, p. 59。）在这封信的 L 中，莱布尼茨是这样
引述的：

Si cela est . . . Dieu a estre libre [这个词被删掉了] de creer tout ce
qui est depuis arrivé au genre humain et qui luy arrivera à jamais a dû
et doit arriver par une necessité plus que fatale

——正如斯莱所说，"简直就是一锅大杂烩"（p. 204, n. 29）。如 C 所
示，在他寄信之前，他改进了他的猜测：

Si cela est, ... Dieu n'a pas esté libre de creer tout ce qui est depuis
arrivé au genre humain, et ce qui luy arrivera à jamais doit arriver par
une necessité plus que fatale.

莱布尼茨在这里加了一个否定词，并保留了"libre"；他加了一个逗
号和"ce"来修复语法；他删除了现在难以理解的指代过去必然性的"a
dû"，这进一步戳中了阿尔诺的观点。由此产生的表述——

如果是这样……上帝就不能自由地去创造自此以后发生在人类
身上的一切，而任何将会发生在人类身上的事情，出于一种比
宿命更甚的必然性，必定会发生

——增加了对上帝随后在创造上的自由的否定，但这非常接近最初对一种比宿命更甚的必然性的肯定。正如我们将看到的那样，莱布尼茨的困惑并没有扰乱阿尔诺，他在 1686 年 5 月 13 日的第 8 封信中，确切地说，在第 32 页第 30 行至第 33 页第 3 行中澄清了问题。就在那时，真正的辩论开始了。它占据了第 8 和 14 封信的主要篇幅。

3 C 的编者在第 20 页第 14 行 "je" 的后面写了 "(ne)"，显然，这表明莱布尼茨遗漏了这个词（他在草稿 L 中有这个词）并且语法需要它。P^2 有 "(ne)" 这个词。

[370]
第 5 封

1 文献：

L：草稿：LBr 16, fol. 50–51。

C：寄出信件的副本：fonds Amersfoort 2668, fol. 1–2（我们的基础文本）。

P^1：寄出信件的副本（遗失）的印刷稿：von Rommel 2, 87–91（我们的文本，但仅限于第 26 页第 4—18 行）。

P^2：寄出信件的副本（遗失）的印刷稿：Foucher de Careil, pp. 211–214。

第 5 封信是莱布尼茨写给恩斯特的一封信，也就是第 4 封信的附信。但它也是他对阿尔诺第 2 封信的回复一部分，阿尔诺在第 8 封信中同时回复了第 4 和 5 封信。莱布尼茨在这里回应了第 2 封信的论点，并如此坦率地表达了他对那封信的感受，以至于我们可能会感到惊讶，正如芬斯特和科学院版的编者们所认为的那样，恩斯特竟将他的这封信连同第 4 封信一起寄给了阿尔诺。但我们知道，恩斯特也将阿尔诺同样坦率的第 26 封信转交给了莱布尼茨。在这封信的附录中，我转载了莱布尼茨在第 25 页第 8—11 行想到的阿尔诺早些时候写给恩斯特的一封信的节选。我们从 C、P¹ 和 P² 推断出了第 5 封信的日期。

2　在 C 第 23 页第 12 行，莱布尼茨一开始写的是"Santons"，后来将其改成了"Saints"。

3　关于第 24 页第 2—3 行的拉丁文，参见 Terence, *Adelphi* V.3 [or V.1].4："O coelum, o terra, o maria Neptuni!"

4　关于第 25 页第 14—15 行的拉丁文，参见武加大本《诗篇》第 103 章第 31—32 节："laetabitur Dominus in operibus suis / qui respicit terram et facit eam tremere qui tangit montes et fumigant"（"愿耶和华喜悦自己所造的。祂看地，地便震动。祂摸山，山就冒烟"[钦定本《诗篇》第 104 章第 31—32 节]）。

5　阿尔诺的《致天主教徒书》第二部（Part 2 of Arnauld, *Apologie pour les Catholiques*）。莱布尼茨三年前借了恩斯特的那本，现在终于决定物归原主了。他将把它与第 11 封信一起寄给恩斯特，并将在第 15 和 16 封信中再次问起恩斯特是否已收到。

6　Varillas, *Histoire des revolutions*.

7　在第 5 封信的第 25 页第 8—11 行中，莱布尼茨提到了一封信，那是阿尔诺两年前写给恩斯特的，恩斯特在 1684 年 3 月 15 日写给莱布尼茨的信（A I, 4, no. 290, pp. 326–328）中附上了这封信。冯·隆美尔从阿尔诺的信（II, 32—34）中节选了一部分，我们将其放在了这里。科学院版没有出版这个节选，所以页码和行号是冯·隆美尔版的。

摘自阿尔诺 1684 年的书信的这部分内容对我们来说有两方面的

价值。它让我们明白了莱布尼茨为什么经常谈到他对神学能否接受《形而上学谈》中的那种形而上学表示担忧，并概括了阿尔诺就这种形而上学的地位所表明的神学立场，即一种与莱布尼茨在第 18 封信中所表明的立场明显不同的立场。

[371] ## 第 6 封

1 文献：

L：草稿：LBr 16, fol. 49。

莱布尼茨恳请恩斯特修改第 4 封信，但为时已晚。

2 第 28 页第 6—7 行的括号是莱布尼茨加上的。

第 7 封

1 文献：

C¹：寄出信件的副本：LBr 16, fol. 58（我们的基础文本）。

C²：寄出信件的节选：Fonds de Bourgogne 11.039, fol. 211–212。

第 7 封信是阿尔诺第 8 封信的附信。恩斯特把它们都寄给了莱布尼茨。阿尔诺还随信附上了《致天主教徒书》最近的补充（下文注释 3）和两份不具名的论战性文章。C¹ 是莱布尼茨的誊写员的抄本。C² 是阿尔诺的誊写员根据他的终稿完成的副本。它只是一个节选，略掉了第二段、第三段的第一句以及第四段。

2 在 C¹ 中，誊写员在这句话的左上方添加了标题"Copie de la lettre de Mʳ. A. A. du 13. May 1686"（1686 年 5 月 13 日阿尔诺先生来信的副本）。

3 Arnauld, *Seconde addition pour la 1re partie de l' "Apologie* *pour les Catholiques."*

第 8 封

1　文献：

a：寄出信件：LBr 16, fol. 15–20（我们的文本）。

C：寄出信件的副本：LBr 16, fol. 52–57。

第 8 封信回答了第 4 和 5 封信，第 14 封信又回答了第 8 封信。第 10 和 12 封信是对第 8 封信的回答的研究。莱布尼茨在 a 和 C 上都做了标记。他两次用"注意"来标记一句话。他用带括号的字母"(a)"到"(d)"标出了四个句子（但在 C 中删除了它们，或许是他想到了要出版），后来他在第 10 封信中根据文本 a 中的这四点写出了开头的几行，但接着又把这几行划掉了。他的注解，不仅包括插入的内容，还包括强调的内容，似乎是他就这封信准备答复的一些地方。

我在正文的脚注中追踪了莱布尼茨对文献 a 和 C 所作的补充，在下面的注释中追踪了他加下划线的内容。毫无疑问，C 中的其他一些改动都出自莱布尼茨之手（比如，添加了 116 个逗号），我没有进一步试着将它们与他的誊写员所作的改动区分开来，尽管我在下面记录了他的誊写员在完成 C 时试图帮助阿尔诺的誊写员学习法语语法的地方。在第 8 封信的注释中，我的主要目的是记录莱布尼茨对 a 所作的注解，然后到 C 里面追踪它们。　[372]

2　关于第 32 页第 19—23 行的拉丁文，参见 Augustine, *Fortunatiano episcopo Siccensi*, Epistola 148.1.4："In qua dum essem in admonendo sollicitus, quam nominibus tacitis conscripsi, in corripiendo nimius atque improvidus fui, nec fraternam et episcopalem personam sicut frater et episcopus, quemadmodum fuerat dignum, cogitavi: hoc non defendo, sed reprehendo; hoc non excuso, sed accuso. Ignoscatur, peto; recordetur nostram dilectionem pristinam, et obliviscatur offensionem novam. Faciat certe quod me non fecisse succensuit; habeat lenitatem in danda venia, quam ego non habui in illa epistola conscribenda"。

3 第 33 页第 5—6 行"je ... hypothesi"的下面最初就加了下划线；在 a 和 C 中，莱布尼茨又在"je ... necessité"的下面加了一道下划线(有人认为，从一开始就加的是双下划线，但我不这么认为)。在 C 中，第二道下划线被划掉了十二次；我与芬斯特猜测，莱布尼茨是在试图使阿尔诺的文本恢复原状。

4 C 将第 33 页第 19 行阿尔诺的誊写员所写的"à a"改成了"a à"，毫无疑问，后者才是阿尔诺的本意。

5 在 a 中，莱布尼茨在第 34 页第 11 行"tout ce"的下面加了下划线。

6 C 将第 34 页第 20 行的"sensuit"改成了"s'ensuit"。

7 不管是在 a 中，还是在 C 中，莱布尼茨都在第 34 页第 24—25 行"de tous"的下面加了下划线。

8 C 将第 34 页 33 行的"."改成了"?"。阿尔诺不喜欢用问号。

9 在使用"moy"时，阿尔诺表现出在哲学意义上使用这个词的意图，有时他会把它写成"MOY"；莱布尼茨清楚地明白这一点。他在 C 中出现的 27 个"moy"和 4 个"MOY"的下面加了下划线，显然，在这些地方，他看出了阿尔诺的哲学意图。我在这封信的法文文本中每一个出现此类情况的地方的后面都加了一个星号。

10 C 将第 35 页第 18 行的"moy"改成了"MOY"。

11　C 将第 35 页第 20—21 行的"medecins"更正为"Medecin"。

第 9 封

1　文献：

E：寄出信件：LBr 16, fol. 61。

恩斯特将阿尔诺的第 7 和 8 封信作为这封信的附件转交给了莱布尼茨。

第 10 封

1　文献：

L：初步研究：LBr 16, fol. 59–60。

莱布尼茨本就不打算寄出这份"评论"。它是对阿尔诺 1686 年 5 月 13 日第 8 封信的回应，也是莱布尼茨对这封信所作的五次回应中的第一次。莱布尼茨没有注明这份"评论"的日期，但它是他 1686 年 7 月 14 日所完成的第 13 和 14 封信的初步研究；并且由于他后来分别在第 13 封信的草稿 L 和第 14 封信的草稿 L 上标注了日期"1686 年 6 月初"和"1686 年 6 月"，所以将他撰写这份"评论"的日期定为 1686 年 6 月似乎并无不妥。 [373]

这份"评论"的开场白，包括从第 42 页第 23 行到第 43 页第 20 行的前四段，即（a）—（d），后来被划掉了。符号"（a）"—"（d）"可追溯至莱布尼茨对阿尔诺第 8 封信所作的注解。

2　第 48 页第 2—3 行由于页面边缘损坏而丢失的文字经格尔哈特（Gerhardt II, 41）得到了修复，我们在法文抄本中将其放在了尖括号内。

3 译者更正。莱布尼茨在第 52 页第 3 行这个地方写的是"certain",但他的意思是"incertain"。否则他的文本在这个地方就会产生"certain"(确定的),而不是"uncertain"(不确定的)的意思。

第 11 封

1 文献:

L:草稿:LBr 16, fol. 108。

第 11 封信是莱布尼茨对阿尔诺第 8 封信的第二次回应,是专门写给恩斯特的。莱布尼茨把第 13 和 14 封信连同第 11 封信一并寄给了恩斯特,而恩斯特只把第 13 和 14 封信转交给了阿尔诺。莱布尼茨还归还了恩斯特借给他的阿尔诺的《致天主教徒书》第二部(参见第 5 封信的注释 5,以及第 15 和 16 封信各自的第一段)。第 11 封信上没有日期,但第 13 封信的 C 写着"1686 年 7 月 4 日至 14 日",这使我们有了确定这三封信的日期的可能。正如芬斯特所注意到的,第 11 封信本身的内容为它的这个日期提供了佐证:它提到了 7 月 14 日的其他文献也谈及的一些相同主题,比如,"托马斯·阿奎那"(第 12 和 14 封信),"亚历山大大帝"(第 12 封信),"椭圆"(第 12 封信)。

第 12 封

1 文献:

L:初步研究:LBr 16, fol. 68–69。

第 12 封信没有寄出。它是莱布尼茨对第 8 封信的第三次回应:它专门研究了那些直到第 14 封信才开花结果的主题,可以作为那封信的补充。真理概念从现在开始要被拿来处理一些形而上学的问题了，因为它没有出现在第 10 封信中，但将出现在第 14 封信中。这封信是写给阿尔诺的，但没有署名。我们无法确定它是什么时候写的，而我在它上面给出了第 13 封信的日期。

第 13 封

1　文献：

L：草稿：LBr 16, fol. 66–67。

C：寄出信件的副本：fonds Amersfoort 2668, fol. 19–24（我们的基础文本）。

第 13 封信是第 14 封信的姊妹篇；恩斯特将它们一起寄给了阿尔诺。这封信是莱布尼茨对第 8 封信的第四次回应，但莱布尼茨却在这里解释说，第 14 封信才是对阿尔诺的答复。这封信的基调不是争论，而是友谊，莱布尼茨把自己描绘成了一个博学而理性的健谈者。这封信的 C 标注的日期是 1685 年 7 月 4 日至 14 日。实际寄出的信件在第 64 页第 4—5 行、第 65 页第 1 行和第 66 页第 12 行与草稿 L 有着显著的差异。莱布尼茨后来对 L 做了 5 处修改。

[374]

2　Leibniz, "Nova methodus."

第 14 封

1　文献：

L：草稿：LBr 16, fol. 62–63。

l：部分草稿的校正本：LBr 16, fol. 64–65。

C：寄出信件的副本：fonds Amersfoort 2668, fol. 8–19（我们的基础文本）。

P：寄出信件的副本（遗失）的部分印刷稿：Foucher de Careil, pp. 221–236。

第 14 封信是莱布尼茨对阿尔诺第 8 封信的第五次也是最后一次回应，他对那封信做了明确答复。阿尔诺在第 17 封信中回答了第 14 封信。莱布尼茨通过第 11 封附信，将其连同第 13 封信以及《简论笛卡尔等关于一条自然规律的重大错误》一文一并寄给了恩斯特。第 14 封信是一篇小论文，将未寄出的第 10 和 12 封信中的观点集中在了一起，形成了一个论点。这封寄出信件的手稿没有保留下来，C 是它的副本，我认为 C 大概最接近这封寄出的信件，所以它是我们的抄本的基础。从两份草稿到 C 并不存在一个线性的时间顺序。从 C 与 L、C 与 l 以及 C 与两者有差异的地方来看，这三份文献之间的显著差异很均衡。莱布尼茨后来对 L 所作的修改并没有使其更接近 l 或 C。C 记录了该信件的日期和地点。

寄出的信件在第 70 页第 4 行、第 71 页第 5 行、第 75 页第 16 行、第 79 页第 1 行、第 80 页第 17 行、第 81 页第 4 行以及第 81 页第 20 行与草稿 L 有着显著的差异，在 72 页第 12—13 行与草稿 l 有着显著的差异，在第 72 页第 10 行、第 72 页第 18—19 行以及第 73 页第 5—6 行与这两份草稿都有着显著的差异。莱布尼茨后来对 L 做了 33 处修改。

2 在第 73 页第 18 行，C 写的是 "enfermant"，但草稿 L 和 l 都写的是 "exprimant"；由于后者与莱布尼茨一贯的学说相吻合，所以我们有充分的理由怀疑，阿尔诺的誊写员在誊写莱布尼茨的信件时把 "exprimant" 误写成了 "enfermant"。

3 译者更正。C 和 P 表明，在第 80 页第 8 行的这个地方，莱布尼茨的誊写员写的是"les"，但毫无疑问，莱布尼茨想写的是"ses"，就像他在 L 中所写的那样。否则誊写员的文本在这个地方就会产生"the"（这），而不是"its"（它的）的意思。

4 莱布尼茨在这里和第 12 封信第 57 页第 16 行都提到了通常所谓的事物的外在名称（很明显，他与"任何名称实际上都是外在的"这种观点划清了界限），并坚持认为这样一种名称是可以从事物的概念中证明的，尽管这只能藉由所有事物的一般联系来证明。哲学家们会想到像侄女和鳏夫这样的例子，他们通常认为之所以称呼一个人为侄女或鳏夫，是因为同另一个体有关的事实，而不是因为这个人任何内在的东西。在第 25 封信第 222 页第 31 行，阿尔诺就是用这个观点来反驳莱布尼茨的。 [375]

5 译者更正。C 和 P 表明，在第 80 页第 12 行，莱布尼茨的誊写员写的是"possibilité"，但毫无疑问，莱布尼茨想写的是"proposition"，就像他在 L 中所写的那样。否则誊写员的文本在这个地方就会产生"possibility"（可能性），而不是"proposition"（命题）的意思。

6 在第 80 页第 24 行，莱布尼茨间接提到了圣女大德兰的作品，参见 Teresa of Ávila（Teresa of Jesus），*Libro de la vida* 13.8–9（1670 年便有了法译本，但近来才有了英译本，参见 *The Book of My Life*）。

Otra tentación es luego muy ordinaria, que es desear que todos sean muy espirituales, como comienzan a gustar del sosiego y ganancia que es. El desearlo no es malo; el procurarlo podría ser no bueno, si no hay mucha discreción y disimulación en hacerse de manera que no parezca enseñan. ... Y, sin esto, hay otro gran inconveniente, que

317

es perder el alma; porque lo más que hemos de procurar al principio es sólo tener cuidado de sí sola, y hacer cuenta que no hay en la tierra sino Dios y ella; y esto es lo que le conviene mucho

（这里还有另一个常见的诱惑：既然我们开始享受来自祷告的宁静和成长，我们就希望其他人也能走上属灵的道路。这种愿望并没有错。但是，推行这种做法的企图可能会适得其反，除非您谨慎行事并缓和您的努力，以免您看起来像是在教别人。……这种试图塑造人的努力……可能有损于我们自身的成长。一开始……最重要的……是照料好我们自己。我们应该装作宇宙中除了我们的灵魂和我们的上帝之外别无他物。这个做法异常奏效。[trans. Starr]）

7 也就是莱布尼茨于 1686 年 3 月发表的《简论笛卡尔等关于一条自然规律的重大错误》。9 月，他发表了这篇文章的法文译本，即 "Demonstration courte d'une erreur considérable de M. Descartes"，同月，阿尔诺所敬重的神父弗朗索瓦·卡特兰（François Catelan）对已出版的法文译本做了回应，这引发了他与莱布尼茨关于笛卡尔物理学以及马勒伯朗士和惠更斯的作品的争论，而由于在某种程度上这场争论对形而上学有着重要的意义，莱布尼茨和阿尔诺将在通信中密切注意它的动向。在这里，我列出了莱布尼茨与卡特兰之争的辩证结构。它向我们展示了莱布尼茨肯定已经预感到的事情：卡特兰逐渐篡夺了阿尔诺本该扮演的角色。历史本身总是重演，第一次是悲剧，第二次则是闹剧。

1）莱布尼茨，"Brevis demonstratio"，于 1686 年 3 月完成，于 7 月寄给阿尔诺。

2）莱布尼茨，"Demonstration courte d'une erreur considérable de M. Descartes"，于 1686 年 9 月完成。

3）卡特兰，"Courte remarque"，回应 2，于 1686 年 9 月完成。

4）莱布尼茨，"Réplique de M. L. à M. l'Abbé D.C."，回应 3，于 1687 年 2 月完成。

5）马勒伯朗士，"Extrait d'une lettre du P. M. à M. l'Abbé D.C."，回应 3 和 4，于 1687 年 4 月完成。

6）卡特兰，"Remarque"，回应 4，于 1687 年 6 月完成。 [376]

7）莱布尼茨，"Extrait d'une lettre de M. L."，回应 5，于 1687 年 7 月完成。

8）莱布尼茨，"Réponse à la Remarque de M. l'Abbé D.C."，回应 6，于 1687 年 9 月完成，于 10 月寄给阿尔诺。

9）惠更斯，"Solution du problème"，回应 8，于 1687 年 10 月完成。

10）莱布尼茨，"Addition de M. L. à la solution de son probleme donnée par M. H.D.Z."，回应 9，于 1688 年 1 月寄给惠更斯。

11）莱布尼茨，"De Lineis opticis" and "Schediasma"，进一步回应 9，于 1689 年 1 月完成。

12）莱布尼茨，"De linea isochrona"，进一步回应 9，于 1689 年 4 月完成（总结了与卡特兰的交流，但在与阿尔诺的通信中没有提到它）。

第 15 封

1 文献：

L：初步研究：LBr F20, fol. 1715–1716。

第 15 封信是写给恩斯特的第 16 封信的初步研究，我在它上面标注的是第 16 封信的日期。它没有哲学意义，但是，就像第 16 封信一样，它确实具有一些历史意义。它作为第 341 号文件被收录于科学院版系列一第四卷，而不是科学院版系列二第二卷，所以我通过系列一第四卷的页码和行号对它进行了定位。第 15 封信明确支持我所接受的芬斯特的这一结论，即第 13 和 14 封信都附在了莱布尼茨写给恩斯特的第 11 封信的后面。第 14 封信的一个手稿的日期是 1686 年 7 月 4 日至 14 日，而在这份初步研究中，莱布尼茨问起了他"几星期前"寄给恩斯特的那封信——他"还冒昧地在那封信后添加了一封信以及其他一些作品，请您代为转交给阿尔诺先生"。我们可以推测，那"一封信"就是比第 13 封信重要得多的第 14 封信，而那"一些作品"则包括第 13 封信以及莱布尼茨告诉阿尔诺他附在第 14 封信后的《简论笛卡尔等关于一条自然规律的重大错误》。

2 Jurieu, *L'Accomplissement des prophéties*.

第 16 封

1 文献：

l：草稿的校正本：LBr F20, fol. 423–424。

就像第 15 封信一样，第 16 封信也没有日期。1846 年，格罗提芬（Grotefend）将其日期定为 1687 年 4 月 30 日，但芬斯特却认为它应该完成于 1686 年。与此同时，科学院版系列一第四卷的编者们

将其日期定在了 1686 年 8 月 12 日。科学院版系列二第二卷的编者们
报告说，这一判断的依据是寄出信件的一份节选的副本（1945 年以
后便遗失了）。芬斯特和后来的编者们都接受了这一判断，但他们没
有告诉我们他们是如何依据这份节选得出这一判断的，尽管系列一第
四卷直到 1950 年才出版。关于莱布尼茨在第二段中提到的那"一封
信"和那"一些作品"，参见第 15 封信的介绍性的尾注。

2　Part 2 of Arnauld, *Apologie pour les Catholiques.*

第 17 封

[377]

1　文献：

a：寄出信件：LBr 16, fol. 70–73（我们的文本）。

C¹：寄出信件的副本：LBr 16, fol. 21–23。

C²：寄出信件的副本：Fonds de Bourgogne 11.039, fol. 219–221。

第 17 封信回答了第 13 和 14 封信，尽管它只提到了第 14 封信；
第 20 封信又回答了第 17 封信。阿尔诺把这封信搁置在了一旁，过了
三个多星期，直到 10 月 21 日，他才把它寄给恩斯特，并在上面写
道："Voilà une lettre pour M. Leibnitz, qui est faite il y a longtems. Mais
comme elle ne pressoit pas, j'attendois une occasion pour l'envoyer"（这
里有一封许久前写给**莱布尼茨**先生的信，但因为不紧急，所以我在等
机会把它寄给莱布尼茨）（Arnauld, *Lettres* II, p. 732）。正如恩斯特在
我以第 18 封信附录形式呈现出来的那封信中所承认的那样，他也有
更紧迫的事情，所以直到 10 月 31 日才把它转交给莱布尼茨。因此，
莱布尼茨应该是在 11 月初收到这封信的。他在他的副本上做了许多
旁注，但后来他又划掉了其中的大部分；我把它们放在了这封信的脚

注中。这封信虽没有署名，但肯定是阿尔诺写的。

2 在这封信中，和在三份文献中一样，阿尔诺有一半的发问都以句号结尾。

3 译者更正。在第 96 页第 16 行，阿尔诺写的是"premier"，但他的意思是"dernier"。否则他的文本在这个地方就会产生"former"（前者），而不是"latter"（后者）的意思。

4 译者更正。在第 96 页第 20 行，阿尔诺写的是"dernier"，但他的意思是"premier"。否则他的文本在这个地方就会产生"latter"（后者），而不是"former"（前者）的意思。

5 在寄出的信件 a 中，在第 97 页第 12 行，倒数第二个词是法文单词"differents"，对应的英文单词是"different"（不同）；在后来的副本 C^1 中，倒数第二个词是法文单词"differens"，对应的英文单词是"differing"（差异化）。C^2 与 a 是一致的。这句话的前半部分对"different"（不同）和"differing"（差异化）进行了区分；就倒数第二个词究竟是"differents"还是"differens"，我们必须把 a 当作权威。有几位经院哲学家认为，物质本身是完全没有形式的，为了获得实体形式，它必须接受一种形体性的形式（formam corporeitatis）。这其中包括阿维森纳、阿威罗伊、大阿尔伯特、邓斯·司各脱、奥卡姆。因此，大阿尔伯特认为，物质本身不受制于量，因此不可分割；但这只有通过形体性的形式才成为可能。他认定缺乏这种形式便无法解释天体的不朽。以托马斯·阿奎那和后来的弗兰西斯科·苏亚雷斯为代表的正统经院哲学都认定每一种实体都有一种形式。

6 笛卡尔在 1637 年 10 月 5 日给康斯坦丁·惠更斯的信中附上了他所谓的《机械学》（AT I, 431–436; CSM III, 66–67）。

第 18 封

1 文献：

L¹：部分信件内容的草稿：LBr F20, fol. 419。

L²：部分信件内容的草稿：LBr 16, fol. 82。

C：寄出信件的副本：Kassel 248 [2g, fol. 239–248（我们的基础文本）。

恩斯特从开始到现在一直忠诚地充当莱布尼茨和阿尔诺对话的 [378]
中间人，可是最终，在我附在第 18 封信后的 1686 年 10 月 31 日的那
封信中，他却告诉莱布尼茨说，这些问题对他来说太过高深和思辨
了。在第 18 封信中，莱布尼茨向他展示了他所推动的这项事业的价
值。"在这些贫瘠的岩石中却有金矿脉。……我们会永远思想，但我
们却不会永远生活于此；这就是为什么使我们更有能力以更完满的方
式思想最完满对象的东西自然使我们臻于完满。"

莱布尼茨将第 18 封和第 20 封信一并寄给了恩斯特，恩斯特将
其转交给了阿尔诺。第 18 封信分为两个部分。L¹ 是第一部分的草稿，
L² 是第二部分的草稿。尽管第一部分缺乏第二部分那样的哲学趣味，
但它确实呈现了莱布尼茨对法国宗教压迫的看法，以及进口法国红酒
对德国啤酒产业的危害。C 是包括两个部分的信件本身的副本，因此
是我们的抄本的基础。科学院版将 C 作为系列一第四卷第 343 号文
本呈现了出来，所以我们给出的是这封信的第一部分（科学院版没有
将其收录于系列二第二卷）在系列一第四卷中的页码。C 给出了这封
信的日期。实际寄出的信件在第 128 页第 19—20 行和第 130 页第 2
行与草稿 L² 有着显著的差异。莱布尼茨后来对 L² 做了 3 处修改。

2 恩斯特的誊写员在这句话左上方插入了一个占据两行的标

题，即"Copie d'une lettre de Mr Leibnitz / à Son Alt. de Hannover le 28. 9bre / 8 x^bre 1686"（莱布尼茨先生 1686 年 11 月 28 日—12 月 12 日于汉诺威写给殿下的信件的副本）。

3 隆美尔对第 407 页第 17 行的"R. P. Reformée"加了注解，将其解释成了"Religion Protestant Reformée"（von Rommel II, 92, note）。但法国蒙托邦图书馆有一份长达七页的文献，标题为"Déclaration du Roy concernant la Religion Prétendue Reformée. Registrée en parlement le 12 juillet 1686"。

4 第 409 页第 3 行的术语"pello duos"（两个敌人）是"Leopoldus"的变位词。利奥波德一世的两个敌人是奥斯曼土耳其人和路易十四。

5 关于第 129 页第 18 行的拉丁文，参见 Juvenal, *Saturae* VIII, 84："propter vitam vivendi perdere causas"。

6 在第 18 封信的后半部分中，莱布尼茨做了一件令人惊讶的事。他向恩斯特解释了导致他在这些书信中让阿尔诺和恩斯特本人都参与进来的这种探索的价值。他明白，像恩斯特这样负责世俗事务的人是没有闲暇的时间去参与这种探索的；他觉得自己也卷入到了矿井与家谱等琐事当中。但此时，他觉得自己不得不与恩斯特谈论哲学活动的价值以及它与人类生活所必需的其他活动的关系。为什么，为什么是现在呢？

我在恩斯特一个月前写给他的一封坦率的信中看到了答案，他在信中向莱布尼茨道歉说，因为世俗事务的压力使他没能及时把阿尔诺的信转交给莱布尼茨。正如我们刚才所看到的那样，阿尔诺暗示他自己的信并没有那么紧急，这似乎使恩斯特更有勇气评论说，这些信所讨论的问题对于像他这样的人来说太过高深和思辨了。参见阿尔诺在第 21 封信注释 1 所引用的附信中对恩斯特所讲的类似的话。也许阿尔诺和恩斯特都倾向于认为，一项研究越抽象，它真正的价值就越小。也许正是这种倾向促使阿尔诺在第 34 封信中给出了最终的声明。莱布尼茨在第 18 封信中所要应对的就是这种想法。因此，这个附录是恩斯特的短笺。关于这封短笺，参见 G II, 68，以 A I, 4, no. 342；我们对这两者进行了权衡。科学院版系列一第四卷的编者们说，汉诺威有这封短笺的原件，但没有给出它的排架号。梅森在这些通信中给了它一个位置，把他当成了第 15 号文件。这里的页码和行号是它在科学院版系列一第四卷中的页码和行号。

[379]

第 19 封

1 文献：

L：初步研究：LBr 16, fol. 76–77。

第 19 封信是一份未寄出的初步研究，它集中讨论了阿尔诺的第 17 封信，为莱布尼茨的第 20 封信做了准备。我在第 19 封信上给出了第 20 封信的日期。科学院版的编者们认为，富歇·卡雷尔版本的第 19 封信是一份实际上已寄出的、但现已遗失的信件的副本，但我认为，莱布尼茨在起草了第 19 封信之后，继续撰写了第 20 封信，富歇·卡雷尔版本的第 19 封信只是 L 的一个副本。两者几乎没有区别：我数了数，它们在措辞上只有 16 处不同，对每一处不同的最好解释是，富歇·卡雷尔的誊写员抄错了或打算改进 L，而不是在第 19 封信和第 20 封信之间还有一封现已遗失的信件。所以，富歇·卡雷尔版本的第 19 封信不能算作一份独立的文本证据。他看似合理地更正了莱布尼茨倘若拟定的是一封书信便可能会犯下的错误，把第 112 页第 18 行的"que son"改成了"son",把第 113 页第 2 行的"elles"改成了"ils",把第 113 页第 11 行的"procure"改成了"procurent",把第 114 页第 3 行的"matiere"改成了"maniere",把第 115 页第 28 行的"pierre"改成了"pierres"(另参见下面的注释 3)。但我们不需要富歇·卡雷尔来识别这些错误。

2 莱布尼茨的目的是解释为什么我们认为某种不是原因的东西是原因。他这句话开头是"C'est pourquoy nous disons que ce corps en est cause"。之后,他似乎首先写的是(1)"parce que nous pouvons expliquer par là distinctement ce qui arrive",后来决定将其改写为(2)"parce que par son moyen nous pouvons expliquer distinctement ce qui arrive",但他是通过从(1)中划掉"parce que nous pouvons"并添加上"parce que par son moyen nous pouvons",做到这一点的,但他没有划掉"par là"。

如果他寄出了第 19 封信,那么他就会像富歇·卡雷尔所作的那样,把它划掉。但他没有。在第 112 页第 10—11 行,莱布尼茨的手稿是这样写的:"parce que par son moyen nous pouvons expliquer par là distinctement ce qui arrive"。

3 在第 112 页第 18 行这个地方,少了一个动词。富歇·卡雷尔插入了一个动词"(dire)",但如果莱布尼茨准备邮寄第 19 封信,他肯定会写上这个词。

4 莱布尼茨用到了托马斯·阿奎那关于创造的描述中的一个熟悉的概念。

上帝是万物的第一模型因。要清楚地认识到这一点,我们必须注意到:一个事物的产生之所以需要一个模型,是为了使这个结果能够得到一种确定的形式。因为一个工匠是根据他所看到的模型——不管是从外面看到的模型，还是在心里内在设想的模型——而使物质产生出一种确定的形式的。

现在清楚了，自然产生的事物都有其确定的形式。但形式的这种确定性却要追溯到作为第一原则的上帝的智慧，因为是上帝的智慧设计了那存在于事物之间的差异之中的宇宙的秩序。所以可以说，万物的概念 [rationes]——我们在前面 [q. 15, a. 1] 称之为观念 [ideae]，也就是，存在于上帝心灵中的模型——都存在于上帝的智慧之中。[*Summa Theologica* I, q. 44, a. 3 (trans. Freddoso)] [380]

5 译者更正。在第 114 页第 3 行的这个地方，莱布尼茨写的是"matiere"，但我与富歇·卡雷尔都认为，莱布尼茨想写的是"maniere"。否则莱布尼茨的文本在这个地方就会产生"matter"（物质）而不是"manner"（方式）的意思。

6 译者更正。在第 115 页第 28 行的这个地方，莱布尼茨写的是"pierre"，但我与富歇·卡雷尔都认为，莱布尼茨（正如在其他地方那样）想写的是"pierres"。否则莱布尼茨的文本在这个地方就会产生"stone"（一块石头）而不是"stones"（若干块石头）的意思。

第 20 封

1 文献：

L：草稿：LBr 16, fol. 74–75。

C：寄出信件的副本：fonds Amersfoort 2668, fol. 25–33（我们的

基础文本）。

P：寄出信件的副本（遗失）的部分印刷稿：Foucher de Careil, pp. 236–242。

第 20 封信回答了阿尔诺的第 17 封信，阿尔诺的第 21 封信又回答了第 20 封信。莱布尼茨将第 20 封信和第 18 封信一起寄给了恩斯特，恩斯特一并将其转交给了阿尔诺。从文本上看，这封信分为两个部分：第 117 页第 13 行至第 123 页第 9 行，第 123 页第 10 行至第 127 页第 6 行（P 结束于第 123 页第 9 行）。我们有三份独立的文本证据来帮助重建这封信的第一部分。我数了数，L 和 C 之间在措辞上只有 9 处不同，这表明要么（1）C 的誊写员所誊写的是 L，要么更有可能是，（2）这封寄出的信件直接照搬 L，莱布尼茨没有对其进行任何创造性的改写。在这 9 处不同中，P 有 5 处与 L 相同（C 在这 5 个地方只是出现了誊写错误），有 4 处与 C 相同。这表明，P 既不是 L 的副本，也不是 C 的副本，而是正如科学院版的编者们所认为的那样，是寄出信件的副本（遗失）的副本；而这也支持（2）。所以，L、C 和 P 中的每一个文本都是遗失信件的独立的文本证据。我认为 C 最接近遗失的信件。至于这封信的第二部分，我认为，与第一部分的情况一样，C 是一份独立的文本证据，不是 L 的副本，而是寄出信件的副本。莱布尼茨后来对 L 做了 3 处修改。

2 关于第 117 页第 28 行的拉丁文，参见 Horace, *Epistularum* 1, 1.32：“Est quadam prodire tenus, si non datur ultra”（“当我们无法走得更远时，如果我们在智慧方面取得了我们本可以取得的进步，那就该满足了”[trans. Dunster]）；（“如果不能走得更远，我们就应该尽量走远”[trans. Kline, 2003–2005]）。

3　罗马天主教第五届也是最后一届拉特兰大公会议（1512—1517 年）在 1513 年 12 月 19 日第八次会议上提出"理智灵魂本质上是人体的形式"，并裁定"由于一些在不经意间扮演哲学家角色的人断言，这个命题，即理性的灵魂终有一死，至少从哲学的角度来看为真，所以我们希望对这种侵染采取适当的补救措施，并且在神圣大公会议的批准下，我们能够谴责和拒斥那些坚持认为'**理智灵魂终有一死**'或'它只是所有人类灵魂中的一种'的人，以及那些对这个话题提出质疑的人。因为灵魂不仅**真实地存在于自身，而且本质上是作为人体的形式存在的**……但它也是不朽的；此外，由于它以个体形式所注入的形体其数量巨大，所以它能够也应当不断增多，并且确实不断增多"（trans. Tanner）。

[381]

4　C 的编者在第 120 页第 2 行"ames"的后面插入了"（des）"，这意味着原文应该译成"the souls of brutes"（动物的灵魂）。但莱布尼茨在第 115 页第 21 行同样写的是"ame brute"（the brute souls，粗鄙的灵魂）。

5　C 的编者在第 120 页第 21 行"que"之后插入了"（ce）"，我们采纳了他的做法。

6　在第 123 页第 19 行的这个地方，莱布尼茨在其草稿中写的是"ses regles"，即"他的定律"，指的是笛卡尔《哲学原理》第二章第 45—52 节的碰撞定律，但很明显，他在信中写的是"sa regle"，指的是笛卡尔在《机械学》（他将其附在了 1637 年 10 月 5 日写给康斯坦丁·惠更斯的信的后面）中建立其机械学所依据的"单一原理"（AT I, 435; CSM III, 66）："能将 100 磅的重物提升到 2 英尺高的力，假设作用于 200 磅的重物，便能将其提升到 1 英尺高，或者假设作用于 400 磅的重物，则能将其提升到 6 英寸高，以此类推"（AT I, 435–436; CSM III, 66–67）。

7 Leibniz, "Demonstration courte d'une erreur considérable de M. Descartes."

8 Catelan, "Courte remarque."

9 接下来的文本 "qui parle ... Chronometre"（第 126 页第 11 行至第 127 页第 2 行）在 L 中被划掉了，但却出现在了 C 中。

10 在 C 的页边空白处，在第 126 页第 13—14 行 "Mais ... doucement" 这句话的左侧，我们可以看到 C 的编者所添加的这条注解（正如第 14 封信的注释 7 所示，该注解完全弄错了）：

La reponse de M. Leibniz à la Remarque que M. l'Abbé de C. a fait pour soutenir une Loi de nature avancée par M. Descartes, se trouve dans l'art. 1 des Nouv. de la Repub. des Lettres, de juin 1684.

（关于 Leibniz, "Reponse à la Remarque que M. l'Abbé de C. a fait pour soutenir une Loi de nature avancée par M. Descartes"，参见 article 1 of the *Nouvelles de la République des Lettres* for June 1684。）

第 21 封

1 文献：

a：寄出信件：LBr 16, fol. 83–87（我们的文本）。

C：寄出信件的副本：LBr 16, fol. 24–28。

在第 21 封信中，阿尔诺回答了莱布尼茨的第 20 封信。莱布尼茨针对第 21 封信起草了第 22 封信之后，于 1687 年 4 月 30 日又以第 23 封信对其做了正式答复。阿尔诺将这封信寄给了恩斯特，请他将其转交给莱布尼茨："Excusez, Monseigneur, la liberté que je prends de [382] prier V. A. S. de faire adresser cette lettre à M. Leibnitz. C'est la réponse à une lettre assez vieille; mais je n'ai pu me résoudre à m'appliquer à une matiere aussi abstraite que celle dont il m'avoit écrit, que n'eusse achevé diverses choses qui m'ont paru presser davantage"（抱歉，大人，我冒昧地恳请殿下您将这封信转交给莱布尼茨先生。这是对很早前的一封信的回复，但由于担心无法完成对我来说更紧迫的各种事务，我一直没能把自己的精力投入到像他写给我的那样抽象的主题中去）（Arnauld, *Lettres* II, no. 604, p. 752；错把日期写成了 1687 年 2 月）。恩斯特将其作为 1687 年 4 月 11 日的信件的附件寄给了莱布尼茨（A I, 4, no. 353, p. 431）。

莱布尼茨的誊写员所完成的 C 是阿尔诺实际寄出的信件 a 的副本。他的誊写员完成得还算不错，只是漏掉了整整三句话。如果莱布尼茨处理的是 C，而不是 a，这样做就会产生很大的影响。C 显然是为莱布尼茨所设想的那一版通信集而制作的：在 a 的第 115 页第 11 行的注释中，他指示誊写员不要在 C 中包含阿尔诺让他皈依天主教的建议，所以誊写员省略了下面的两句话。

2 在第 152 页第 23 行，阿尔诺的誊写员一开始写的是"corps materiels"（"material bodies"，即"物质形体"），但后来又划掉了"materiels"（物质）。

3 在第 152 页第 34 行，a 和 C 都写的是"n'ont"，但语法需要的是"n'a"。

4 译者更正。在第 154 页第 26 行，a 和 C 都写的是"qui"，但阿尔诺的意思是"que"。否则阿尔诺的文本在这个地方就会产生"that killed the Israelites"（杀死以色列人）而不是"the Israelites killed"（以色列人杀死）的意思。

5 在第 155 页第 1 行，a 和 C 都写的是过去式"demeura"，但我们可以设想，阿尔诺想要写的是"demeure"。

6 在第 155 页第 20 行，a 和 C 都写的是"qui dont"，但语法需要的是"dont"。

7 在第 155 页第 28 行，a 和 C 都写的是"qu'un"，但语法需要的是"qu'une"。

8 在第 155 页第 29 行，a 和 C 都写的是"qui a"，但语法需要的是"a"。

9 在第 155 页第 32 行，a 和 C 都写的是"puissant"，但语法需要的是"puisse"。

第 22 封

1 文献：

L：初步研究：LBr 16, fol. 78, 81, 79。

第 22 封信一份未寄出的研究材料，目的是答复阿尔诺的第 21 封信，莱布尼茨在第 23 封信中完成了这项研究。它出现了一些与其初步研究的地位相称的由粗心大意所带来的失误。正如科学院版的编者们所认为的那样，从第 172 页第 5 行开始的对开纸第 79 张与对开纸第 78 张和对开纸第 81 张形成了一份草稿，尽管莱布尼茨后来分别在对开纸第78张和对开纸第79张上都标注了"未寄出"的字样。我们在第22封信上给出了第23封信的日期和地点。

2　莱布尼茨在第166页第20行把"que mes opinions ne vous paroissent"改成了"qu'une bonne partie de mes opinions ne vous paroist"，但没有划掉"paroissent"；我把它删了。

3　在第172页第21行，莱布尼茨在草稿中写的是"mais"（"but"，即"但是"），但我确信他想写的是"me"（"to me"，即"在我看来"）。

第23封

[383]

1　文献：

L：草稿：LBr 16, fol. 88–91。

C：寄出信件的副本：fonds Amersfoort 2668, fol. 33–43（我们的基础文本）。

P：寄出信件的副本（遗失）的印刷稿：Foucher de Careil, pp. 243–258。

第23封信回答了阿尔诺的第21封信。阿尔诺在第25封信中又对第23封信做出了回应。C给出了日期和地点。莱布尼茨将这封信与4月30日的另一封信（A I, 4, no. 354, p. 432）一并寄给了恩斯特，恩斯特在5月9日给莱布尼茨的回信中写道："vostre Lettre pour Mr Arnauld sera soignée"（我会妥善处理您写给阿尔诺先生的信）（A I, 4, no. 355, p. 432）。我数了数，L（草稿）和C（副本）之间在措辞上有大约83处不同；P和每一个版本都有差不多一半的相似度。很明显，它并非誊录自这里的任何一个文献，而是誊录自实际寄出的、但现已遗失的信件的一个独特副本，并且与其他两个文献一样，都是这封信独立的文本证据。在这三个文献中，我认为 C 是最接近的。寄出的信件在第 176 页第 3 行、第 183 页第 19 行、第 186 页第 6 行、第 188 行第 18 行至第 189 页第 1 行、第 190 页第 18 行以及第 193 页第 2 行与草稿 L 有着显著的差异。莱布尼茨后来对 L 做了 24 处修改。

2 译者更正。在第 176 页第 3 行，"Thales"（泰勒斯）出现在了草稿 L 中，这肯定是莱布尼茨所想的。但 C 和 P 这两份独立的文本证据却表明，他的誊写员所写的，也即阿尔诺所收到的是"tel"。我更重视莱布尼茨在 L 中所表达的意图，而不是寄出信件中的术语，尽管阿尔诺只能猜测他的想法。重视誊写员的术语在这个地方反倒会产生"such"（这样的）的意思。

3 参见 Plato, *Theaetetus* 174a。"塞奥多洛，据说泰勒斯在研究星体、仰望天空时掉进了井里，一位诙谐有趣的色雷斯女仆的取笑他说，他渴望知道天上的东西，却看不到面前和脚下的东西"（trans. M. J. Levett, in *Complete Works*）。

4 在第 180 页第 7 行，为了语法的需要，C 在"y"之前插入了"（n'）"。我认为，正如莱布尼茨在 L 中所写的那样，他写的是"qu'il y a"。P 写的是"qu'il n'y a"。

5 鲁兹骨是一根小椎骨，要么是第七颈椎，要么是尾椎，根据犹太卡巴拉教的传统，它是不可毁灭的，人体将从它那里复活。"脊椎里有一块特别小的骨头，它永远不会被毁灭；在身体的其他部分毁灭和湮灭之后，人仅凭那块小骨头便可得以恢复"（Ben Israel, *De resurrectione mortuorum*, p. 202）。"因为人在地底下所存的一根骨头，必像面酵，那可称颂的圣者要在其上建立整个身体"（*Zohar* 1:69a）。

6 参见 Democritus，引自 Sextus Empiricus, *Against the Logicians*

I（*Adversus Mathematicos* VII），135。"根据约定，有甜，有苦，有热，有冷，有颜色；但事实上，只有原子和虚空"（trans. Bett）。

7　在第 192 页第 9 行，C 写的是 "n'ont（pas）peut etre"。但我认为，就像莱布尼茨在 L 中所写的那样，他写的是 "n'ont peut estre"。

8　关于莱布尼茨在第 192 页第 9 行所写的 "arena sine calce"，
参见 Suetonius, *De vita Caesarium*, Caligula, 53："Peroraturus stricturum
se lucubrationis suae telum minabatur, lenius comptiusque scribendi genus
adeo contemnens, ut Senecam tum maxime placentem 'commissiones
meras' componere et 'harenam esse sine calce' diceret"（"在要开始演
说时，他［卡利古拉］威胁说要拔出夜间磨利的剑。他鄙视纤巧雅致
的风格，他批评塞内加——那时名气很大——的作品 '只是些学究气
的习作' 和 '没有石灰的沙子'"［trans. Rolfe］）。

9　一个潦草的简图出现了草稿 L 中，但却没有出现在信件中。

10　分别是 Leibniz, "Réplique de M. L. à M. l'Abbé D.C."；Catelan,
"Courte remarque"。

11　脚注 L1 中的两段话在 L 中出现在了不同的位置上，并没有
连在一起；它们是前面两句话的另一种说法，但都被废弃了。第一段
被划掉了，第二段的第一句也被划掉了；其余的也被划掉了，只是不
那么明确。

第 24 封

1　文献：

C：寄出信件的副本：fonds Amersfoort 2668, fol. 43–44。

莱布尼茨趁恩斯特（他说他在布鲁塞尔遇到了流亡的阿尔诺）

[384]

来信的机会，再三恳请阿尔诺回复第 23 封信。阿尔诺的答复是第 25 封信。下面是恩斯特 1687 年 7 月 18 日写给莱布尼茨的信的一个片段。

Entretemps j'ay faict un petit voyage de quinze jours par Maestricht à Bruxxelles. ... J'ay veu et parlé à de certains personnages doctes: entre aultres à Mons. Arnauld desormais aagè de 86 qui se porte Dieu Mercy encores assez bien et s'y tient fort et aultant s'il estoit Huguenot refugiè.

（与此同时，我途经马斯特里赫特到布鲁塞尔进行了一次为期 15 天的短途旅行……我见到了一些博学之士，并与他们进行了交谈，其中包括现年 86 岁的阿尔诺先生，他仍然非常感恩上帝，并且就像胡格诺派流亡者一样死死坚守着。）

C 和阿尔诺的《书信集》都给出了写这封信的日期和地点（参见 Arnauld, *Lettres* IV, 196）。

2 Malebranche, "Extrait d'une lettre du P. M. à M. l'Abbé D.C."

3 莱布尼茨的回应（"Extrait d'une lettre de M. L."）发表在了 7 月份的《文坛新志》上，这表明我们应该对该杂志标注的日期持保留态度。关于更进一步的证据，参见第 32 封信的介绍性的尾注。

4 我已经解释过，我的策略是，即使我们的文本是后来的文献，我们也要按照它在当时文献中的拼写方式来拼写。这是唯一一封我们没有当时文本证据的书信，很明显，杜·帕克的誊写员按照现代的拼写方式更改了第 24 封信中的几个地方的拼法，并且在莱布尼茨没有加下划线的地方加了下划线。在这封信中，当誊写员使用与莱布尼茨不同的拼写方式时，作为恢复文献本身的一般策略下的一种具体策略，我把它替换成了他会使用的拼写方式。因为没有文本证据能证明他在这封信中的拼写方式，所以我在这里列出了 C 中我所替换的单词：

219 11 J'ai · 13 votre · 14 connoitre · quoi · appercu · <u>connoitre</u> · 16 votre · 17 etant · 24 <u>Nouvelles de la Rep. des Lettres</u> · reconnoitre · 26 etre · 28 Des Cartes · **220** 4 Ellypse · 5 Ellypse · 6 Des Cartes · 8 Mallebranche · 8–9 connoitre · 9 eté · 11 votre · 12 votre

第 25 封

1　文献：

a：寄出信件：LBr 16, fol. 92, 93, 95, 94（我们的文本）。

C¹：寄出信件的副本：LBr 16, fol. 29–31。

C²：寄出信件的副本：Fonds de Bourgogne 11.039, fol. 291–294。

阿尔诺将第 25 封信和他的第 26 封信一并寄给了恩斯特，恩斯特又将这两封信与他本人写的第 27 封信一起转交给了莱布尼茨。第 25 封信是阿尔诺对第 23 封信的回答，第 29 封信是莱布尼茨为回复阿尔诺所进行的初步研究，第 30 封信是他寄给阿尔诺的正式答复。

2　在第 221 页第 17 行，所有这三个文献都写的是"3. Avril"，但阿尔诺并没有耽搁那么久。其实，莱布尼茨来信的日期是 4 月 30 日。

3　在第 221 页第 18 行，阿尔诺的誊写员写的是"Cespourquoy"，但阿尔诺的意思是"C'est pourquoy"，C¹ 和 C² 都做了更正。

4　第 221 页第 32 行至第 222 页第 1 行的括号为阿尔诺所加。

5 C¹ 和 C² 都将第 222 页第 9 行不符合语法的"m'a"改成了"ma"。

6 译者更正。在第 222 页第 14 行，所有这三个文献都写的是"indivisible"，但阿尔诺的意思肯定是"divisible"。否则阿尔诺的文本在这个地方就会产生"indivisible"（不可分的）而不是"divisible"（可分的）的意思。

7 在第 222 页第 14 行的这个地方，阿尔诺的誊写员一开始写的是"un homme"，然后把它划掉了，并写下了"unum"：这是除莱布尼茨在第 176 页第 3 行的"tel"之外表明我们的作者口述他们的信件的另一个证据，或许也是表明这封信出自誊写员之手而不是阿尔诺之手的最好的一个证据。

8 Leibniz, "Réplique de M. L. à M. l'Abbé D.C."; Catelan, "Remarque."

第 26 封

1 文献：

a：寄出信件：LBr 16, fol. 96–97（我们的文本）。

C：寄出信件的副本：Kassel 248 [2i, fol. 7。

[386] 阿尔诺在第 26 封信中附上了他写给莱布尼茨的第 25 封信，恩斯特将第 25 封信和他本人写的第 27 封信——它支持阿尔诺在宗教信仰上的建议——一起转交给了莱布尼茨。第 26 封信的口吻像是在说悄悄话，言语坦率，但令人惊讶的是，第 27 封信的第一句话表明恩斯特也将这封信转交给了莱布尼茨。

阿尔诺为他们之间的通信贡献了 8 封书信，其中 6 封书信（第 2、8、17、21、25 和 26 封），我们有他寄出的信件的手稿。它们似

乎都出自同一人之手（这里的笔迹与他的第 2、7、8、17、21、25 和
34 封信后来的副本所呈现的正式而华丽的笔迹有着明显的不同）。这
6 封书信究竟是阿尔诺写的还是他的誊写员写的呢？科学院版的编者
们认为，第 2、17、25 和 26 封信是阿尔诺写的，第 8 和 21 封信是他
的誊写员写的。芬斯特并不知道阿尔诺寄给恩斯特并让其转交给莱布
尼茨的第 2 封信，但他却说，其余的 5 封信都是阿尔诺写的。我认为
恰恰相反，阿尔诺向一位誊写员口述了所有这 6 封信，也就是说，没
有一封信是阿尔诺写的。第 8、21、25 和 26 封信的注释向大家展示
了若干错误，而那都是些誊写员在记录口述时可能很自然地就会犯下
的，但受过古典教育的法国学者在自己写信时则几乎不可能犯下的
错误。

2 在第 226 页第 4 行的这个地方，a 和 C 都写的是"le"，但这
里需要的是"la"，因为代词的先行词是"reponse"。

3 Nicole, *Traité de l'unité*.

第 27 封

1 文献：

E：寄出信件的一部分：LBr 16, fol. 96–97（我们的文本，但仅限
于第一段）。

C：寄出信件的副本：Kassel 248 [2i, fol. 7–9（我们的文本，但
仅限于第二段）。

随同这封信，恩斯特将第 25 封信（阿尔诺写给莱布尼茨的最后
一封信）和第 26 封信（信中，阿尔诺像说悄悄话似的对莱布尼茨可
疑的物理学和不稳定的精神状况做了评价）一起转交给了他。在第

27 封信中，恩斯特认同阿尔诺在第 26 封信中对莱布尼茨的看法，他不仅展示了他在拉丁文方面的学识，也展示了他自身不稳定的精神面貌。恩斯特用阿尔诺的信纸写了这封信的第一部分；那份手稿的附言遗失了，但 C 是整封信的副本。科学院版早些时候就将 C 发表了出来（A I, 4, no. 362, p. 444），并将这封信的日期标注为 9 月 11 日，但没有给出任何理由。尽管如此，恩斯特对第 26 封信的直接提及以及莱布尼茨答复第 25 封信的日期都支持该信的日期为 9 月初的说法。第二段的页数和行号都参考的是科学院版系列一第四卷。

2 关于第 227 页第 18—19 行恩斯特的拉丁文，参见武加大本《诗篇》第 94 章第 8 节："hodie si vocem eius audieritis nolite obdurare corda vestra"（"惟愿你们今天听他的话，你们不可硬着心"[钦定本《诗篇》第 95 章第 7—8 节]）。

3 参见《民数记》第 16 章。

4 第 444 页第 31 行的拉丁文出自《论我们主的受难》（*Vitis Mystica seu Tractatus de Passione Domini*，过去曾被认为是克莱尔沃的圣伯纳德 [Bernard of Clairvaux] 写的，但现在被认为是圣文德 [Bonaventure] 写的）："Disce hanc a Domino Jesu, qui mitis est et humilis corde, id est, vide et quantum et quare humiliatus fuit ille, qui est excelsus super omnes gentes Dominus, et super coelos gloria ejus: et disce etiam quia tu es lutum et cinis, et sic invenies requiem animae tuae"（"你要向我们心里柔和谦卑的主耶稣学习这一点，也就是，看看他如何谦卑，为什么谦卑，他可是超乎万族之上的主，他的荣耀可是高过诸天的，还要知道你是泥土和灰烬，这样你的灵魂就会得安息"[trans. Brownlow]）。也可能出自武加大本《马太福音》第 11 章第 28—30 节："venite ad

[387]

me omnes qui laboratis et onerati estis et ego reficiam vos / tollite iugum
meum super vos et discite a me quia mitis sum et humilis corde et invenietis
requiem animabus vestris / iugum enim meum suave est et onus meum leve
est"（"凡劳苦担重担的人，可以到我这里来，我就使你们得安息。我
心里柔和谦卑，你们当负我的轭，学我的样式，这样，你们心里就必
得享安息。因为我的轭是容易的，我的担子是轻省的"[钦定本]）。

第 28 封

1 文献：

L：初步研究：LBr 16, fol. 80。

如果莱布尼茨后来的注释"未寄出"是可信的，那么他并没有
寄出第 28 封信。预期的收信人和时间都不确定。格罗提芬、冯·隆
美尔、勒·罗伊和梅森的帕金森都认为收信人是恩斯特，格尔哈特和
科学院版的编者们都认为收信人是阿尔诺。科学院版的编者们认为第
28 封信是对阿尔诺在第 21 封信中表面上含蓄地劝告莱布尼茨皈依天
主教的回应，从而将其日期确定为 1687 年 4 月 30 日，这也是莱布尼
茨的第 23 封信（对第 21 封信的答复）的日期。他们解释道，莱布尼
茨第 23 封信的附言预示着第 28 封信。它也可以被认为是对阿尔诺的
第 26 封信或恩斯特的第 27 封信的答复，或是对这两封信的答复，因
为每封信都有类似的劝告。每一种猜测都有道理，我倾向于认为第
28 封信是为了既答复阿尔诺又答复恩斯特所进行的研究，所以倾向
于像芬斯特那样将其日期确定为 1687 年 9 月底或 10 月初。芬斯特认
为，它可能是写给恩斯特的（因此无疑也是写给阿尔诺的）一封信的
草稿，而随同那封信，莱布尼茨将寄去他对第 25 封信的答复。

2 Pope Pius IV, *Injunctum nobis*. Bull of 13 November 1564. Nos. 1862–1870 in Heinrich Denzinger, ed., *Enchiridion symbolorum definitionum et declarationum de rebus fidei et morum*, 37th ed.（Freiberg im Breisgau: Herder, 1991），pp. 587–589.

第 29 封

1 文献：

L：初步研究：LBr 16, fol. 104–107。

[388] 　　第 29 封信未寄出，是莱布尼茨为了答复阿尔诺的第 25 封信（恩斯特于 9 月 11 日将其转交给了莱布尼茨）所进行的研究。正如芬斯特所指出的，它可能稍早于莱布尼茨实际寄出的回信，因为在这时，他还没有读到卡特兰对他的回复，在他写第 30 封信的草稿时，他读到了卡特兰的回复，当他实际寄出第 30 封信时，他随信附上了对卡特兰的答复。第 30 封信的日期是 1687 年 10 月 19 日。尽管第 29 封信是一项未寄出的研究，但莱布尼茨十分重视它：如脚注 L1 和 L2 所示，他在努力把它写好，这也是唯一一份他后来做出修改的初步研究——他对 L 做了 2 处修改。

2 要想在语法上讲得通，第 234 页第 11 行的这个地方只能是"atomes, si"，不能是"atomes que si"。

3 Catelan, "Remarque."

第 30 封

1 文献：

L：草稿：LBr 16, fol. 98–103。

342

C^1：寄出信件的副本：Kassel 248 [2i, fol. 39–65（我们的基础文本）。

C^2：寄出信件的副本：fonds Amersfoort 2668, fol. 45–58。

他们的通信在第 30 封信推向了高潮。它是对阿尔诺的第 25 封信的答复，是根据作为初步研究的第 29 封信完成的。从莱布尼茨后来对第 29 封信和第 30 封信的草稿 L 提出的修改意见（他打算出版）来看，引人注目的是他开始系统地使用"entelechie"（隐德莱希）来替代"forme substantielle"（实体形式）。阿尔诺没有再回复这封信以及莱布尼茨写给他的其他四封信。寄出的信件在第 245 页第 17 行、第 245 页第 19 行、第 245 页 20 行至第 246 页第 4 行、第 247 页第 12 行和第 260 页第 6 行与草稿 L 有着显著的差异。莱布尼茨后来对 L 做了 33 处修改。

2　关于第 242 页第 16 行莱布尼茨的拉丁文，参见 Horace, *De ars poetica*, 189–192："Neve minor neu sit quinto productior actu / fabula, quae posci vult et spectanda reponi; / nec deus intersit, nisi dignus vindice nodus / inciderit; nec quarta loqui persona laboret"（"一出戏最好分五幕，千万不要擅自让神出场，除非是为了那值得神出场的事，在一幕里说话的不得超过三个人"［trans. Dillon］）；（"如果你希望你的戏叫座，观众看了还要求再演，那么你的戏最好是分五幕，不能多，也不能少。不要随便把神请下来，除非遇到难解难分的关头非要请神来解救不可。也不要让第四个演员说话"［trans. Kline］）。

3　第 243 页第 8 行这两组方括号均为莱布尼茨所加。

4　关于第 244 页第 16—17 行莱布尼茨的拉丁文，参见 Claudius Claudianus（Claudian），*Epigramma* 18：

In sphaeram Archimedis Jupiter in parvo cum cerneret rethera vitro, Risit, et ad Superos talia dicta dedit: Huccine mortalis progressa potentia curae? Jam meus in fragili luditur orbe labor. Jura poli, rerumque fidem, legesque Deorum, Ecce Syracusius transtulit arte senex. Inclusus variis famulatur spiritus astris, Et vivum motibus urget opus. Percurrit proprium mentit us Signifer annum, Et simulata novo Cynthia mense redit. Jamque suum volvens audax industria mundum Gaudet, et humana sidera mente regit. Quid falso insontem tonitru Salmonea miror? AEmula naturae parva reperta manus.

（当朱庇特往下看，看到玻璃球里呈现的诸天时，他笑着对其他诸神说："凡人的力量已经达到了这样的程度？我的作品现在已在一个纤巧的天球仪中被模仿了出来？叙拉古的一位老人在地上已能模仿诸天的规律、自然的秩序、诸神的法令。天球仪内某些隐藏的作用引导着星体的各种运行，并以一定的运动驱动着逼真的天体。人造的黄道带贯穿全年，个头很小的月亮每月都有盈亏。既然大胆的发明乐于靠人类的智慧使日月交替，使星体运动，那我又为什么要对无害的萨尔摩纽斯和他那假雷声生气呢？在这里，人类无力的手被证明是大自然的对手。"[trans. Platnauer]）

5 Philoponus, *De aeternitate mundi*.

6 Descartes, letter to Henry More of 5 February 1649（AT V, 267–279; CSM III, 367）。

7　译者更正。在第 255 页第 13 行，莱布尼茨写的是 "matiere"，但他的意思是 "maniere"（参见第 29 封信第 236 页第 14 行）。C² 做了更正。否则莱布尼茨的文本在这个地方就会产生 "matter"（物质）而不是 "manner"（方式）的意思。

8　参见 Letter from Leibniz to Herzogin Elisabeth Charlotte of Orléans of 7 November 1696（A I, 13, p. 87）："Quand j'etois petit garçon je prenois plaisir à voir ressusciter des mouches noyées, en les ensêvelissant sous la craye reduite en poussière"（当我还是小男孩时，我喜欢观看人们是怎么把溺水的苍蝇埋在粉笔灰里，从而使其复活过来的）。

9　可能是 Albinus, *Kurzer Bericht und Handgriff*。

10　Catelan, "Remarque."

11　Leibniz, "Réponse à la Remarque de M. l'Abbé D.C."。莱布尼茨通过在脚注 L4 的文本周围画边框，将其与其他内容分隔开来。它没有被划掉，但没有出现在信件中，我们不仅可以从 C¹ 和 C² 中清楚地看到这一点，也可以从莱布尼茨考虑在第 32 封信（第 267 页第 20 行至第 268 页第 8 行）使用它的部分内容这一事实清楚地看到这一点。

第 31 封

1　文献：

L：初步研究：LH XXXV, 15, 5, fol. 1–2。

这是附在莱布尼茨写给阿尔诺的第 30 封信后的一封信的初步研究稿。它没有写上阿尔诺的名字，但从它的要旨来看，不可能是写给别人的。正如科学院版的编者们评论的那样，这封信的第五段重新谈到了莱布尼茨在 1686 年 7 月便已经与阿尔诺沟通交流过的内容（第 [390]

13 封信），这不足以证明它是写给别人的。也许是因为它的直言不讳，莱布尼茨把这项研究放在了一边，把第 32 封信当成了附信。我们在第 31 封信和第 32 封信上给出了相同的日期和地点。

2　Thietmar of Merseburg, *Chronicon.*

3　关于莱布尼茨的"位相分析学"及其几何学与他的形而上学的关系，参见 De Risi, *Geometry and Monadology*。

4　Leibniz, "Nova methodus."

5　Huygens, letter to Leibniz of 6 November 1674（A III, 1, no. 40）。

6　Leibniz, "Nova methodus."

7　Prestet, *Elemens de mathématiques*。普雷斯特是马勒伯朗士的同事。

第 32 封

1　文献：

L：草稿：LBr 16, fol. 103。

这是一封附信，替换了作为初步研究的第 31 封信，它预示着莱布尼茨在与阿尔诺的通信中最后一份重要稿件（也就是，第 30 封信）的到来——莱布尼茨在第 32 封信后面的注解中将其称作"写在前面的话"。他还附上了对卡特兰的回复，而该回复很快就出现在了 1687 年 9 月份（日期容易引起误解）的《文坛新志》上。科学院版的编者们指出，无论是阿尔诺的档案馆，还是恩斯特的档案馆，都没有第 32 封信的副本，并且阿尔诺的《书信集》也没有这封信，所以他们推断，阿尔诺和恩斯特都没有收到这封信（他们两人确实都收到了第 30 封信，存放在他们档案馆中的这封信的副本可以证明这一点）。我们在它上面给出了第 30 封信的地点和时间。

2　Leibniz, "Réponse à la Remarque de M. l'Abbé D.C."

第 33 封

1　文献：

L：草稿：LBr 16, fol. 109。

C：寄出信件的副本：fonds Amersfoort 2668, fol. 58–59（我们的基础文本）。

在这里，莱布尼茨试图再次与阿尔诺重新取得联系。C 给出了这封信的时间和地点。科学院版的编者们注意到，在这段时期，他一直从波西米亚的皮尔森寄出信件。1 月份，他在旅行，也许他在纽伦堡就写了这封信，然后从皮尔森寄了出去。

在杜·帕克手中的对开纸第 59 张上，C 末尾的一个旁注写道："jusqu'ici toutes les lettres ci-dessus sont copiées sur les originaux déposés au Parlement, 34e cote de la vacation du 20 juillet 1763"（截至目前，所有上述信件均誊录自 1763 年 7 月 20 日第 34 号庭审上向议会提交的原件）。因此，杜·帕克使我们确信，"fonds Amersfoort 2668"的所有 9 份文献（除了我们这里的第 37 封信的副本）均直接誊录自莱布尼茨寄出的、现在可能已永远遗失的信件。至于详情，参见 Lewis, pp. 16–17。 [391]

寄出的信件在第 272 页第 5 行至第 273 页第 8 行、第 274 页第 2—4 行、第 274 页第 6—16 行以及第 275 页第 11 行至第 276 页第 6 行与草稿 L 有着显著的差异。

2　Leibniz, "Réponse à la Remarque de M. l'Abbé D.C."

3 Huygens, "Solution du problème."

4 Leibniz, "Extrait d'une lettre de M. L."

5 Malebranche, "Extrait d'une lettre du P. M. à M. l'Abbé D.C."

第 34 封

1 文献：

C：寄出信件的副本：Kassel 248 [2i, fol. 308–311（我们的基础文本）。

P：寄出信件的印刷稿：Arnauld, *Lettres* III, pp. 84–86。

通常的汇编都不包括通信中的第 34 封信，但在我看来，它应该占有一席之地。在第 35 封信中，莱布尼茨将继续这封信的主题，即指控阿尔诺为异端。更重要的是，第 34 封信实际上终结了他们的通信。在一封谈到有必要回应耶稣会士对詹森派信徒新近的抨击的信中，阿尔诺曾恳请恩斯特向莱布尼茨解释为什么他不愿再给他回信了。阿尔诺之前就已经暗示过，很难让他把注意力转向抽象的问题，而此时，由于新近的抨击让他喘不过气来，他觉得更不可能把注意力转向那类问题了。这封信的内容是恩斯特在第 18 封信的附录中所提出的主题的一个变奏。阿尔诺把曾经短暂的插曲变成了终曲。

恩斯特在 1688 年 4 月 16 日写给莱布尼茨的信中遵从阿尔诺的要求写道："Il y a desja plus d'un mois, mais je l'ay oublié que Mons. Arnauld m'a prié de vous requerir qu'estant maintenant tres occupé il ne vous peut respondre, sur tout dict il en une matiere si speculative et abstraicte"（"一个多月前，但我现在才想起来，阿尔诺先生让我替他向您表达歉

意，因为他现在太忙了，不能就他在如此思辨和抽象的问题上所说的一切答复您了"［A I, 5, p. 97]）。

　　莱布尼茨仍在努力，但已经于事无补。1690 年 1 月，在给安东尼奥·阿尔贝蒂的一封信中，他表示自己已经得到了口信："J'espere que M. Arnaud se portera encor bien. Quand j'estois encor en Allemagne j'avois echangé avec luy quelques lettres sur mes pensées Metaphysiques. Ma derniere est demeurée sans replique parce que M. Arnaud estant alors fort occupeé et la matiere demandant une grande attention, il répondit, qu'il l'examineroit à son premier loisir. Mais il est trop distrait et son temps est si pretieux, que je n'ose pas luy demander la continuation de ses reflexions, que j'estime extremement, parce qu'il approfondit les choses, et a même un don rare aux grands hommes, qui est de se rendre quelques fois apres une meure discussion"（"我希望阿尔诺先生依然安好。当我还在德国时，[392] 我与他就我的形而上学思想有过一些书信往来。我的最后一封信没有得到答复，因为当时阿尔诺先生太忙了，而这个问题确实需要耗费大量的精力，他回答说，他一有机会就会去仔细研究它。但他事务缠身，完全无法专注，他的时间太宝贵了，我哪敢让他继续他的反思，尽管我非常钦佩他的反思，因为他对问题有着更深层次的见解，更难能可贵的是，他有着伟人身上所罕见的天赋，那就是有时在深入讨论后做出让步"［A II, 2, p. 306]）。

　　恩斯特的誊写员在 C 的占据两行的标题中给出了这封信的日期："Copie de la lettre de M^r. A. A. à S. A. S. du 15. Mars 1688"（1688 年 3 月 15 日阿尔诺写给殿下的信的副本）。毫无疑问，这也是 P 中出现的日期的来源。我们给出了它在阿尔诺《书信集》中的页码和行号，因为科学院版中没有这封信（Arnauld, *Lettres* III）。

2 Le Tellier, *Défense des nouveaux chrestiens.*

3 阿尔诺可能太过在意这位作者的抨击了。关于这本书，参见 La Ville, *Les Préjugés légitimes contre le Jansénisme*。

4 关于第 85 页第 38—39 行阿尔诺的拉丁文，参见武加大本《诗篇》第 30 章第 21 节（钦定本《诗篇》第 31 章第 20 节）。

第 35 封

1 文献：

C：寄出信件的副本：Kassel 248 [2k, fol. 29–33（我们的基础文本）。

P：寄出信件的部分印刷稿：Arnauld, *Lettres* IV, pp. 199–200。

卡塞尔手稿中的第 35 封信是一份节选，仅是作为第 20 号文件出现在科学院版系列一第五卷中的一封长信的第四段。该卷的编者们认为，恩斯特就是把这段转交给了阿尔诺；阿尔诺《书信集》的编者们所发表的也是这一段（他们把卡塞尔手稿的一段分成了两段，这在我看来是合理的）。C 给出了日期和地点。

2 恩斯特的誊写员在 C 的左上方给出了标题："Copie d'une lettre de Mʳ. Leibnitz à S. A. de Vienne. le 20 de May 1688"（1688 年 5 月 20 日莱布尼茨先生从维也纳寄给殿下的一封信的副本）。

第 36 封

1 文献：

L：草稿：LBr F20, fol. 1771–1774（我们的基础文本）。

C：寄出信件的副本：Kassel 248 [2k, fol. 256–282。

P：寄出信件的部分印刷稿：Arnauld, *Lettres* IV, pp. 200。

就像第 35 封信一样，第 36 封信也是莱布尼茨恳请恩斯特转交 [393]
给阿尔诺的一封较长的信的一部分。在这里，该部分由两块内容构
成。第二块内容是一长篇附言的全文，敦促解除教皇谴责哥白尼关于
地球运动的观点的临时敕令。莱布尼茨在 L 中标记了这两块内容的
起点。C 也记录了第一个标记。莱布尼茨并没有标记第一块内容的终
点。P 没什么帮助；它只包括了这封信的前十四行。我们的版本包括
了莱布尼茨似乎有所暗示的那部分内容，他提到阿尔诺的另一页，以
及附言。这封信的其他内容似乎与这场通信所关注的问题无关。

科学院版早些时候便给出了整封信（I, 5, no. 83, pp. 174–186），
并指明了它的日期和地点，但没有说这些东西是怎么确定的。如英译
本附录"书信文献之间的差异"所示，第 36 封信的草稿 L 与莱布尼
茨寄出的信件非常相似。C 中的所有不同之处，想必都誊录自寄出的
信件，没有太多的价值，而且很多都是简单的誊写错误。显然，莱
布尼茨的誊写员在完成要邮寄的信件时直接照搬了 L。因此我们把 L
当成我们的基础文本。第一节的页码和行号出自科学院版系列一第
五卷。

2　Dellon, *Relation de l'inquisition de Goa*.

3　1687 年 11 月 20 日，教皇英诺森十一世在教皇通谕（Coeles-
tis pastor）中，根据 1687 年 11 月 20 日的"教会宪章"（Heinrich
Denzinger, ed., *Enchiridion symbolorum definitionum et declarationum de
rebus fidei et morum*, 5th ed. [Wirceburgi: Sumptibus et typis Stahelianis,
1874］, pp. 227–235, nos. 2201–2269），裁决莫林诺《灵程指引》（Miguel

de Molinos, *Guida spirituale*, 1675）中的 68 个命题犯了"寂静主义的
谬误"（errores quietistici）。

第 37 封

1 文献：

L^1：草稿：LBr 16, fol. 110。

L^2：寄出信件：Ms. Add. 5104, fol. 3–4（我们的文本）。

莱布尼茨最后一次尝试用他手里的一封信（第 37 封信）来恢复
对话。就像这场通信开始时一样，莱布尼茨在结束时同样枚举了一系
列的哲学真理，他仍旧希望能够得到阿尔诺的认可。莽撞的哲学家和
暴躁的神学家用他们碰撞出的火花引燃了一场大火，而这场大火至今
仍散发着哲学之光。

莱布尼茨对 L^1 做了诸多修改，并在从 L^1 到实际寄出的信件 L^2
的过程中又对信件做了若干重大的修改。第 37 封信后来还有两份手
稿：第一份存放在"Utrecht, fonds Amersfoort 2668, fol. 60–64"，第二
份存放在"Warsaw, Biblioteka Narodowa, file 179, fol. 189–194"。但由
于它们不是独立的文本证据，而且我们有这封信的原件，所以它们对
我们来说并没有太多的价值。它们都直接基于所出版的这封信的第一
版，参见 Desmolets, pp. 211–229；而这个版本又直接基于 L^2。L^2 给
出了这封信的时间和地点。

寄出的信件在第 312 页第 6 行、第 312 页第 12 行、第 313 页第
17—18 行、第 313 页第 18 行，第 314 页第 2—15 行、第 314 页第
20—21 行以及第 314 页第 24 行至第 315 页第 2 行与草稿 L^1 有着显
著的差异。

2　Arnauld, *Nouvelle hérésie dans la morale*. [394]

3　Le Tellier, *Défense des nouveaux chrestiens*.

4　第 313 页第 2 行莱布尼茨的"orner nostre Sparte"是一个典故，指欧里庇得斯散佚的剧本《忒勒福斯》中的"Spartam nactus es, hanc orna"（斯巴达是你的一部分，为她尽你所能），参见 Euripedes, *Telephus*, fragment 723 in Nauck, *Tragicorum Graecorum Fragmenta*。

5　Leibniz, "Tentamen de motuum coelestium causis."

参考书目

一手资料

Albertus Magnus. *Metaphysica*. In Bernhard Geyer and Wilhelm Kübel, eds., *Opera Omnia*. 38 vols. Münster, Germany: Aschendorf, 1951– .

Albinus, Sebastianus. *Kurzer Bericht und Handgriff, wie man mit den Personen, gross und klein, so etwas in eusserste Wassergefahr durch Gottes Verhängnüs gerathen, nicht zu lange im Wasser gelegen, doch gleichsam für Todt herausgezogen werden, gebühren und umbgehen solle.* 1675.

Aquinas, Thomas. *Summa Contra Gentiles*. Book 2: Creation. Trans. James F. Anderson. Notre Dame, Ind.: University of Notre Dame Press, 1975.

———. *Summa Theologica, Book One*. In Anton C. Pegis, trans., *Basic Writings of St. Thomas Aquinas*, vol. 1. Indianapolis, Ind.: Hackett, 1997.

Aristotle. *De Caelo*. Trans. J. L. Stocks. In Jonathan Barnes, ed., *The Complete Works of Aristotle*. 2 vols. Princeton: Princeton University Press, 1984.

———. *Metaphysics*. Trans. W. D. Ross. In Jonathan Barnes, ed., *The Complete Works of Aristotle*. 2 vols. Princeton: Princeton University Press, 1984.

———. *Prior Analytics*. Trans. A. J. Jenkinson. In Jonathan Barnes, ed., *The Complete Works of Aristotle*. 2 vols. Princeton: Princeton University Press, 1984.

Arnauld, Antoine. *Apologie pour les Catholiques, contre les faussetez et les calomnies d'un livre intitulé: La Politique du clergé de France*. Liège: La Veuve Bronkart, 1681–82. Reprinted in Arnauld, *Oeuvres de Messire Antoine Arnauld*, XIV, pp. 281–880.

———. *Lettre d'un théologien à une personne de qualité, sur le nouveau livre des Jésuites contre la Morale pratique, intitulé Defense des nouveaux chrestiens*. 1688. Reprinted in Arnauld, *Oeuvres de Messire Antoine Arnauld*, XXXII, 458–68.

———. *Nouvelle hérésie dans la morale, denoncée au pape et aux évesques, aux princes et aux magistrats*. Cologne: Nicolas Schouten, 1689.

———. *Oeuvres de Messire Antoine Arnauld*. 43 vols. Ed. Gabriel Du Pac de Bellegarde and Jean Hautefage. Paris-Lausanne: Sigismond D'Arnay et Cie, 1775–83.

———. *Oeuvres philosophiques d'Arnauld*. 6 vols. Ed. Elmar J. Kremer and Denis Moreau.

[396]   ———. *Seconde addition pour la 1re partie de l'"Apologie pour les Catholiques," ou Eclaircissement d'un endroit de cette Apologie dans lequel l'auteur s'est trompé en parlant de M. Southwell, secrétaire du conseil de Sa Majesté Britannique.* 1685. Reprinted in Arnauld, *Oeuvres de Messire Antoine Arnauld*, XIV, pp. 572–90.

Arnauld, Antoine, and Sébastien Joseph Du Cambout de Pontchâteau. *La Morale pratique des Jésuites, représentée en plusieurs histoires arivées dans toutes les parties du monde.* 8 vols. 1669–94. Vols. 1 and 2 are by Du Cambout, vols. 3–8 by Arnauld.

Augustine. *City of God.* Trans. Henry Bettenson. London: Penguin, 2004.

———. *On Free Will.* In John H. S. Burleigh, ed. and trans., *Augustine: Earlier Writings.* Philadelphia: Westminster, 1979.

Bacon, John. *Super quattuor libros Sententiarum.* 1321.

Ben Israel, Rabbi Menasseh. *De resurrectione mortuorum.* 2nd ed. Groningen: Spinnikir, 1676.

Biel, Gabriel. *Collectorium circa quattuor libros Sententiarum.* Tübingen: Mohr Siebeck, 1973.

Bodin, Jean. *Methodus ad facilem historiarum cognitionem.* Paris: Martinum Juvenem, 1566.

Bonaventure. *Vitis Mystica, or, the True Vine.* Trans. W. R. Bernard Brownlow. London: Washbourne, 1873.

Catelan, François. "Courte remarque de M. l'Abbé D.C. où l'on montre à Mr. G. G. Leibnits le paralogisme contenu dans l'objection precedent." *Nouvelles de la République des Lettres* (September 1686), pp. 999–1003.

————. "Examen mathématique du centre d'oscillatio." *Journal des Sçavans* (December 1681), pp. 383–86.

————."Remarque de M. l'Abbé D. C. sur la réplique de M. L. touchant le principe mécanique de Descartes contenue dans l'article III de ces Nouvelles mois de février 1687." *Nouvelles de la République des Lettres* (June 1687), pp. 577–90.

Cicero. On the Good Life. Trans. Michael Grant. London: Penguin, 1979. Contains *Tusculan Disputations* V.

————. *Tusculan Disputations*. Trans. C. D. Yonge. New York: Harper, 1877.

Clagett, Marshall, ed. *Archimedes in the Middle Ages*. 5 vols. Vol. 1: Madison: University of Wisconsin Press, 1964; Vols. 2–5: Philadelphia: American Philosophical Society, 1976–84.

Claudius Claudianis. *Claudian*. Trans. Maurice Platnauer. 2 vols. New York: Putnam, 1922.

Cordemoy, Géraud de. *Le discernement du corps et de l'ame en six* [397] *discours, pour server à l'éclairecissement de la physique*. Paris: Florentin Lambert, 1666.

Déclaration du Roy concernant la Religion Prétendue Reformée. Registered in the French Parliament 12 July 1686. Paris: François Muguet, 1686.

Dellon, Gabriel. *Relation de l'inquisition de Goa*. Paris: Antoine

Lambin, 1687. Translated as *Dellon's Account of the Inquisition at Goa*. 1815. Repr. Whitefish, Mont.: Kessinger, 2006.

Descartes, René. *Explication des engins par l'ayde desquels on peut avec une petite force lever un fardeau fort pesant*. Also known as Treatise on Mechanics. AT I, 435–48.

————. *The Geometry of René Descartes*. Trans. David E. Smith and Marcia L. Latham. New York: Dover, 1954.

Diploma Henrici II. Imperatoris De libertate ac defensione Ecclesiae Hildesheimensis. In Leibniz, ed., Scriptores rerum Brunsvicensium. vol. II（1710）, pp. 155–56.

Fernel, Jean. *On the Hidden Causes of Things*. Ed. and trans. John M. Forrester and John Henry. Leiden: Brill, 2005.

Heath, Sir Thomas, ed. *The Works of Archimedes*. New York: Dover, 2002. Contains *Measurement of a Circle*, section 2, and On the Sphere and Cylinder.

Hippocrates（attrib.）. *De Diaeta. In Nature of Man*, vol. 4. Trans. W. H. S. Jones. Cambridge: Harvard University Press, 1931; reprint ed., 1959.

Horace. *Horace's Art of Poetry*. Trans. Wentworth Dillon. London: Herringman, 1680.

————. *The Odes, Satires, Epistles, Ars Poetica, and Carmen Saeculare with the Epodes*. Trans. A. S. Kline. Available at http://www.poetryintranslation.com/PITBR/Latin/Horacehome.htm.

————. *The Satires and Epistles of Horace*. Trans. Samuel Dunster. London: Fenour, 1709.

Huygens, Christiaan. "Solution du problème proposé par M. L. dans les Nouvelles de la république des lettres." *Nouvelles de la République des Lettres* (October 1687), pp. 1110–11.

Jansen, Cornelius. *Augustinus seu doctrina Sancti Augustini de humanae naturae sanitate, aegritudine, medicina adversus Pelagianos et Massilianses.* 3 vols. Louvain: Jacobus Zegers, 1640.

Jurieu, Pierre. *L'Accomplissement des prophéties, ou la délivrance prochaine de l'église.* Rotterdam: Abraham Acher, 1686.

La Ville, François de. *Les Préjugés légitimes contre le Jansénisme.* Cologne: Abraham du Bois, 1686.

Leeuwenhoek, Antoni van. *The Select Works of Antony Van Leeuwenhoek.* Trans. Samuel Hoole. 2 vols. London: G. Sydney, 1800.   [398]

Leibniz, Gottfried Wilhelm. "Addition de M. L. à la solution de son probleme donnée par M. H.D.Z. article VI du mois d'octobre 1687." Private communication attached to Leibniz's letter to Huygens of mid-January 1688. Reprinted in A III, 4, no. 201.

———. "Brevis demonstratio erroris memorabilis Cartesii." *Acta Eruditorum* (March 1686), pp. 161–63. Reprinted in A IV, 4, no. 369.

———. "De linea isochrona in qua grave sine acceleratione descendit et de controversia cum DN. abbate D. C." *Acta Eruditorum* (April 1689), pp. 195–98. Reprinted in GM V, pp. 234–37.

———. "De Lineis opticis, et alia." *Acta Eruditorum* (January 1689), pp. 36–38. Reprinted in GM VII, pp. 329–31.

———. "Demonstration courte d'une erreur considérable de M.

Descartes et de quelques autres touchant une loi de la nature suivant laquelle ils soutiennent que Dieu conserve toujours dans la matière la même quantité de mouvement, de quoy ils abusent même dans la méca-nique." *Nouvelles de la République des Lettres* (September 1686), pp. 996–99. French translation of "Brevis demonstratio." Reprinted in G III, pp. 40–42.

————. *Discours de métaphysique* [*Discourse on Metaphysics*]. 1686. In Grotefend, pp. 154–92.

————. "Extrait d'une lettre de M. L. sur un principe général, utile à l'explication des loix de la nature, par la consideration de la sagesse divine; pour servir de réplique à la réponse du R. P. M." *Nouvelles de la République des Lettres* (July 1687), pp. 744–53. Reprinted in A IV, 4, no. 371.

————. "Nova methodus pro maximis et minimis, itemque tangenti-bus, quae nec fractas nec irrationales quantitates moratur, et singulare pro illis calculi genus." *Acta Eruditorum* (October 1684), pp. 467–73. Re-printed in GM V, pp. 220–26.

————. "Réplique de M. L. à M. l'Abbé D.C. contenuë dans une lettre écrite à l'auteur de ces Nouvelles le 9. de Janv. 1687. Touchant ce qu'a dit M. Descartes que Dieu conserve toujours dans la nature la même quantité de mouvement." *Nouvelles de la République des Lettres* (February 1687), pp. 131–36.

————. "Réponse à la Remarque de M. l'Abbé D.C. contenuë dans l'article I. de ces Nouvelles, mois de Juin 1687 où il prétend soûtenir une loi de la nature avancée par M. Descartes." *Nouvelles de la République des Lettres* (September 1687), pp. 952–56.

———. "Schediasma de resistentia medii, et motu projectorum gravium in medio resistente." *Acta Eruditorum* (January 1689), pp. 38–47. [399] Reprinted in GM VI, pp. 135–44.

———. "Tentamen de motuum coelestium causis." *Acta Eruditorum* (February 1689), pp. 82–96. Reprinted in GM VI, pp. 144–61.

Leibniz, Gottfried Wilhelm, ed. *Scriptores rerum Brunsvicensium.* 3 vols. Hanover: Nicolai Foerster, 1707–10.

Le Tellier, Michel. *Défense des nouveaux chrestiens et des missionaires de la Chine, du Japon et des Indes, contre deux livres intitulés "La Morale pratique des Jesuites" et "L'Esprit de M. Arnauld."* 2 vols. Paris: Estienne Michallet, 1687, 1690.

Leti, Gregorio. *Historia Genevrina* [*Historia Genevrena*] . 5 vols. Amsterdam: Someren, 1686.

Letourneux, Nicolas, and Paul-Ernest Ruth d'Ans. *L'Année chrétienne, ou les messes des dimanches, féries et fêtes de toute l'année, en latin et en français.* 11 vols. 1683–1701. Vols. 1–9 are by Letourneux; vols. 10–11 are by Ruth d'Ans.

Luther, Martin. *De Servo arbitrio.* 1525.

Malebranche, Nicolas. "Extrait d'une lettre du P. M. à M. l'Abbé D.C." *Nouvelles de la République des Lettres* (April 1687), pp. 448–50.

———. *Oeuvres complètes de Malebranche.* Ed. André Robinet. 20 vols. Paris: Vrin, 1958–84.

————. *The Search After Truth and Elucidations of the Search After Truth*. Trans. Thomas M. Lennon and Paul J. Olscamp. Cambridge: Cambridge University Press, 1997.

Malpighi, Marcello. *Anatomia Plantarum*. 2 vols. London: Royal Society of London, 1675, 1679.

————. *Opera Omnia*. 2nd ed. Leiden: Petrum Vander Aa, 1687.

Mede, Joseph. *Clef apocalyptique*. 1627.

Molina, Luis de. *Liberi arbitrii cum gratiae donis, divina praescientia, providentia, praedestinatione et reprobatione concordia*. 2 vols. Lisbon: Antonium Riberium, 1588–89.

————. *On Divine Foreknowledge: Part IV of the "Concordia."* Trans. Alfred J. Freddoso. Ithaca, N.Y.: Cornell University Press, 1988.

Mugler, Charles, trans. and ed. *Archimède: Oeuvres*. 4 vols. Paris: Les Belles Lettres, 1970–72.

Nauck, August, ed. *Tragicorum Graecorum Fragmenta*. 2nd ed. Leipzig: Teubner, 1889.

Neercassel, Johannes van. A*mor poenitens, sive de divini amoris ad poenitentiam necessitate et recto clavium usu*. 2 vols. Embrica: Joannem Arnoldi, 1683.

Netz, Reviel, trans. and commentary. *The Works of Archimedes: Translation and Commentary*. Vol. 1: *The Two Books On the Sphere and the Cylinder*. Vol. 2: Spiral Lines. Vol. 3: *The Mathematical-Physical Works*. Cambridge: Cambridge University Press, 2004.

Netz, Reviel, William Noel, Nigel Wilson, and Natalie Tchernetska,

[400]

eds. *The Archimedes Palimpsest.* Vol. 1: *Catalogue and Commentary.* Vol. 2: *Images and Transcriptions.* Cambridge: Cambridge University Press, 2011.

Nicole, Pierre. *Traité de l'unité de l'Église, ou Réfutation du nouveau systême de M. Jurieu.* Paris, 1687.

Philoponus, Ioannes. *De aeternitate mundi contra Proclum.* Ed. H. Rabe. Leipzig: B. G. Teubner, 1899; reprint, Hildesheim: Olms, 1984; Charleston, S.C.: Biblio Books, 2009.

Plato. *Theaetetus.* Trans. M. J. Levett. In *Complete Works*, ed. John M. Cooper. Indianapolis: Hackett, 1990.

Prestet, Jean. *Elemens de mathématiques.* Paris: Pralard, 1675.

Sextus Empiricus. Against the Logicians. Trans. Richard Bett. Cambridge: Cambridge University Press, 2006.

Suetonius. *Lives of the Caesars.* Trans. J. C. Rolfe. Cambridge: Harvard University Press, 1979.

Swammerdam, Jan. *The Book of Nature, or, The History of Insects: Reduced to Distinct Classes, Confirmed by Particular Instances.* ... London: C. G. Seyffert, 1758.

———. *Historia Insectorum* Generalis. 1669（Dutch）; 1685（Latin trans.）.

Tanner, Norman P., ed. and trans. *Decrees of the Ecumenical Councils.* 2 vols. Washington, D.C.: Georgetown University Press, 1990.

Taurellus, Nicolaus. *De Rerum aeternitate.* Marpurgi: Egenolphus, 1604.

Teresa of Ávila. *The Book of My Life*. Trans. Mirabai Starr. Boston: Shambhala, 2008.

Thietmar of Merseburg. *Chronicon*. 8 vols. 1012–18, 1667. In Leibniz, ed., *Scriptores rerum Brunsvicensium*, vol. I (1707), pp. 323–427.

Varillas, Antoine. *Histoire des revolutions arrivées dans l'Europe en matière de religion*. 6 vols. Paris: Claude Barbin, 1686–89.

二手资料

Abraham, William E. "Complete Concepts and Leibniz's Distinction between Necessary and Contingent Propositions." *Studia Leibnitiana* 1, no. 4 (1969): 263–79.

Adams, Robert M. *Leibniz: Determinist, Theist, Idealist*. Oxford: Oxford University Press, 1994.

[401]   ———. "Sleigh's Leibniz and Arnauld: A Commentary on Their Correspondence." *Noûs* 31, no. 2 (1997): 266–77.

Allen, James. *Inferences from Signs: Ancient Debates about the Nature of Evidence*. Study I: Aristotle on Sign-Inference and Related Forms of Argument. Oxford: Clarendon Press, 2001.

Baxter, Donald L. M. "Leibniz on Contingent Conceptual Truths in the Arnauld Correspondence." *Studia Leibnitiana* 32, no. 2 (2000): 191–214.

Belaval, Yvon. *Leibniz critique de Descartes*. Paris: Gallimard, 1960.

Bennett, Jonathan. "Descartes's Theory of Modality." *Philosophical Review* 103, no. 4 (1994): 639–67.

Beyssade, Jean-Marie. "Création des vérités éternelles et doute métaphysique." *Studia Cartesiana* 2 (1981): 86–105.

Bolton, Martha. "Leibniz to Arnauld: Platonic and Aristotelian Themes on Matter and Corporeal Substance." In Paul Lodge, ed., *Leibniz and His Correspondents*. Cambridge: Cambridge University Press, 2004. 97–122.

Bréhier, Emile. "The Creation of the Eternal Truths in Descartes's System." In Willis Doney, ed., *Descartes: A Collection of Critical Essays*. Garden City, N.Y.: Doubleday, 1967. 192–208.

Broad, C. D. *Leibniz: An Introduction*. Cambridge: Cambridge University Press, 1975.

Brown, Stuart. *Leibniz*. Minneapolis: University of Minnesota Press, 1984.

Carraud, Vincent. "Arnauld: From Ockhamism to Cartesianism." In Roger Ariew and Marjorie Grene, eds., *Descartes and His Contemporaries: Meditations, Objections, and Replies*. Chicago: University of Chicago Press, 1995. 110–28.

Couturat, Louis. "On Leibniz's Metaphysics." Trans. R. Allison Ryan. In Harry G. Frankfurt, ed., *Leibniz: A Collection of Critical Essays*. New York: Doubleday, 1972. 19–45.

Curley, E. M. "Descartes on the Creation of the Eternal Truths." *Philosophical Review* 93, no. 4 (1984): 569–97.

Davidson, Jack. "Imitators of God: Leibniz on Human Freedom." *Journal of the History of Philosophy* 36, no. 3 (1998): 387–412.

De Risi, Vincenzo. *Geometry and Monadology: Leibniz's Analysis Situs and Philosophy of Space*. Basel: Birkhäuser, 2007.

Des Chene, Dennis. *Spirits and Clocks: Machine and Organism in Descartes*. Ithaca, N.Y.: Cornell University Press, 2001.

Di Bella, Stefano. *The Science of the Individual: Leibniz's Ontology of Individual Substance*. Dordrecht: Springer, 2005.

[402] Dijksterhuis, E. J. *Archimedes*. Princeton: Princeton University Press, 1987.

Dobell, Clifford. *Antony van Leeuwenhoek and His "Little Animals," Being Some Account of the Father of Protozoology and Bacteriology and His Multifarious Discoveries in These Disciplines*. New York: Dover, 1932.

Domski, Mary. "Descartes' Mathematics." Ed. Edward N. Zalta, *The Stanford Encyclopedia of Philosophy*. Fall 2013 edition. Available at http://plato.stanford.edu/archives/fall2013/entries/descartes-mathem-atics/.

Finnochiaro, Maurice A. *The Galileo Affair: A Documentary History*. Berkeley: University of California Press, 1989.

Fleming, Noel. "On Leibniz on Subject and Substance." *Philosophical Review* 96, no. 1 (1987): 69–95.

Ford, Brian J. *The Leeuwenhoek Legacy*. Bristol: Biopress and Farrand Press, 1991.

Fournier, Marian. *The Fabric of Life: Microscopy in the Seventeenth Century*. Baltimore: Johns Hopkins University Press, 1996.

Frankfurt, Harry. "Descartes on the Creation of the Eternal Truths."

Philosophical Review 86, no. 1 (1977): 36–57.

Gabbey, Alan. "Force and Inertia in the Seventeenth Century: Descartes and Newton." In Stephen Gaukroger, ed., Descartes: *Philosophy, Mathematics and Physics*. Sussex: Harvester Press, 1980. 230–320.

Garber, Daniel. *Descartes' Metaphysical Physics*. Chicago: University of Chicago Press, 1992.

———. "Leibniz and the Foundations of Physics: The Middle Years." In Kathleen Okruhlik and James Brown, eds., *The Natural Philosophy of Leibniz*. Dordrecht: Reidel, 1985. 27–130.

———. *Leibniz: Body, Substance, Monad*. Oxford: Oxford University Press, 2009.

———. "Understanding Interaction: What Descartes Should Have Told Elisabeth." *Southern Journal of Philosophy* 21, no. s1 (1983): 15–32.

Geach, Peter. "Omnipotence." *Philosophy* 48, no. 183 (1973): 7–20.

Grene, Marjorie. *Descartes*. Minneapolis: University of Minnesota Press, 1985.

Griffin, Michael V. *Leibniz, God and Necessity*. Cambridge: Cambridge University Press, 2013.

Gueroult, Martial. *Descartes selon l'ordre des raisons*. Vol. 2. Paris: Aubier-Montaigne, 1953.

———. "The Metaphysics and Physics of Force in Descartes." In Stephen Gaukroger, ed., *Descartes: Philosophy, Mathematics and Physics*, 196–229. Sussex: Harvester Press, 1980.

[403]   Hacking, Ian. "Individual Substance." In Harry G. Frankfurt, ed., *Leibniz: A Collection of Critical Essays*, 137–53. Garden City, N.Y.: Doubleday, 1972.

————. 1982. "A Leibnizian Theory of Truth." In Michael Hooker, ed., *Leibniz: Critical and Interpretive Essays*, 185–95. Minneapolis: University of Minnesota Press.

Hatfield, Gary. "Animals." In Janet Broughton and John Carriero, eds., *A Companion to Descartes*, 404–25. Oxford: Wiley-Blackwell, 2011.

————. "Force (God) in Descartes' Physics." *Studies in History and Philosophy of Science* 10, no. 2 (1979): 113–40.

Hattab, Helen. "Concurrence or Divergence? Reconciling Descartes's Physics with His Metaphysics." *Journal of the History of Philosophy* 45, no. 1 (2007): 49–78.

Hintikka, Jaakko, and U. Remes. *The Method of Analysis, Its Geometrical Origin and Its General Significance*. Dordrecht: Reidel, 1974.

Hunter, Graeme. "The Phantom of Jansenism in the Arnauld-Leibniz Correspondence." In Elmar Kremer, ed., *The Great Arnauld and Some of his Philosophical Correspondents*, 187–99. Toronto: University of Toronto Press, 1994.

Iltis, Carolyn. "Leibniz and the Vis Viva Controversy." *Isis* 62 (1971): 21–35.

Jacques, Emile. *Les années d'exil d'Antoine Arnauld (1679–1694)*. Louvain: Publications Universitaires de Louvain, 1976.

Jalabert, Jacques. *La théorie leibnizienne de la substance*. Paris: PUF,

1947.

Jedin, Hubert. *Geschichte des Konzils von Trient*. 4 vols. Freiburg im Bresgau: Herder, 1949–75.

———. *The History of the Council of Trent*. Trans. Ernest Graf. New York: American Council of Learned Societies, 2008. Translation of first two volumes of Jedin's Geschichte.

Joseph, H. W. B. *Lectures on the Philosophy of Leibniz*. Oxford: Clarendon Press, 1949.

Kirk, G. S., J. E. Raven, and M. Schofield. *The Presocratic Philosophers*. 2nd ed. Cambridge: Cambridge University Press, 1983. Contains texts of Parmenides and Melissus.

Kneale, Martha. "Leibniz and Spinoza on Activity." In Harry G. Frankfurt, ed., *Leibniz: A Collection of Critical Essays*, 215–37. New York: Doubleday, 1972.

Knorr, Wilbur. *The Ancient Tradition of Geometric Problems*. New York: Dover, 1993.

Kulstad, Mark. "Leibniz's Conception of Expression." *Studia Leibnitiana* 9, no. 1 (1977): 55–76.

Lee, Sukjae. "Leibniz on Divine Concurrence." *Philosophical Review* 113, no. 2 (2004): 203–48.

Levey, Samuel. "On Unity: Leibniz-Arnauld Revisited." *Philosophical Topics* 31, no. 1/2 (2003): 245–75.

Lodge, Paul. "Leibniz on Divisibility, Aggregates, and Cartesian Bodies." *Studia Leibnitiana* 34, no. 1 (2002): 59–80.

[404]

———. "Leibniz's Notion of an Aggregate." *British Journal for the History of Philosophy* 9, no. 3 (2001): 467–86.

Loemker, Leroy. "A Note on the Origin and Problem of Leibniz's Discourse of 1686." *Journal of the History of Ideas* 8, no. 4 (1947): 449–66.

Madden, Edward H. "Aristotle's Treatment of Probability and Signs." *Philosophy of Science* 24, no. 2 (1957): 167–72.

Mainzer, Klaus. "Metaphysics of Nature and Mathematics in the Philosophy of Leibniz." In Nicholas Rescher, ed., *Leibnizian Inquiries*, 105–30. New York: University Press of America, 1989.

Maunu, Ari. "Extrinsic Denominations and Universal Expression in Leibniz." *Dialogue* 43, no. 1 (2004): 83–97.

Maynaud, Pierre-Noël, SJ. *La condamnation des livres Coperniciens et sa révocation à la lumière de documents inédits des Congregation de l'Index et de l'Inquisition.* Rome: Editrice Pontificia Università Gregoriana, 1997.

McLaughlin, Peter. "Descartes on Mind-Body Interaction and the Conservation of Motion." *Philosophical Review* 102, no. 2 (1993): 155–82.

McRae, Robert. "As Though Only God and It Existed in the World." In Michael Hooker, ed., *Leibniz: Critical and Interpretive Essays*, 79–89. Minneapolis: University of Minnesota Press, 1982.

Menn, Stephen. *Descartes and Augustine*. Cambridge: Cambridge University Press, 1998.

Mercer, Christia. "Leibniz and Sleigh on Substantial Unity." In Donald Rutherford and J. A. Cover, eds., *Leibniz: Nature and Freedom*, 44–69. Oxford: Oxford University Press, 2005.

Moreau, Denis. "Arnauld, les idées et les vérités éternelles." *Études philosophiques*, nos. 1–2 (1996): 131–56.

Nadler, Steven. *Arnauld and the Cartesian Philosophy of Ideas*. Princeton: Princeton University Press, 1989.

———. "Occasionalism and the Question of Arnauld's Cartesianism." In Roger Ariew and Marjorie Grene, eds., *Descartes and His Contemporaries: Meditations, Objections, and Replies*, 129–44. Chicago: [405] University of Chicago Press, 1995.

———. *Occasionalism: Causation Among the Cartesians*. Oxford: Oxford University Press, 2011.

———. "Scientific Certainty and the Creation of the Eternal Truths: A Problem in Descartes." *Southern Journal of Philosophy* 25, no. 2 (1987): 175–92.

Ndiaye, Aloyse Raymond. *La Philosophie d'Antoine Arnauld*. Paris: Vrin, 1991.

Nelson, Alan. "Cartesian Actualism in the Leibniz-Arnauld Correspondence." *Canadian Journal of Philosophy* 23, no. 4 (1993): 675–94.

Netz, Reviel, and William Noel. *The Archimedes Codex: How a Medieval Prayer Book Is Revealing the True Genius of Antiquity's Greatest Scientist*. London: Weidenfeld and Nicolson, 2007.

O'Malley, John W. *Trent: What Happened at the Council*. Cambridge: Harvard University Press, 2013.

Pariente, Jean-Claude. "The Problem of Pain: A Misunderstanding Between Arnauld and Leibniz." In Elmar Kremer, ed., *The Great Arnauld and Some of His Philosophical Correspondents*, 200–215. Toronto: University of Toronto Press, 1994.

Patey, Douglas Lane. *Probability and Literary Form: Philosophic Theory and Literary Practice in the Augustan Age*. Cambridge: Cambridge University Press, 1984.

Phemister, Pauline. *Leibniz and the Natural World: Activity, Passivity and Corporeal Substances in Leibniz's Philosophy*. Dordrecht: Springer, 2005.

Pinto-Correa, Clara. *The Ovary of Eve: Egg and Sperm and Preformation*. Chicago: University of Chicago Press, 1997.

Rosen, Edward. "Galileo's Misstatements About Copernicus." *Isis* 49, no. 3 (1958): 319–30.

Rosenfield, Leonora Cohen. *From Beast-Machine to Man-Machine*. New York: Oxford, 1940.

Ruestow, Edward G. *The Microscope in the Dutch Republic: The Shaping of Discovery*. Cambridge: Cambridge University Press, 1996.

Russell, Bertrand. *A Critical Exposition of the Philosophy of Leibniz*. 2nd ed. London: Allen and Unwin, 1937.

Rutherford, Donald. *Leibniz and the Rational Order of Nature*. Cambridge: Cambridge University Press, 1998.

———. "Truth, Predication and the Complete Concept of an Individual Substance." *Studia Leibnitiana* 15 (1988): 130–44.

Schepers, Heinrich. "Zum Problem der Kontingenz bei Leibniz: Die [406] beste der möglichen Welten." In Ernst-Wolfgang Böckenförde, ed., *Collegium Philosophicum: Studien Joachim Ritter zum 60. Geburtstag*, 326–50. Basel: Schwabe, 1965.

Sleigh, R. C., Jr. *Leibniz and Arnauld: A Commentary on Their Correspondence*. New Haven: Yale University Press, 1990.

Smith, Justin E. H. *Divine Machines: Leibniz and the Sciences of Life*. Princeton: Princeton University Press, 2011.

Swoyer, Chris. "Leibnizian Expression." *Journal of the History of Philosophy* 33, no. 1 (1995): 65–99.

Vuillemin, Jules. *Mathématiques et métaphysique chez Descartes*. 2nd ed. Paris: PUF, 1987.

Weidemann, Hermann. "Aristotle on Inferences from Signs (Rhetoric I 2, 1357b1–25)." *Phronesis* 34, no. 1 (1989): 343–51.

Wilson, Catherine. *The Invisible World: Early Modern Philosophy and the Invention of the Microscope*. Princeton: Princeton University Press, 1995.

Wilson, Margaret. "Leibniz and Materialism." *Canadian Journal of Philosophy* 3, no. 4 (1974): 495–513.

———. "Leibniz's Dynamics and Contingency in Nature." In Peter K. Machamer and Robert G. Turnbull, eds., *Motion and Time, Space and Matter*, 264–89. Columbus: Ohio State University Press, 1976.

Woolhouse, Roger. "Leibniz and Occasionalism." In Woolhouse, ed.,

Metaphysics and Philosophy of Science in the Seventeenth and Eighteenth Centuries, 165–83. Dordrecht: Kluwer, 1998.

―――. "The Nature of an Individual Substance." In Michael Hooker, ed., *Leibniz: Critical and Interpretive Essays*, 45–64. Minneapolis: University of Minnesota Press, 1982.

―――. *Starting with Leibniz*. London: Bloomsbury Academic, 2010.

人名索引 [407]

（以下所示页码均为英文版页码，即中文版旁码）

主题索引

（以下所示页码均为英文版页码，即中文版旁码）

责任编辑：曹　春

图书在版编目（CIP）数据

莱布尼茨与阿尔诺通信集：附与恩斯特通信选／（德）莱布尼茨 著；
　高海青译 . —北京：人民出版社，2023.7
（莱布尼茨著作书信集）
书名原文：The Leibniz-Arnauld Correspondence: With Selections from
　the Correspondence with Ernst, Landgrave of Hessen-Rheinfels
ISBN 978－7－01－025599－6

I.①莱… 　II.①莱…②高… 　III.①莱布尼茨（Leibniz, Gottfried
　Wilhelm Von 1646–1716）－ 书信集②阿尔诺 – 书信集
　IV.① B516.22

中国国家版本馆 CIP 数据核字（2023）第 065547 号

莱布尼茨与阿尔诺通信集
LAIBUNICI YU AERNUO TONGXIN JI
——附与恩斯特通信选

[德] 莱布尼茨　著　高海青　译　王克迪　校

人民出版社 出版发行
（100706　北京市东城区隆福寺街 99 号）

北京盛通印刷股份有限公司印刷　新华书店经销

2023 年 7 月第 1 版　2023 年 7 月北京第 1 次印刷
开本：880 毫米 ×1230 毫米 1/32　印张：12.75
字数：252 千字

ISBN 978－7－01－025599－6　定价：98.00 元

邮购地址 100706　北京市东城区隆福寺街 99 号
人民东方图书销售中心　电话（010）65250042　65289539